WITHIN ARM'S LENGTH

一臂之间

A Secret Service Agent's Definitive Inside Account of Protecting the President

美国总统保镖回忆录

[美] 丹 · 艾美特 / 著

江利华 毛莽 / 译

GUANGXI NORMAL UNIVERSITY PRESS
广西师范大学出版社

图书在版编目（CIP）数据

一臂之间：美国总统保镖回忆录 /（美）艾美特著；江利华，毛荞译. —桂林：广西师范大学出版社，2016.1
书名原文：WITHIN ARM'S LENGTH: A SECRET SERVICE AGENT'S DEFINITIVE INSIDE ACCOUNT OF PROTECTING THE PRESIDENT
ISBN 978-7-5495-7068-3

Ⅰ. ①一… Ⅱ. ①艾…②江…③毛… Ⅲ. ①间谍一情报活动一美国 Ⅳ. ①D526

中国版本图书馆 CIP 数据核字（2015）第 177215 号

广西师范大学出版社出版发行
（广西桂林市中华路 22 号　邮政编码：541001
网址：http://www.bbtpress.com）
出版人：何林夏
全国新华书店经销
桂林广大印务有限责任公司印刷
（桂林市临桂县秧塘工业园西城大道北侧广西师范大学出版社集团有限公司创意产业园　邮政编码：541100）
开本：700 mm × 1 010 mm　1/16
印张：17　　插页：9　　字数：210 千字
2016 年 1 月第 1 版　　2016 年 1 月第 1 次印刷
印数：00 001~15 000 册　　定价：48. 00 元

暗杀事件发生几秒钟后，特工克林特·希尔一跃而起，竭力用自己的身体掩护肯尼迪总统夫妇（公开图片）

保护总统安全是特勤局特工的重要职责。我和克林顿总统离开白宫，准备跑步穿过华盛顿市区，途中，任何人都可能持枪以待暗杀总统

（照片由白宫提供）

1979 年 12 月，我就任海军中尉后，回家休假

（丹·艾美特私人收藏照片）

我们用角力棒模拟肉搏战训练
（美国海军陆战队下士杰西·李文斯拍摄）

1984 年，总统大选日，我在马萨诸塞州海恩尼斯港与肯尼迪议员合影
（丹·艾美特私人收藏照片）

在韩国，反袭击小组准备前往不归桥（从左至右：特工查理·怀特、吉姆·科博、迈克·卡邦、作者和李·菲尔兹），照片中黄线之后就是朝鲜领土
（丹·艾美特私人收藏照片）

图为通向朝鲜的不归桥。在桥的左边尽头，可见朝鲜的军事哨所
（丹·艾美特私人收藏照片）

从反袭击小组的车里观察“空军一号”，其尾号为27000，老布什总统坐在上面。注意看我们车子挡风玻璃上的裂缝，这是上次保护这架飞机时，由飞机发动机产生的飓风造成的。尽管其威力远小于体型更大的波音747飞机，但还是很可怕。因为跟得太近，挡风玻璃被毁是常有的事

（丹·艾美特私人收藏照片）

图为一款 1993 年凯迪拉克防弹高级轿车，由克林顿总统首次使用。该车配有一个 450 立方英寸的发动机。尽管早就退役了，但它的实际重量还是个秘密
（照片由白宫提供）

“海军一号”飞离白宫

（照片由白宫提供）

1993 年，我在乔治城保护克林顿总统。克林顿总统爱热闹，人越多越来劲。照片右边扮鬼脸的人是我。这是一个周日上午，我们刚从乔治城红杉餐厅出来，就碰到一大群人。在那里，我们停留得太久

（照片由白宫提供）

克林顿总统在白宫记者室，我密切注意现场情况
（照片由白宫提供）

在 1992 年的白宫圣诞晚会上，我和妻子丹尼尔与老布什总统夫妇合影
（照片由白宫提供）

我保护过的几位总统，对特工及其家人都很热情。图为我和儿子在总统办公室向克林顿总统问好（照片由白宫提供）

在 1994 年的白宫圣诞晚会上，我和丹尼尔与克林顿总统合影
（照片由白宫提供）

我们一家人与小布什总统在白宫椭圆办公室合影
（照片由白宫提供）

我在跨越障碍训练场与学员一起爬绳
（丹·艾美特私人收藏照片）

跑步是特工训练的重要内容。我带领一个班在培训学校周围跑步
（丹·艾美特私人收藏照片）

1995 年，我与第 138 期特工培训班学员在米德堡基地跨越障碍训练场合影。我在最左边，助理辅导员约翰·马在最右边

（丹·艾美特私人收藏照片）

作为特工，我最后一次在白宫留影
（丹·艾美特私人收藏照片）

本书献给在执行任务时牺牲的29位美国特勤局特工，以及阵亡的中情局人员——刻在兰利（Langley）墙上的107颗星星就代表着这些隐姓埋名的勇士。

目　录

竞技场上的勇者

荣誉不属于批评家——那些对强者如何跌倒或者实干家如何做得更好指指点点的人。荣誉属于真正在竞技场上拼搏的人；属于脸庞上沾满灰尘、汗水和鲜血的人；属于顽强奋斗的人；属于屡败屡战但永不放弃的人，因为没有一份努力背后没有错误或缺点，然而只有正视错误、不断进取的人才配拥有荣耀；荣誉属于投身于有价值事业的人；属于敢于追求伟大梦想的人，他可能会最终取得伟大成就，但也可能以失败告终，但就算失败，也虽败犹荣。这样，他将永远不会和那些灵魂冷漠、胆小而不知胜败的人站在同一位置。

——西奥多·罗斯福（美国第 26 任总统）

前　言

当圣·马丁出版社（St. Martin's Press）提供机会让我修订《一臂之间》时，我很激动。这不仅因为我将有机会为一家久负盛名的出版社写作，更因为我有这样的机缘，来采纳读者对我第一本书的诸多建议，并将其纳入修订版的创作中。修订版会更详细、更全面地介绍我在特勤局（Secret Service）和中情局（Central Intelligence Agency：CIA）的生活经历。

看到书名，许多读者马上会问，书名“一臂之间”究竟是什么意思？答案很简单。“一臂之间”字面意思是指，根据特勤局的规定，特工在保护总统时，必须和总统保持一只手臂的距离。任何超出的距离都将使特工在总统面对袭击时无法有效地应对和处理。在我的特工职业生涯中，我有幸和三位总统保持着“一臂之间”的距离。综合考虑上述因素，我觉得这个书名是最适合的。

读过本书第一版的读者会发现，修订版增加了许多新的资料，内容也更加丰富。我相信，那些对特勤局和中情局感兴趣的读者，及那些人生经历与书中的特工生活相似的读者会发现，修订版实质上是一本新书，而不是对第一版的稍加改动或旧调重弹。

写完第一版时，我刚从特勤局退休，进入中情局。在书中的最后一章，我说将在合适的时机写写我在中情局的经历。现在，机会来了。

这次的修订版就包含了我从特勤局退休后进入中情局工作的那段经历。不巧的是，由于中情局的工作性质，我无法随心所欲地写作——那样会涉及情报和机密。在中情局的大部分时间，我供职于国家秘密行动处（National Clandestine Service），即以前的中情局行动处（Directorate of Operations）。正因为如此，我在中情局工作期间最令人感兴趣的资料一直是官方机密。

同时，本书还记录了我在中情局供职六年间发生的许多故事，这些故事能帮助那些相对来说很少涉足这一行业的读者快速了解这份职业。由于上述的诸多限制，这本书主要还是写一位特勤局特工的生活，以及那些促使我成长为美国最精锐执法机构一员的事件。

鉴于特勤局在文化和使命两方面的复杂性，想要展示一位特工的生活经历可不是一件轻松的事情。在书中，我们将分享那段申请成为一名特工前必须经历的历程，其漫长而令人沮丧；还有在纽约市最糟糕的城区执行搜查和逮捕工作时的紧张感觉；我还会和你讲述我的忧惧，这种紧绷的情绪经常出现在早晨上班高峰期——一个刺杀行动很容易发生的时刻，那时，我陪着美国总统跑步穿越华盛顿特区；我还将带你去世界上最危险的地方，譬如韩国、朝鲜之间的非军事区，当总统站在把这两个国家分开的那座桥上，一览无余地暴露在那些荷枪实弹的朝鲜士兵面前，你又不知道他们心里在想什么；此外，我还将和你分享乘坐“空军一号”（Air Force One）的独特经历，以及为美国总统驾驶装甲型豪华轿车时的体验和崇高使命感。当然，我也有一些轻松幽默的时刻——无所事事，不用工作也没有任何娱乐。

迄今为止，还没有一名特工详细地写过这些话题。虽然有非特工人员发表过一些本不该公之于众的东西，但这些书，包括一些新材料，都没能告诉你，成为一名特勤局特工真正意味着什么。没人可以破坏行规。

最近有几本写秘密行动处的书，这些作者声称的所谓“知无不言”“全面披露”的作品，也不过是些拾人牙慧的新瓶旧酒罢了。而另外一些作品则隐隐约约强调了特工和总统之间信任的重要性。任何一位美国总统都相信他的私人事情将会永远被保密，即使是在他死后。这种信心的动摇会让情况变得很危险，也就是说如果总统觉得他不能信任特勤局，就会开始拉大他与特工的安全距离，这样，保护总统的工作变得难上加难。

特勤局（Secret Service）的英文名称中第一个单词的意思就是保密。所以，在这本书中，你不会看到特勤局为保护总统所使用的详细方法和战术介绍。关于白宫安全程序或武器和训练的内容，多年来已在电视节目的特别报道中广为流传，所以书中也没有这类官方机密或是“官方专享”的相关信息。尽管我也会提及一些被我保护过的人物的趣闻轶事，可我绝不信口开河。这是一本我和我的同事现身说法的书，其讲述了一些我在该机构中担任几任职位的实战经历。

我无意拔高或美化特勤局及其特工，亦无意贬低该机构及其工作人员。书中呈现的事件场景是真实可信的。不管评论家会说什么，我相信这部作品都将会得到我同行的认可——该书真实而公允，他们才是最有发言权的评论家。因为他们对特勤局的工作是那么了如指掌——我们从1983年一直干到小布什总统（George W.Bush）离任。

开场白

特勤局全体特工，尤其是总统护卫处（Presidential Protective Division）的特工，要有随时为保护总统而献身的信念。这种信念扎根于特工的内心深处，毫不动摇，永不改变。在每个特工的职业生涯中，有许许多多的事件会让人认识到这种信念，它提醒特工：他们的生命从来就不属于自己，而是属于国家和总统。简言之，为了保护总统，特工要随时随地不惜牺牲自己的生命。

在长达21年的职业生涯中，我经历过诸多事件，但其中一次任务，我至今记忆犹新，它提醒我，牢记自己的使命。那是我陪克林顿总统（President Bill Clinton）接见某国总统的一次惊险经历。当时，我和克林顿总统先步入会客厅，他要在那里接见那位总统。那时，若克林顿总统遭遇袭击，我真正的使命并不是掩护总统撤退，而是要使任何针对美国总统的威胁都无果而终，不管是谁制造了这种威胁。说得直白点，就是在该国总统保镖企图拔枪之前，我就得把他们干掉。能担此重任，我倍感荣幸。不过我也清楚，该国保镖一旦有任何轻举妄动，我真的不得不向他们开枪的话，那么很可能，这也就是我生命中的最后一天了。

在克林顿和这位总统步入会客厅之前，我抽空想了想我的妻子和家人，心中默祷：一旦遭遇不测，我会以迅雷不及掩耳之势朝那些保镖开枪。这样即便我没能杀掉他们，克林顿总统也能全身而退。祈祷后，我下定决心，即使再怒火中烧，也要镇定自若。无论怎样，我会竭尽所能完成自己的任务。就像之前作为一名海军士兵所受的教导一样，我会不惜一切代价，完成使命。接下来该我上场了。

按指令，我先进入会议室，克林顿和这位总统相继步入，他的保镖紧随其后。我用眼神跟特勤局当班的负责人交流后，我们都心领神会：会场完全在我方而非该国保镖的掌控之中。

为了占据最佳射击位置，我缓缓绕到对方保镖的身后。这些保镖穿的是紧身西装，从其表面鼓出的形状来看，我判断他们所持的是蝎式冲锋手枪。因为曾在反恐武装训练中熟练使用过，我对这种手枪的性能了如指掌。正因为训练有素，我不但清楚这些保镖所持武器的型号，更明了该武器的特性。即使身处困境，对这种武器我也能运用自如。这种蝎式冲锋手枪是一种 0.35 英寸口径的武器，它能随时随地全自动连发 10 或 20 发弧形弹头子弹，且根本无需瞄准，尤其是在一个拥挤的会议室里。如果在这样的场合擦枪走火，就会伤及众多无辜者，也许连美国总统也不能幸免。当然，那是绝对不允许的。

当我站在这些潜在的对手身后时，我脑海里满是“万一咋办”的情景演练。在这种场合下，真的只有一个“万一”。那就是万一对方保镖拔枪，我就要按照平时训练的要求，用瑞士手枪把他们一一击毙，且保证每人身中两弹，直至威胁完全消除。我要打光所有的子弹，否则我就得出局。

万一不得不开火，那我得确保克林顿和该国总统不在我的射击视线内，于是我稍稍调整了一下自己的位置。要在这么狭小的房间里开火，也真是太糟糕了。如果特勤局特工的子弹击中了克林顿或者该国总统，那后果简直不堪设想。

谢天谢地，那些保镖们并没有拔枪相向，我也无需开火。然而，这也是很有可能发生的。这一事件也是一个冷酷的提醒：身为特勤局特工，伴随他们一生的将是多么大的责任和压力。

这些担任美国总统保镖的是何许人也？他们为何面临危险时不仅愿意挺身而出，如有必要，甚至愿为总统牺牲生命？美国国家机构又是如何发现这些人的？答案就是——找到值得信赖和严守机密的人。

值得信赖和严守机密

几乎所有的组织机构都有自己的座右铭。美国海军陆战队（Marine Corps）的座右铭是：永远忠诚；FBI的座右铭是：勇敢、忠诚、正直；而美国特勤局的座右铭则是：值得信赖和严守机密。

所有特勤局特工都随身携带一个钱包状的物品，通称为授权书。打开后，里面有一个徽章和身份证照片，并题有如下声明：经联邦宪法授权，该特工有权持有枪支，有权拘捕危害美国安全的人，并负责保护美国总统的安全。同时，该授权书也声明其持有者是值得信赖和严守机密的人。在所有的国家安全事务中，美国都信赖这些授权书的持有者。

这些值得信赖和严守机密的特勤局特工经常被描绘成阴森恐怖、肌肉发达的保镖，他们通常戴着黑色太阳镜，冷酷的眼睛隐藏其后，表情冰冷、毫无幽默感。现实中的特勤局特工根本就不是这样，那些只不过是人们街谈巷议的传说罢了。

从表面上看，特勤局特工与普通人一样。他们也许是爸爸、妈妈、儿子或女儿，他们也许就是你的左邻右舍、亲朋好友、教练、家长、家庭教师协会会员、同胞。然而，在此外表之下，他们与普通公民又是如此不同。不同之处在于他们独一无二的职业，在于他们愿意为了维护我们的政体和生活方式而勇往直前。持有授权书的特工都声明他们是值得信赖并能严守机密的人，他们接受训练并愿意为保护总统而毫不犹豫地奉献生命。他们以上的意愿是毋庸置疑的，因为他们所受的持续训练足以保障这点。特勤局特工和特勤局的首要使命就是要不惜一切代价保证总统安全，这正是他们与其他政府特工与机构的不同之处。

我的职业生涯并非那么与众不同。本书中，你可以把我的名字换成其他特工的名字。因为本书叙述的也不过是那数以百计的（若不是数以千计的话）特工中普通一员的生活而已。自 1902 年以来，他们就是值得信赖和严守机密的一群人，并有幸用自己的生命去保护美国总统的安全。因此，本书实际写的是一个典型的特工故事，而且是一个从未被如此详细讲述过的特工故事。

第一章

总统遇刺事件，我的职业意向萌芽

1983 年 5 月 16 日至 2004 年 5 月 16 日，作为一名特工，我服役于美国特勤局。在那里，我有幸为三位在任总统当过保镖。这让我倍感荣耀，同时深觉责任重大。

在特勤局长达 21 年的特工生涯中，我终于明白，那里根本就没有所谓的常规工作日。什么事都有可能要你去处理，从无聊地在办公室接听电话，到乘坐“空军一号”执行任务或者陪总统晨跑。有时一天之内，这些事情都让我给碰上了。

多年以来，很多人问我，你是怎么当上特工的？你为什么要干这一行？答案虽有点复杂，不过还是根源于一个不可回避的事实：一个人在幼年时期，是最容易受影响的。在我八岁那年，肯尼迪总统（President John F.Kennedy）遇刺身亡。这一事件所造成的全球影响，令我印象深刻，甚至改变了我的一生。

经过 1963 年 11 月那个命中注定的周末后，丹·艾美特（Dan Emmett），一个具有理想主义情结的小学三年级学生决定：我的职业目标之一就是要当一个特勤局特工，尤其是当一个保护美国总统的特工。20 年以后，它成了我真正从事的职业。本书讲述的就是这样的故事，关于那个小孩所想象的特工的故事。经过不懈的努力，加上一点点运气，那个孩子的梦想最终实现了。

童年

特勤局特工，如同大多数武装执法部门的工作人员一样，往往来自中上等阶层的家庭。我的成长经历，与别的成千上万选择走我这条职业道路的人的非常相似，差别是各自参加工作的具体日期、各自的籍贯和亲朋好友略有不同而已。如果你想真正了解干这一行业的特工的心声，以及他们为何各自都选择这条职业之路，那你就需要考察一下他们的成长历程。

作为家里的第三个男孩，我于 1955 年——美国婴儿潮的最后一年——出生在一个叫盖恩斯维尔（Gainesville）的小镇，它在亚特兰大东北大约 50 英里的乔治亚州。我们三兄弟年龄依次相差 6 岁，因此没有出现两兄弟同时上大学的情况。这正是我父母精心规划的结果。在生活中，他们总是把事情安排得井井有条。这是我从他们身上学到的最重要的经验之一。永远要提前做好规划，不但要有备用方案，而且在备用方案之外，还要有其他备用计划。从我能听得懂话时起，我常常听到爸爸叮嘱我和哥哥：未雨绸缪胜过事后补救。有幸陪在爸爸身边的 44 年当中，他对我们讲过许许多多的道理，但我觉得这一句话最管用。

尽管我的父母都没有上过大学，但他们下定决心要让我和两个哥哥都读完大学。像那个年代的其他父母一样，他们含辛茹苦地培养子女。我们三兄弟如愿读完大学。

我爸妈分别出生于 1919 年和 1920 年，正处在经济大萧条（Great Depression）时期。当时双方的成长环境都不太好，双方家庭没有什么钱，但是通过艰苦的奋斗和精明的理财规划，他们夫妻俩在婚后的 59

年里创建了一份很大的家业，可谓硕果累累。他俩相濡以沫，不离不弃，直到1999年爸爸去世。妈妈在2013年也随之而去。

我父亲做事非常认真。他白手起家。他从未享受过童年的快乐。我爷爷是一名棉纺厂工人，也是一名浸礼会牧师，除了我爸之外，爷爷还有2个儿子、4个女儿。所以爸爸16岁就被迫从高中辍学，到棉纺厂上班以帮扶爷爷养家糊口。

我爸酷似前国防部长（Secretary of Defense）罗伯特·麦克纳马拉（Robert McNamara），特别喜欢穿黑西装配白衬衫，打深色细领带，戴金边眼镜，黑油油的头发朝后梳得一丝不苟。作为二战时太平洋战区的一名老兵，他极其爱国，还是美国退伍军人协会（American Legion）和海外战争退役军人协会（Veterans of Foreign Wars）的活跃分子。在老爸心中，上帝第一，家庭第二，棒球第三。不过这个顺序也偶有变动，这就取决于当时世界职业棒球大赛中的参赛球队了。

1940年我爸娶了我妈后，得益于我妈的点拨，他发现自己很有经商的天赋，于是毅然放弃了没有前途的棉纺厂的工作，改行销售家具。1950年，爸爸就办起了自己的家具店，美其名曰“艾美特家具公司”（Emmett Furniture Company）。经营家具店16年后，他又成功转行做其他生意。

我妈妈是20世纪50年代末、60年代初那种典型的母亲。她总是穿得极其得体，甚至打扮得有点像当时电视剧里面的完美家庭主妇琼·克里夫（June Cleaver）。她总是把家收拾得干干净净、井井有条。尽管妈妈的工作也很忙，但她总是在下午6点准时把晚饭端上饭桌，而这时爸爸正好下班回家。

小时候，我大部分时间是在爸爸的家具店里度过的，我们都叫它“那家店”。上学期间，一到放学的时候，爸爸会打发他的一个送货员，罗伯特（Robert）或李弗斯（Reeves），去学校把我接回店里。然后我就在那里做家庭作业，或到宽敞的地毯区玩耍，要么在那里看电视（店里有当时最新的“飞科”牌黑白电视机），直到他带我回家。最让我难忘的还是那台饮料机，花一毛钱，你就可以买一大杯冰冷冰冷的可乐和七喜饮料，当然这钱是爸爸从他放现金的抽屉里拿给我的。

父亲开艾美特家具店的那栋老房子是20世纪20年代建的，它常散发出阵阵新家具和新鲜板蜡的气味。在这间老房子里来来往往的人里边，总是有许多很有意思的人，包括警察、当地政界人物、商人等等，三教九流，不一而足。当时，爸爸跟来自我们第九选区的国会议员菲尔·兰得姆（Phil Landrum）是好朋友。有一天，我正在看动画片，他进来了。当时是60年代初，不像现在，选民通常对议员都相当尊重。这个大人物坐下来和我聊了几分钟。现在回想起来，那种感觉还非常奇特。

有些天，放学后，爸爸的送货员会把我送到公共图书馆去。我妈在那里做兼职。我在那里做家庭作业，尽情地阅读有关二战的书，或者翻阅任何有关部队或枪支的东西。当时，妈妈的同事觉得我很可爱，对我特别关心，常常请我吃大餐，并且似乎很喜欢拍拍我金黄的寸头。

我的小学是在乔治亚州盖恩斯维尔镇的恩农特（Enota）小学，它属于城市公立学校体系。这种体系内的学校注重素质教育，近年来，它们培养过两位宇航员，许多医生、律师、工程师以及几位特勤局特工。那时，由于没有政府的干预，许多公立学校的素质教育并不亚于当今的私立学校。当时还存在体罚现象，公立学校也不例外。学生若违反了纪律，要么被尺片打手板心，要么就要遭校长的训戒板打后背。

我们每天刻苦学习阅读、写作、算术和美国历史这些课程。美国历史这门课的很多内容，因为是刚刚发生的，并没有谁教我们，比如，有人认为珍珠港遭袭是美国的错。最高法院（The Supreme Court）此时尚未中止公立学校传教政策，因此在早晨祷告时，我们诵读主祷文、圣经和效忠誓言。没有哪个学生拒绝参加以上任何一项活动，也没有任何家长对课程难、信仰上帝以及宣传爱国主义进行过投诉。

课间休息时，我们玩各种剧烈的、有时甚至会造成伤害的游戏，以培养健康的竞争精神，包括不戴防护垫打橄榄球和躲球游戏等，如今这在很多学校都已经禁止了。几乎每个人的鼻孔都流过血，时不时身上还受点伤、挂点彩。并非每个人都能在体育竞技活动中获得奖励，那些在躲球游戏或别的运动中输了的人，似乎也并未因鼻孔流血而留下后遗症，或变得缺乏自信。

政治运动和任何由枪支引发的恐惧，在当时还是闻所未闻的事情。我现在还记得六年级时的一次有趣的物品展示课，我班的一个同学把一支0.3英寸口径的全自动M2卡宾枪带到学校来，那是他当警长的老爸给他弄来的。警长为了儿子的物品展示，千辛万苦地从盖恩斯维尔镇派出所的军械库搞来了那支枪。学校当时并未被封闭，每一个人，包括上课的老师，都兴致勃勃地听那个同学讲述那支枪的历史和功能。那天放学时，我那个11岁的朋友，肩上挂着他的卡宾枪晃来晃去地走过学校操场回家。路边许多的行人以及开车路过的人见此，都泰然自若。

除了要学习极具挑战性的专业课程之外，我们也针对可能发生的核战争进行过逃生训练。

在20世纪60年代早期，尤其是在古巴导弹危机之后，包括美国教育系统在内，大家都忧心忡忡，觉得跟苏联的核战争似乎不可避免。60年代初，跟好多学校不一样，我们公立学校并没有让学生疯狂地进行“蹲下抱头”的训练——让学生躲到课桌底下去以防止核伤害。躲到课桌底下，根本不能让你躲过核爆炸的伤害，它顶多让人躲过电灯坠落的砸击危险。因此，我们学校进行的是疏散训练。

即使我们都免不了要灰飞烟灭，不过我们中好些人都想，至少也要赶回家里，跟家人一块离开人世，或者在自家的院子里迎接死亡。从苏联发射的洲际导弹，要 20 分钟才能抵达其在美国的预定区域。在洲际导弹绕地球飞这么一大圈之前，至少我们还有一些时间。与其像老鼠一样蜷缩在课桌底下，还不如在撤离中死去。我还清楚地记得，不止一次，一听到演习信号，所有的学生就抱成团往家跑。虽然是没用的演习，却比“蹲下抱头”好玩多了。如此一来，一天的大部分时间都不用上课。

枪支在我的成长中起到了举足轻重的影响，我似乎总是特别爱了解枪支的用途，而且好像天生就会用它们一样。早些年，我爸就告诫过我：千万别拿枪对着你不想开枪的任何东西。之后，海军陆战队又把它修正为：千万别拿武器瞄准你不愿杀害或伤害的任何东西。八岁时，我就手拿黛西牌汽枪，与其他持汽枪的小伙伴一起，在我们的左邻右舍间溜达好几个小时。我们比枪技，看谁的汽枪有效射程最大。在我们的社区街道，看见一帮男孩拿着他们的汽枪穿过大街小巷，是司空见惯的事情。有几天，我们甚至还挎着真枪出去显摆，那通常是口径 0.22 英寸的步枪。我们手里有枪，但也没造成任何危害，更没有打瞎过谁的眼睛，只不过当时天空中的飞鸟少了些罢了。就在那时，我学会了在逆风和顺风的情况下如何瞄准目标，同时也学会了射击的基本常识。数年之后，我参加了海军陆战队。入伍时，我就已经是个无师自通的射击高手了，并尤为擅长使用 M16 步枪和 M1911 手枪。

我的很多亲戚都是从二战或者朝鲜战争退役的老兵。二战时，我爸爸参加过解放菲律宾的战争，打过日本兵。像很多二战老兵一样，我老爸很少提起他的当年勇，不过他一开口，我就能听得完全入了迷。欧蓝大叔曾是部队坦克团的一名指挥官，可惜在北非战场被隆美尔（Rommel）的部队所俘，之后被关押在德国东部的战犯集中营里，熬过了二战的最后几年。德国人对待战犯可真残忍，好几次欧蓝大叔都差点被冻死、饿死。释放出来时，他整个人都散架了，后来就因病退役了。弗莱彻和巴德叔叔在欧洲战区服役，差点都没能活着回来。至于年轻的那一代人当中，我的一个表哥当时刚刚收到他的空军委任状，有朝一日，他就要驾驶 F-4E 幻影战斗机飞往河内上空执行使命。我的大表哥当上了海军军官，正在一艘核潜艇上服役，而我另一个住在德国的表姐也嫁给了一名步兵军官。

由于常年和这些美国老兵接触，加上我与生俱来的冒险精神和爱国热忱，我一直觉得为美国效力是我的职责。实际上，这可以说是我的命运，像父亲、表兄弟和叔叔一样为祖国效力。我的大部分亲戚都觉得，只要时机一成熟，我自然也会投身报国的。那时候，他们觉得我今后肯定是通过从军来实现我的奉献之梦，而且那一天迟早会来的，我最终会成为一名海军陆战队的军官。不过后来证明，我的贡献可远远不止于此。

转折点

1963 年 11 月 22 日，星期五，我上小学三年级。那又是鼻青脸肿的一周，就像当时电视剧里淘气的小孩欧派·泰勒一样。我刚走出学校，正走在人行道上，突然听见有人说肯尼迪总统已经遇刺身亡了。我当时一头雾水，可并未当真，以为是人家恶作剧罢了，怎么会发生这种事情呢？

那天下午，罗伯特，爸爸的一名送货员，来学校接我回家具店，去那里做作业、玩耍。我朝那辆侧面写着“艾美特家具”的绿色小货车走去，然后费劲地爬进驾驶室，那一书包的书压得我实在够呛。那些书我都得用一个正式的军用帆布袋来装。坐在车内，我发现罗伯特跟往常一样戴着他的飞行员太阳镜，抽着他常抽的菲利斯牌方头雪茄烟。

罗伯特平时话不多却很有分寸，今天他的神情却很不一样。显然，他有心事。“怎么啦，罗伯特?”我问道。带着几分为难，他答道：“肯尼迪总统被暗杀了。”我不熟悉“暗杀”这个词，因此要他进一步解释一下，他答应了。那么，这是真的了：肯尼迪总统已经死了。当时我并没有意识到，不但世界变了，我的未来也因此而发生改变。

罗伯特驾驶着那辆1962年的福特小货车朝店里开去，只有5分钟的路程。我们俩一路上一言不发，听着乔治亚州五敦电台的调幅新闻广播。一到店里，我走到电视区，看见爸爸的许多顾客都围在那三四台电视机的周围，看著名主持人沃尔特·克朗凯特（Walter Cronkite）播报有关总统遇刺的最新报道，遇刺地点是得克萨斯州达拉斯市（Dallas)。

爸爸的顾客都在讨论，暗杀会不会是苏联人或古巴人搞的鬼，没人注意到我也在那里。他们可能觉得，像我这么一个小屁孩，是听不懂他们的话的。一提起苏联人，我就担心。因为我记得前一年，在古巴导弹危机期间，美国和整个世界已走到了核毁灭的边缘，为此，我们学校还进行过撤离演习。如果苏联人真的暗杀了我们的总统，据围在电视机周围的人判断，那么肯定要打仗。

那个周末，我在看电视现场直播，肯尼迪总统的棺木运抵马里兰（Maryland）的安德森空军基地（Andrews Air Force Base)。就是那个地方，想不到27年之后我将对其了如指掌。我记得，那时总统的鲜血还印在第一夫人的双腿和裙子上。我也清晰地记得副总统林登·约翰逊（Lyndon B.Johnson）面向全国的第一次演讲。我很不喜欢他，因为他跟约翰·肯尼迪完全不一样，而我太喜欢肯尼迪了。

之后不久，11月24日，星期天，我和我的家人在电视现场直播中目睹了暗杀总统的嫌疑犯李·哈维·奥斯瓦尔德（Lee Harvey Oswald）在达拉斯警察总部被击毙的过程。可程序是否合法？到底这个人有没有罪？一切尚未盖棺定论。然而当时，我只觉得正义已经得以伸张，反正大家公认的杀害总统的人也已经死了。

就在那个周末，我和所有美国人一样，对骇人听闻的暗杀感到无比震惊，简直难以相信这是真的：肯尼迪不是美国总统了。我对艾森豪威尔总统（President Dwight D.Eisenhower）没有任何印象，因为似乎从我出生以来，美国就只有肯尼迪总统。如今，他已经走了。举国上下一片悲痛，而最终改变我一生的时刻也就要来了。

那个周末发生的种种事情让我百思不得其解。在心烦意乱当中，我无意之中看见了一幅肯尼迪头部中弹身亡的照片，那是一张事发后不久在现场拍摄的照片。照片上，从总统的豪华轿车后面，特勤局特工克林特·希尔（Clint Hill）一跃而起，竭力用他自己的身体去掩护肯尼迪夫人和总统。我问我父亲那个人是谁，为什么坐在总统的车上。我爸解释说那人是一名特勤局特工，他正在竭尽全力用自己的身体去挡住暗杀者的子弹。爸爸还告诉我用身体去挡住射向总统的子弹，就是那名特工的工作。我当时不太明白，为什么一个人的工作就是去替总统挡子弹。8岁时，我对什么都不太懂。但对于一名特勤局特工责任极其重大而且相当危险这一点，我还是能够明白的。

这一幅照片里的特工形象让我刻骨铭心，它不但展现了特工希尔毋庸置疑的勇气和恪尽职守的职业精神，也表明了特勤局这一机构的极端重要性。毫无疑问，那是促使我立志成为一名特勤局特工的主要因素。的确，小孩子是最容易受到影响的。

第二章

大学、海军陆战队、罗纳德·里根

随着时光飞驰，我的志向更加坚定。从宇航员到外科医生，我的这些事业意愿就如电光火石，转瞬即逝。然而，自始至终我对两个志向痴心不改。人们想不到有朝一日我会想去特勤局实现自己的事业抱负，但对于我从部队现役军官做起的想法，倒是不出大家意料。我不但把入伍视为爱国的表现，而且也把部队当作可以磨炼冒险精神的地方。

我素来是一个特别胆大的孩子，爱冒险，并且喜欢玩一些够刺激甚至是让人心惊肉跳的玩意儿。许多个下午，人们都可以看见，我穿着自制的溜冰鞋，没戴头盔，没绑护膝，在我们那条街上溜得飞快。随着年龄增长，我玩的车也越来越危险刺激，而我也越发入迷。直到 1971 年的夏天，我的野马马赫 1 号赛车（Mustang Mach 1）撞上一棵树之后，那种狂热才有所收敛。两周之后，野马赛车修好，换了个新的车头，我又继续上路了。我很开心再一次掌控着一辆配有 351 立方英寸 V8 发动机的赛车，只不过这次需要更加小心。

1973 年高中毕业后，我考上了北乔治亚大学（North Georgia College）。它位于乔治亚的达罗尼加（Dahlonega），离家 20 英里。这是一所军事院校，以专业出色而远近闻名。这样看起来，北乔治亚大学好像很合我的胃口，因为我毕业后的首要目标就是进入部队，为国效力。在这儿，所有的住校男生都要参加预备役军官训练营，也就是说，大家要穿制服并学习美国部队的风纪。

校长是一位西点军校（West Point）毕业生，参加过朝鲜战争，也是当时我所认识的人当中最优秀的人物之一。校园里的大部分军官干部都蓄着长发，即便按部队的标准来说，也是太长了，还有很多人以留络腮胡子为荣。其中一些人有点发福了，尽管也还谈不上大腹便便，但是显然，他们大多数人平时并未重视体能训练。可以这么说，他们的形象代表了20世纪70年代初的部队形象。由于越战尚未结束，反战情绪盛行，报考北乔治亚大学的人数骤降。也许学校军官干部想要摆出一副悠闲姿态来招徕更多的学员。

义务兵征兵一结束，就开始招募志愿兵，招募广告上写着"欢迎青年男女'当兵去'"的字样，并且打出"今天的部队需要你"这样的口号。我也见过海军的征兵广告和海报。与之相反，它们只高调展示了海军官兵超短的寸头，以示他们军纪之严明，官兵之平等，同时表明他们要招募的是少数的优秀分子，且并未向人们许诺一个锦绣前程。海军陆战队这种强硬务实的招募方式吸引了我。他们宁缺毋滥，只招那些独一无二、严于律己的人。虽然那时我还从未见到一个海军军官，而且北乔治亚大学根本就没有海军军官。

和另外一些志趣相投的学员几番交谈之后，我得知海军一般是从大学里招募一些合适的学员，来参加他们的军官培训计划。通常每学期都会有一两天，他们在学生中心设立招生咨询点，让感兴趣的同学过去随便聊聊。他们也会安排时间给学生参加海军陆战队军官的笔试。有一天，由海军上校肯尼斯·L.克里斯蒂（Kenneth L.Christy）带队的海军征兵组来到了我们学校，我决定去看个究竟。结果不出所料，他们只是向我表明他们的态度和我所面临的挑战。

我与克里斯蒂上校第一次见面，是在我们校园外的一家汽车旅馆，他的征兵组就住在那里。那是一个秋高气爽的下午，当我把车停进汽车旅馆停车场时，克里斯蒂上校正好从他的车上下来，我顿时觉得，他才是一个真正的部队军官。他身高六英尺多一点，肌肉发达，好像浓缩版的演员克林特·沃克（Clint Walker）。与其说他像一名真正的海军军官，倒不如说他看起来更像一名身穿海军制服的模特。你看他那大块大块的胸肌，那可是成千上万次、反反复复的握举才练出来的；还有他那瘦瘦的腰板，那可是跑了好几千里路、做了数以万计的仰卧起坐才能磨炼出来的。除了魁梧的身材，他还戴着飞行员才戴的那种眼镜，并且故意把头发留得特别短。他量身定做的制服上，除了挂有一枚银伞翼徽章，还有三条军功绶带。绶带上面饰以一个铜质五角星和两个紫色心形图案，那可是由于他 1967 年的越南之行而授予的。他的最高荣誉奖章就是那个表彰战斗勇士的铜质五角星。几年之后，未经他本人申请，他就被升格授予海军十字勋章，那是全美国为表彰战斗勇士而设的第二等级别的荣誉勋章，仅次于最高级别的国会荣誉勋章。

互相介绍认识后，克里斯蒂上校邀请我到汽车旅馆大厅就坐。我们一起聊了海军陆战队的情况。尽管我此行的目的是参加海军陆战队军官的考试，但很快我就明白了，这实际上就是他们对我的一次面试，看看究竟有无必要给我一次笔试机会。

克里斯蒂上校把我上下打量了一番，轻描淡写地说，从外表上看，我可能吃不消海军的训练，别的军种也许更适合我。不知是他真的觉得我的外形确实不适合当海军，还是他故意用激将法来吸引那些追求挑战的人，反正当时我极力展现出了我对海军的热衷。克里斯蒂上校微微一笑，叫来了一名像他一样魁梧的炮兵中士，让他去给我安排一下海军军官的笔试。如果通过了，就意味着我可以进入海军陆战队排长培训班，去参加培训学习了，我的军旅生涯也会正式开始。

每年夏天，这个排长培训项目都会从在校大学生中培养一批海军预备役军官，培训地点位于弗吉尼亚州（Virginia）的匡蒂科海军陆战队基地（Marine Corps Base Quantico）。之后，如果能顺利完成学业且拿到学位，学员就可被授予海军陆战队少尉头衔。这听起来好像很容易，但实际上，在这项目过程中，有些人因此丧命，另一些则终身残疾。

那位炮兵中士领我到一张小桌子旁坐下，发给我一份海军军官入学考试试卷。四个小时之后，我成功地通过了海军陆战队候补军官学校的笔试。从小我就叛逆任性、不拘纪律，并痛恨所有形式的权威，但不可思议的是，我竟然加入了全美军纪最严的部队。

也许，冥冥之中我知道，我所需要的那种管教也只能在海军陆战队那里才能找得到。正如橄榄球名教练文斯·隆巴迪（Vince Lombardi）所说，“所有优秀的人都是严于律己的人”，很明显，我也渴求能够拥有自律品质，并希望能在最艰苦的环境下学习到这一点。

随着加入海军陆战队候补军官学校的日子的一天天临近，现实却让我感到越来越紧张。通过他们的笔试是一回事，能否毕业甚至能否飞上蓝天则完全是另一码事。之后，我想起了一部由著名演员特洛伊·多纳休（Troy Donahue）主演的电影，剧中他借所扮演的角色之口说道：“连我都不知道自己该何去何从，我又怎么能领导其他人呢?”这句话恰恰就是当时我所具有的领导才能的真实写照。

烈日下弗吉尼亚州的地狱

海军陆战队排长培训班，是对我们身心的一次严酷洗礼，其旨在为美国海军培养能委以重任的军官和干部。可以说，我人生当中的这一段经历，不仅对日后的成长定型极其关键，我最终成长为特勤局特工，也与之密切相关。

从1975年6月1日，我到匡蒂科基地那一刻起，醒着的分分秒秒几乎都要为生存而战。接下来的大多数日子，我跟我们排的学员打赌说，我们谁都不能熬过这个夏天，更别提什么毕业了。

接下来的几周，我们在弗吉尼亚那似乎永远不变的湿热天气中，剃了光头，顶着烈日，脚穿皮军靴，每天上午要跑5英里，皮军靴把脚都磨破了皮，与此同时我们还得一直忍受着教官的口头呵斥和肉体惩戒。高中暑假期间，我曾在建筑工地上干过活，我的很多工友都有犯罪前科，有几个人还是已判刑的杀人犯。什么污言秽语我都领教过。不过此时我才意识到，海军陆战队的教官已把污言秽语提高到了接近艺术的水平。他们能把每一句污言秽语都变成语重心长的训诫，这种本事真的令人肃然起敬。

每一天都是度日如年。每周六上午3个小时的体能训练后，我们要顶着夏天的烈日，纹丝不动地站在沥青检阅甲板上，接受仪器和相关人员的检阅。这时候，一个又一个的学员因中暑而倒下。为确定学员是否适合担任海军陆战队军官，中士教官基本上可以对学员为所欲为，只要不危及他们的生命。而那些年，偶尔也发生过几起伤亡事件。每天都是从清晨4:30的体能训练开始的，光是这一项训练就足让身强体壮的人都累得半死，许多人因此住进了医院，而另一些人选择了退学。晚上9点，一天的训练结束，灯一熄，我们便睡得像死人一般，直到第二天清晨4:30灯又重新亮起。

麦克林中士（Sergeant McLean）是分到我们连队的几名教官中的一位，他简直就是一个恶魔。他每天都在威胁我们，说要是我们自己不“他妈的”卖命训练，他就要亲自把我们都弄死，或者让我们比死更惨，那就是在毕业之前把我们打发回老家。

麦克林中士28岁，身高6.5英尺，身材结实，没有一点多余的脂肪。他的眼睛湛蓝深邃，仿佛能把你看透。他的嗓音声如洪钟，好像几英里开外都听得见。他是最后一批离开越南的海军官兵之一，作为一名老兵，他曾在帕里斯岛（Parris Island）做过多年的训练教官，在那里训练应征入伍的海军官兵。他的形象就如同好莱坞海报上所展示的海军教官的样子，从看到他的那一刻起，我就知道，在美国《统一军事司法法典》允许的范围内，我们这些学员有望从他那里接受最好、最严厉的训练。他没让我们失望过，从来没有。

除了麦克林中士，还有别的训练教官。炮兵中士吉普林（Sergeant Gilpin），他每天早晨都要用剃须刀把整个脑袋刮一遍，还爱反反复复告诉学员们，要是我们当中有谁真的以为，我们马上就要成为海军陆战队的军官了，那我们就是全都疯了，疯得比“他妈的屋里的老鼠”还要厉害。这句话他要么在我们全排的人面前讲，要么单独对某一个人说。尽管我们谁也搞不懂“他妈的屋里的老鼠”是个什么东西，但我们觉得那肯定远比一般的、正常的老鼠可恶得多。

炮兵中士吉普林是个玩心理战术的高手，即使在最不利的条件下，他也能玩得游刃有余。一天早晨，在体能训练之前，我刚刚把我的海军陆战队的红短裤脱至脚踝关节，蹲在舰艇的前头——也就是在厕所大便时，突然炮兵中士吉普林进来了，并且就蹲在我旁边的那个便池。在当时“旧式海军陆战队”的军舰上，便池和便池之间根本就没有挡板隔开。尽管厕所里就只有我和炮兵中士吉普林，但空荡荡的20个便池，他却偏偏要选我旁边的那一个，他觉得有必要在我旁边大便。等他舒心地蹲好并看着报纸时，炮兵中士开始像老朋友一样与我拉起家常来。这时我才意识到我们的训练教官实际上也是人，而且绝大多数是那种相当不错的好人。可是10分钟后，在体能训练场上，他马上又变成那个冷酷无情的疯狂教官。对这个狂人，我们既爱又敬。

我们的主要课程包括：海军陆战队历史、军事操练、领导才能、战术课，以及没完没了地增强体质的体能训练课。所有这些课程都是在久经沙场的军官和现役教官的苛刻监督之下完成的。

教官们不断地给我们潜在的领导才能打分。海军陆战队关于领导才能的理念就是：在一个人能够带领团队和发号施令之前，他必须学会服从命令。在这种理念下，不能立即严格执行命令的人，就会遭受各种各样的惩罚。这就是海军陆战队的训练风格，一种条件反射式的做法，不过挺管用的。

有这么一条惩治措施，要求你把重10.32磅（约4.7千克）的M14自动步枪举过头顶，在夏日的骄阳下，绕着长1/4英里（约400米）的沥青检阅甲板跑到你趴下为止，或者直到训导教官觉得已达到了惩治目的才罢休。如果找不着步枪，一只军用小提箱也就足够了。这些惩罚动不动就会降临到你头上，或者仅仅因为十个普通指令中，其中一个你没按要求做到，或者仅仅因为步枪脏了，又或者因为随便什么教官觉得重要的事情你没办到，当然在他们看来什么都重要。这种训练的目的在于教会我们，不但要立即服从命令，而且必须时刻关注细节。这一切都是为了今后能让你在战场上存活下来。这个培训项目，跟别的任何培训内容一样，是为了考验一下看谁在被逼到忍无可忍的情况下还能思路清晰并反应敏捷，也是考察到底谁真的想要成为一名海军陆战队军官。

每隔一周，我们就参加一次长达20英里的强行军。尽管我们背着满满的背包，戴着头盔，挎着步枪，在35度的高温和100%湿度的天气中，但每人只允许带2夸脱（约1.88升）水。那些落后或太慢的人会被教官推拉着前行，同时还得忍受难以想象的呵斥，因而颜面扫地。许多人因虚脱、热痉挛或中暑而不幸掉队，他们被扔在两吨半的卡车后车厢里，那儿会有一个海军医院的医务兵用冰块给他们敷着，并粗鲁地将肛门温度计插入肛门，以监测他们的体温。我宁愿死也不愿接受这么没有尊严的抢救措施。如果一个人掉队掉得太远了，就会被教官认为不再适合继续训练，然后被直接转移到一辆安全的车上，之后就再也见不到他了。

我们学会的最重要的一件事情就是，当身体极其难受时，如何克服本能地想要放弃任务的冲动。在这个军人或即将成为军人的世界里，放弃是永远不可能的选择。实际上，这里的每一件事或每一个人都可以作为一个例子说明这点。

一天上午，在3英里的跑步训练中，有一个学员想要呕吐。这很常见，问题是教官看到他离开跑步队列，停下来把早餐呕吐出来。一回到排里，我们洗澡换衣服，为接下来的训练做准备，然后在床前立正待命。就在那时，我们注意到这儿少了一个人，就是那个离开跑步队列去呕吐的兄弟。这时，活动板房古老的纱窗门突然被掀开（自1942年以来，不知有多少预备役军官从那扇纱窗门间进进出出过），排里那名失踪的队友被一大帮教官从寝室的飘窗中间推进来。他几乎面目全非，完全看不出是我们的战友，甚至都没有点人样了。因为他那白色的T恤衫和红色的体能训练短裤，甚至他的全身都被染成了泥褐色。那全是匍匐爬过训练基地周围那些各式各样的泥坑和涵洞的结果。这个表面看起来残酷苛刻的惩罚，目的是让我们牢记：如果你临阵脱逃，那么还有比被拽过泥坑更可怕的惩治措施。从那以后，我们每个人都学会了边跑边呕吐。

为了培养攻击性和战斗精神，我们每个人都学习了肉搏战的战术技能。每个学员都配有带刺刀的M14自动步枪，麦克林中士教我们基本动作，如刺击、斜劈、横扫，以及用枪托垂直戳下去的技术，目的在于戳穿敌人的腹部或把脸和脑袋打成肉酱。一小时又一小时，我们持续不断地练习这些动作，直至10磅的步枪好像有20磅重，每一个动作被完全掌握为止。然后就是用角力棒一对一地训练。

角力棒的大小及重量跟一把步枪差不多。它像一个巨大的棉签，不过两头都有棉球。每个上场训练的人都要戴上一个橄榄球头盔和护裆，然后跟对手两两对练。教官一声哨响，每个人将竭尽全力把对手击倒在地，用模拟的步枪给对手致命一击。进入比赛不到两秒钟，我们就把正式所学的基本动作全都抛在脑后，基本上大家都把角力棒当作棍棒来使用。

练习的真正目的，就是尽可能把攻击性和战斗精神从肉搏贴身战中激发出来。教官们兴致勃勃地看着各自的队员互相厮杀，就好像观看现代版的角斗士比赛一样，教官之间为此打赌的事也时有发生。如果队员没有表现出相应的攻击性，那他就要再跟两个对手格斗，直至他连武器都拿不起来才罢休；或者教官对这个队员已经满意，认为该队员已具有足够的杀伤力，可以当海军军官。这些操练通常是在一个封闭的场所进行的，既远离平民又是军官明显不会露面的地方。表现好的队员会被奖励一杯微温的小卖部冰红茶，教官还会让他单独休息一小时。

为了把我们训练成心狠手辣的杀手，格斗比赛要持续到教官吹哨叫停为止。即使一个人已被打倒在地，获胜者还要继续攻击，直至听到教官叫停的哨声。我想，可以这么说，这实际上就是一所艰苦的、磨炼心智的学校。

我有过两轮比赛。第一轮，我完全打败了对手。但在第二轮，当我醒来时，透过橄榄球头盔的铁格子，我看见的却是弗吉尼亚蓝天中的白云。在棒球比赛中，击球500次可能相当了不起，可是在肉搏战中，这根本就不算成功。我从这次培训中学到的最大的教训是，在跟一名步枪已上好刺刀的人肉搏之前，我得先把自己枪里的子弹打光。

在这个训练项目结束时，队员的辍学率大约达到50%。这项看似残酷无情的培训项目，预先设计的意图就是让尽可能多的学员中途主动退学或放弃。他们的理念是：如果一个人在跑步或比赛中放弃，那么他就很有可能在战场上也会选择放弃或逃跑，必须把这种人甄别出来并且淘汰掉。尽管别的排有很多人放弃了，我所在的排却没有一个人辍学。麦克林中士在军官学校任教官期间（1974—1978年），他所带的10个排当中也没有一个人辍学。这是一个还没被其他教官打破的纪录。在这次培训中，这还不是我们教官保持的唯一一项纪录。他还是17分钟内跑完3英里（约4827米）纪录的保持者，从没有一位军官候选者或教官能超过他。

虽然有时情况糟透了，可是我心里从没有过放弃的念头。那年夏天，我最大的收获也许就是明白自己还具有这样一种品格，这种性格很适合做一名特勤局特工，因为面临挑战时，接受考验的不仅仅是我的勇气，还有我的毅力。

日复一日，周复一周，教官们从不放松对我们的无情要求。他们不断提醒我们，哪怕训练到最后一天，家人赶来参加毕业典礼时，我们仍有可能被淘汰出局。自然，这个看似完全不可理喻的做法，在教官们看来也不失为一种训练策略。我们当中能顺利毕业的人，就会成为海军陆战队的军官，将来有可能指挥我们现在的教官。每一个教官都想要确保，将来我们在最恶劣的条件下，也有能力领导他们，因此他们训练我们时不遗余力，以保证我们能胜任使命。

随着训练强度的一天天加大，以及训练营学员人数的不断减少，有一件事大家都心知肚明：不管什么任务，无论是20英里的徒步行军还是穿军靴跑5英里，麦克林中士和我们其他的教官总是参与其中。他们总是会在前面带队。他们谁也没有命令我们做过任何他们自己都干不了或不愿意做的事情。这种领导方式，就是众所周知的以身作则的方式。在那个痛苦的夏天，这也是我们所学到的最主要的课程之一。那些看似铁石心肠的教练，深深地烙进了我们每个人的心里。我会终生牢记这些教导，也会把它融入到我的特勤生涯中去。

毕业前的晚上，我跟我最好的三个朋友，在漆黑的兵营里，坐在冰凉的水泥地板上，用一个底部印有“1944年”字样的餐厅铁杯子，喝伏特加酒和酷爱牌葡萄酒。不知怎么的，我还把这个杯子带回了家，而没有和其他的东西一起上交。它现在还在我桌子上当笔筒呢。

毕业那天，折磨人的训练终于结束了，我们已经挺过来了。我们又站在那个检阅甲板上，那是我们曾经受尽磨难的地方。那一刻，我们简直不敢相信自己已经成功了。一开始训练时有600多个学员，如今毕业时只剩321人，我排第118名。最后的班级排名主要取决于三个因素：身体素质、学业成绩和领导才能。尽管我在班上的最终排名并不乐观，但即使是最后一名，排在第321名的那个人，也是大可自豪一番的。

毕业典礼上，麦克林中士过来跟我握手，他脸上露出了我难得一见的微笑，同时祝贺我终于没把自己累死。那是我永远难忘的一天，并且至今未忘。

在这个世界上，海军陆战队候补军官训练项目头一回教会我，作为一个男人，你对工作应当尽职尽责，并且竭尽全力做好，可是别指望能获得任何嘉奖。能够毕业就是对你的奖励，而做好本职工作是理所当然的。现在，地狱般的海军陆战队候补军官训练营生活已经结束了，我又要返回到有空调、冰啤、文明的校园去完成我未完的大学课程。

大学毕业时我拿到了刑事司法学学士学位。1977年8月19日，我实现了梦寐以求的目标，被委任为海军陆战队的少尉。当我穿上我的第一套夏季军装宣誓就任时，我简直不敢相信这是真的。那一整天，我仿佛都懵懵懂懂的。经过了多年的努力，终于实现了一个看似不可能完成的目标，我觉得这一切好像都发生在别人身上，而自己只是个旁观者而已。

大家为我被委任为少尉举办庆祝活动，这些活动到傍晚还没结束，一直持续到第二天凌晨。大约中午的某个时候，醒来时看见我的军装散落在地上，我开始意识到自己如今已是一名海军陆战队军官，不再是一个普通公民了。想到这点，感觉真好，顿时我也清醒了很多。

完成初级军官学校的培训和步兵军官课程之后，我很荣幸地在加利福尼亚的彭德尔顿营（Camp Pendleton）海军第九团第二营里服役了将近 4 年，最后以海军上校的身份光荣退役。

服役期间，我被任命指挥 38—180 名入伍的海军。我把候补军官学校教给我的全部本领全都运用起来。作为领导，我当然还不成熟，不过我很清楚以身作则的原则是领导艺术的关键。如果一个人能以身作则、身先士卒，其他人自然会紧随其后。这一原则也成为我日后做特勤局工作的核心部分。最终，我要在保护美国总统的同时还要训练新特工并领导其他特工。

罗纳德·里根

在我服役的大部分时间，包括最后几个月，我驻扎在加利福尼亚的彭德尔顿营。尽管我很享受海军服役的这一段时光，但 1981 年 11 月服役期满时，我还是决定离开海军部队。1981 年 3 月 30 日，一件事更加坚定了我离开的决心。那天我刚刚跟我的士兵跑完 5 英里回来，突然听到连办公室的广播在播报里根总统在华盛顿希尔顿酒店外遭到枪击的新闻。

一方面是有人企图谋杀里根总统，另一方面是我的服役生涯即将结束，此时，一直未被忘却的儿时梦想——成为一名特勤局特工，又一次浮现在我眼前。此时，唯一的问题是我对如何成为特工毫无头绪。不过我曾经是一名海军军官，哪怕我脱下了军装，头发长得和普通人一样长，我下半辈子仍将是一名海军军官。像以前一样，我是不会放弃的，并且总能找到方法实现我的目标。

第三章

一息尚存，绝不放弃

1981 年 11 月 9 日，我驾驶着那辆 1978 年产的大黄蜂跑车，以我能驾驭的最高时速——当然尽量控制在不被警察逮住，也不至于丧命的速度之内，驶离了彭德尔顿营向乔治亚州一路飞奔。一路上，我的运气不错，直到密西西比（Mississippi）。突然，一个年轻警察毫不留情地把我拦了下来。对一个曾服役 4 年的海军军官归心似箭的心情，他根本就不为所动。给我开罚单时，他是那么地彬彬有礼和训练有素。

回到家乡，我暂住在父母家里，然后就开始申请美国特勤局特工的职位，可是一无所获。申请当特工远比我预想的要困难得多。好几个月，特勤局亚特兰大办事处没有一个人回过我电话。

1982 年夏天，在漫长的一天里，我的主要活动是锻炼和上飞行课，并协助教潜水课程。在过去几个月内，我向特勤局亚特兰大办事处打了四五次电话，并要求跟一个特工通话。最后一次，办事处的秘书像往常一样问我有何贵干。这次我吸取了前几次的教训，并没有如实地告诉她我有兴趣申请特工这一职位，只是说要找一名特工来接电话。她担心我也许是一名想要伤害总统的精神病患者，或者怕我给她惹上什么麻烦，就把我的电话转接给了一位值班特工。了解到我打电话的意图后，他想匆匆忙忙地打发我，说特勤局现在不招人，也许今后一段时间也不会招人之类的话。

我偏偏没有说“谢谢您，长官”之类的话。我继续缠着那个倒霉的值班特工在电话里聊啊聊，问了好多有关特勤局的问题。最后他磨不过我，放弃了，并答应寄给我一份申请表，之后他真的寄给我了。这件事太重要了，我是不会让别人对我说“不”的。在海军陆战队时，我学到了不少东西，其中最重要的一条是：当此路不通时，就另辟蹊径；只要一息尚存，就决不放弃。

我把申请表填完，寄了过去，一边等待一边继续从事我各种各样的兴趣爱好。几周之后，亚特兰大办事处的办公室主管打电话来通知我，特工主管要面试我。我坚持不懈的付出终于有了回报。至少我得到了一次面试机会。现在我要充分利用这次机会，显然能得到这样机会的人，可谓是凤毛麟角。

在约定的日期，我来到了特勤局亚特兰大办事处，参加特工主管杰里·基维特（Jerry Kivett）对我的面试。当我坐在办事处的等候区等待时，我意识到这无疑是我一生中最重要的日子之一，我最好别把它搞砸了。

我被办公室主管领进了基维特先生的办公室，在用尽全力给他一个最有力的握手后，我坐在那儿汗如雨下。于是我赶快默默地祈祷：说话时千万别结巴，千万别给他留下坏印象，我的未来和青春梦想现在可都掌握在这个人手里。

基维特先生在特勤局可算得上是一位传奇人物。刚刚到特勤局不久，他就被派去保护副总统林登·贝恩斯·约翰逊。不久，约翰逊于1963年11月22日就任总统，当林登·贝恩斯·约翰逊宣誓就任美国总统时，基维特已经登上了“空军一号”。

基维特先生单刀直入直击重点，对此，我并不惊奇。他眼睛直勾勾地盯着我，仿佛要在我身上烧出个洞来。他问道："嗯，丹，你为什么要当特工?"我竭尽全力地想汇集我所能想到的最好的答案，从儿时有关肯尼迪总统的保镖克林特·希尔在达拉斯是如何舍身保护总统的记忆说起，谈到这一幕给我留下了怎样刻骨铭心的印象。我就从那儿开始侃侃而谈，可是如今我一点都记不起当时我说了些什么。他继续盯了我大概好几分钟，然后问我是否看过里根总统遭枪击时，特勤局特工在现场保护总统的完整镜头。"看过，长官。"我答道。然后他又问我能否像那个特工一样挺身而出，为里根总统挡子弹。

我记得我当时想了一下，然后说了大概这么一番话："特工必须经过良好的训练。以我过去在海军陆战队的经验，我知道由于训练有素，我会迅速地做出反应。尽管我希望将来永远不要遇到类似那名中弹特工所遭遇的事件，但是我相信一旦碰上，我肯定会按照训练要求做出反应。"

我坐在基维特先生面前，他脸上露出些许高兴的神情，并且说道："答得好。"当1963年11月22日肯尼迪总统在达拉斯遇刺时，他就已经在总统的车队里了，他亲自经历过那次暗杀事件的枪林弹雨，几乎比谁都更清楚当特勤局特工到底意味着什么。要是我答错了他的问题，要是我当时不那么回答，毫无疑问他早就把我打发出门了。相反，他把我送到了隔壁的办公室，让亚特兰大办事处助理特工主管罗伯特·F.科特斯先生（Mr.Robert F.Coates）对我进行第二轮面试。

科特斯先生四十好几，秃顶，身着三件套正装，没穿夹克，看起来和基维特先生一样让人望而生畏，不过稍随意一点。在命令我坐下之后，他就继续发问以确定我当特工的真正动机。

显而易见，他们是不喜欢浪费时间的。科特斯先生像基维特先生一样直奔主题，开口就问："你是来找工作的吗?"我答道："不，长官，我谋求的是联邦执法机构中的一份事业。”

这俩人的问题都旨在淘汰明显不合适的应聘者。基维特先生的目的在于，挑出愿意为保护总统而殉职的人，或者鉴别出不具备这种意愿的人。科特斯先生的问题旨在鉴别出这样的一些人，他们只是想找一份体面工作，而根本就没有认真考虑过当特工究竟意味着什么。科特斯先生还问了一些有关我经历背景的其他问题，并考察了我对特勤局的了解程度。在与这些“老派”的铁石心肠的人的首轮面试结束之后，我就赶路回家了，在家里等待下一轮的挑选，假设还有下一轮的话。尽管我觉得我已经发挥了自己的最佳水平，但我根本不知道我的最佳水平是否足够达到他们的要求。

几个星期后，亚特兰大办事处的办公室主管打电话来告诉我说，基维特先生已经选中我去参加特工的笔试。笔试试题就是有名的财政部执法探员的考试试题。题目很难，旨在考察词汇、阅读理解技能、观察技能，以及出于某种不为人知的原因，还要考察解答数学应用题的能力，这些数学题，对我来说很复杂。我跟其他 4 名应聘者一同考试，之后通知我，我是唯一通过考试的人，满分 100 分我得了 73 分，该考试 70 分为合格。从填写求职申请以来，我第一次对自己加入特勤局的前景变得乐观起来。

我勉强通过的那套笔试试题，已经使用了至少 30 年。当时特勤局每年只招很少的人，题目就特意出得很难，我拿到的试题册陈旧得差不多快散架了。在 1983 年之前，大部分新特工都是在老特工退休后出现空缺才开始招募的。除非出现重大危机或事件，特勤局特工的人员编制几乎从来就没变动过。即使出现重大危机或事件，它的人员也不会马上剧增。当肯尼迪总统遇害时，整个特勤局不足 400 名特工，而总统的护卫队还不到 40 人。由于总统遇害身亡，1964 年特勤局所招的人数有所增加。在 1968 年罗伯特·肯尼迪（Robert F.Kennedy）被杀后，特勤局的人数再一次增加。在罗伯特·肯尼迪遇害之前，特勤局并没有保护总统候选人的职责，但是在他遇害后，特勤局马上被授权，开始保护这些总统候选人。1976 年，在杰拉尔德·福特总统（President Gerald Ford）遭遇由萨拉·简·穆尔和利奈特·弗洛姆（Sara Jane Moore and Lynette "Squeaky" Fromme）策划的两次暗杀后，特勤局又招募了更多特工。因为发生了企图暗杀里根总统的事件，特勤局特工的人数又从多年不变的 1600 人增加到 2000 人。这些空缺必须尽快填满。

几个月过去了，亚特兰大办事处那边杳无音讯。然而有一天，没有任何预兆，他们突然来电话通知我回亚特兰大参加小组面试的选拔。小组面试是选拔过程中最后一个需要扫除的障碍。面试官由 3 名资深特工组成，他们每个人都会不厌其烦地问一长串的问题，时间也拉得好长好长。

当我来到面试地点时，我被带到科特斯的办公室，如今他已升为特工主管，取代了基维特的职位。那时基维特刚刚退休，他已为美国忠心耿耿地服务了 20 多年。

在向我介绍完面试小组的其他成员后，科特斯先生开始了面试，他问了我一个问题，和几个月前第一轮面试时一模一样："你是来找一份工作吗?"我的答案和从前一样："不，长官，我要的是联邦执法机构中的一份事业。"然后他让另外两个特工提问，他们俩在接下来的几个小时内，问了我以下几个方面的问题：与海军陆战队服役相关的内容，使用武器方面的经验，在学校参加过哪些肢体接触性运动，我的锻炼习惯，是否参与过非法活动，如果应聘成功是否愿意服从分配等等。他们还问了我许许多多的情景假设，询问我的看法并让我推荐一种行动方案。

那天晚上回家后，我就给科特斯先生写了一封感谢信，感谢他抽时间面试我。我以为自己做了一件明智的事情。我之前读过一本关于面试礼仪的书，书中明确写到，要给给予你面试机会的人写一封感谢信，那样做是恰当和应该的。后来我了解到，在美国政府部门未必如此。

几天后，我待在父母家里，突然电话铃响了，我去接电话。电话那头说："我是特勤局的芭比·科特斯。请丹·艾美特接电话。"我答道："先生，我就是丹·艾美特。"科特斯先生说："我收到了你的感谢信，但特勤局不搞这一套。"他接着说每个月政府都感谢他两次，意思是说每个月政府给他发两次工资。那一刻，我觉得我当特工的机会可能要泡汤，我以为他接下来要说我已不在他们的考虑之中了。他故意停顿了一下，说道："你到办事处拿一下你的背景资料表。"然后就挂了电话。那天我又返回亚特兰大，按要求去拿表格，并以最短的时间填完，之后就交给了亚特兰大办事处。然后，我又开始了急切的等待。

半路出家的银行职员

为了支付日常开销，我一边在等待梦寐以求的特勤局的工作消息，一边在亚特兰大第一银行做管理培训生。尽管我对银行业一窍不通，我报名登记过的职业中介却推荐我去一家银行面试。那家银行正在物色一些据说有责任心又有领导才能的前任初级军官，只要这些军官在今后可以被培养成懂银行业务的人就行。这在理论上听起来不错，他们给了我那份工作。当时我身无分文，所以我接受了。

对于一个爱冒险和挑战的人来说，你根本想不到这份工作是多么的糟糕，既枯燥又单调，我感到超级失望。我跟我的同事几乎是两个世界的人，哪怕是跟他们进行最简单的家常沟通都成问题。大部分同事都清楚，我没有任何银行业的经验，我得到这份工作，仅仅是因为我在部队干过。很多人都看不惯这一点，并且毫不掩饰地表露出来。每天清晨当我强打精神起床时，我的未来就像我每天不得不面对的亚特兰大寒冷的早晨那样，一片漆黑。

1983 年 4 月的一天，我刚刚被顶头上司骂得狗血喷头。因为我下午休息了 15 分钟，超过规定的 10 分钟休息时间。当时，绝大部分的大楼里是允许吸烟的，除了规定的休息时间外，员工们还有例行的吸烟时间。我提醒老板我不吸烟，即便那时我多休息了 5 分钟，比起那些吸烟的人，我每天至少还少休息了大约一个小时。我的老板，他当然是吸烟的。

那天稍晚些的时候，当我正坐在办公桌那里胡思乱想时，电话铃响了。我盯着那个讨厌的黑色东西好一会儿才拿起话筒。我听到一个声音在说："我是芭比·科特斯，特勤局的人。"我想我当时说了一句有创意的话，类似"是，长官"。他接着说，"我这里有一份工作给你，在夏洛特（Charlotte）的一个 5 等公职，底薪每年 1 万 3，如果你接受的话。考虑一下，等下电话答复我。"我当时结结巴巴地说了些像"我……我……不……不要考虑，我非常愿意接受那个职位"之类的话。他还说他也想把我留在亚特兰大，但是那里没有空缺的职位，而 5 级薪资是当时唯一可得的工资等级。我那时根本就不在乎什么工作地点，甚至工资的多少也不在我的考虑范围之内。考虑到我当时的心情，就算是派去火星上班，我也会答应的。

科特斯先生给了我 3 个可供选择的报到日期，并且告诉我到北卡罗来纳州（North Carolina）的夏洛特的搬家费用得自己出。因为实际上我一无所有，所以搬家根本就不成问题。我选择了第一个报到日期，1983 年 5 月 16 日。挂完电话，我就呆呆地坐在桌子边，根本没回过神来。在历经了 18 个月的努力后，我终于成功了。我马上就要成为一名特勤局特工了，除非天有不测风云。

第四章

夏洛特办事处

1983年5月16日，星期一，我当上特工的第一天，我来到了美国特勤局夏洛特办事处的前门口。我穿着刚从杰西·潘尼服装店（J.C. Penney）买来的灰色细条纹套装。那是父母送给我的礼物。如大家所料，我前一晚就没怎么睡着。差不多早上8:30，我站在短走廊尽头，按下了一间房门的门铃，但无人应答。这里不像纽约等地的大办事处那样，一天24小时都有人，夏洛特这类的小办事处，它的上班时间通常和商铺开门做生意的时间一样，从上午8:30到下午5:00。晚上通常会有一个值班的特工锁上门并设好报警装置。他还要接听所有的值班电话，这些电话都是在非上班时间由转接服务器转给他的。

上午8:35，一个短小精悍、长得像演员罗伯特·康拉德（Robert Conrad）的男人，从办公室外面的电梯里走了出来。他身着蓝色运动夹克、灰色休闲裤，拿着一把形状奇怪的钥匙打开办公室门，并看着我问有什么事。我回答说："您好，我是丹·艾美特，第一天来上班。"这位看起来成熟老练的特工伸出手来跟我握手，并自我介绍说他叫保罗（Paul），接着就邀我进去坐下。

其他特工拿着咖啡开始鱼贯而入，看到我，他们都停下来自我介绍了一番，同时仔细打量新来的员工。我和另一位名叫罗恩（Ron）的特工，都是夏洛特办事处自20世纪70年代末以来首次招聘的新员工，因此大家都想过来看一看新面孔。我起身站立，迎接每一位新同事及教练对我的问好。

办公室主管到了。这位女性人过中年，有点发福，看上去和蔼可亲，同时又给人一种凛然不可侵犯的印象。从20世纪50年代起，她就已经为特勤局工作了，因此对该机构的管理工作一清二楚。过去30年来，她也见过每一位走进夏洛特办事处的新特工。提起特勤局，她了如指掌。

她带我走过大厅来到特工主管的办公室，主管让我站着并举起右手——为成为一名特勤局特工而宣誓。那时新员工在上班第一天就得宣誓入职，不像现在要在所有训练结束后才宣誓。我非常熟悉宣誓的誓词，因为那就跟我7年前就职海军军官时的誓词一模一样——“我谨庄严宣誓，我决心维护和捍卫美国国家宪法，打击国内外一切敌人的侵犯行为。我将忠于宪法，恪守不渝。我自愿承担这项义务，毫无保留之意，也决无推委之心。对于我即将承担的职责，我必忠勤尽责践行。愿上帝助我。”

宣誓入职的过程不到一分钟。之后，如我所料，特工主管向我大致讲了一下工作的基本注意事项，包括他对优秀特工应有的职业道德的理解。坐在他办公室的时候，我偷偷瞄了瞄墙上，看看是否有主管和一些政要的合影，结果一张也没有。然后他叮嘱了我一件注意事项，在当时，这叮嘱出乎我的意料，不过日后发现，那可是我整个特勤局生涯中最值得关注的头等大事。

酒、女人和别克车

主管盯着我看了一会儿，继续告诉我，特工最容易引火烧身的是

“三好”，即好酒、好色和好车。直白地说，就是容易犯滥饮酒、滥泡妞和滥用公车的违纪行为。

政府给办事处的每位特工都配有一辆小车，特工不但上班时可以使用，晚上还可以开回家使用。这种工作便利被称之为“在家办公”，特勤局是为数不多的享有这种好处的几个机构之一。在家办公是一个极大的特权，不过用车纪律也规定得清清楚楚：车辆严禁用于公务以外的任何事情，包括直接上下班，中途不得绕行；车上严禁搭载任何非工作人员，包括小孩和妻子；严禁驱车前往小卖部、干洗店或酒吧，尤其是酒吧。特工主管接着说，尽管有时在特殊情况下违背纪律也情有可原，但千万不要在一次事件中同时“三滥”。他的意思是说，千万别开着公车出去酗酒，之后又搭载非工作人员，比如带一个女人回来。他最后简要地向我申明，发生任何滥用公车，或众所周知的“公车私用”行为，意味着自动停职一个月，而且停发工资。我把这个警告铭记于心。

在宣誓入职并牢记酗酒、滥用公车和好色的后果后，我被带到另一个特工那里。那个特工又把我领到办公室一个给嫌疑犯摁手印和拍照的地方。他给我拍了张正式的特勤局证件照片。照片将会贴在我梦寐以求的工作证上，并保留在总部的档案里。直到现在我还留有一张照片。20年后我又拍了一张，两张照片并排放着，照片上的人看起来根本就不像同一个人，尽管20年来我头上的大部分头发都还在。

第二天早上，由同事带着到楼下咖啡店喝完例行的咖啡后（店主名叫乔治，是一个相当和善的老头子），我被介绍给了弗兰克（Frank），他是办事处的武器教官之一，也是该职位上最年长的一名特工。他的特工经历可以追溯到艾森豪威尔时代，当时他就陪着艾森豪威尔总统在火树乡间俱乐部（Burning Tree Country Club）散过步，当时他还背着一个高尔夫球袋，里面放着一把汤普森冲锋枪。1983年的今天，弗兰克的任务就是尽可能地让我学会使用史密斯·韦森标准配置的左轮手枪，为即将到来的特工培训做好准备。

新特工要想随身配枪，必须得过射击这一关。射击课不是格斗课程，而是一门靶心类型的课程，人们一般将其称为标准合格课程。在该课程中，武器全都是采用单一射击，也就是说每开一枪都要把击铁往后推上好膛才能再次发射。在该课程中，用于射击的只有30发子弹。课程目的是教会新特工射击的基本内容。

弗兰克驱车带我来到夏洛特警察学院射击训练场，到了后就马上跟我讲解射击课程。他先让我练习模拟射击，即不上子弹练习，好让我找找左轮手枪的感觉，之后弗兰克才拿出实弹让我来碰碰运气。

第一次试射我就合格了，300环我击中了290环。弗兰克对我的表现和他的指导相当满意。我没有向他透露：从13岁起我就一直使用手枪，在海军陆战队服役时我还是使用45式手枪的顶尖高手。我很喜欢弗兰克，并且轻而易举地让他相信：正是他教导有方，我当天的训练才有这样的好成绩。所有的机构都需要像弗兰克这样的人，所有的新员工都应该听从他们的教导。

弗兰克很满意我起码能够持枪了。他递给我一把左轮手枪外加12发特制的0.38英寸超高压子弹，一个手枪皮套，还有一个快速装弹器，这个快速装弹器里又有额外的6发子弹。如今我已持有枪械，具有一定的危险性，尽管这种危险性，也许更多是对我自己而言而非对其他人。虽然我已经能相当熟练地使用枪支了，然而我还需要学习如何合法地使用枪支——了解在何时、何种情况下能使用枪支。在那时，这是一个必不可少的环节，不过，这在20世纪90年代起已经改了。如今，特工只有到他们特工训练合格后才能持枪。

接下来那一周，整个夏洛特办事处的特工，以及威明顿市和罗利市（Wilmington and Raleigh）周边的小办事处的所有特工，都在同一个警察学院射击训练场集合。这次集合就是为了让北卡罗来纳州所有的特工参加每季度一次的必备射击资格证考试。

训练快结束时，我已成功学会使用左轮手枪、乌兹冲锋枪和雷明顿870霰弹枪。之后我去见保罗，就是上班第一天我遇到的那个特工。我们要去他负责的北卡罗来纳西部片区做一些基本的刑事调查工作。新特工要跟着一个又一个的资深特工轮流学习各种各样的业务。这也是在职培训的部分形式。

我们分别住进了酒店里的客房，接下来的三天我们将待在那里，之后在酒吧见面以安排晚上的活动，其中包括让我初步了解一下特工生活中鲜为人知的一面：如何稍有违纪却不至于产生不良后果。

伪造支票罪的调查并不令人神往

当一张官方支票被盗后，盗贼通常要伪造支票取款人的签名来兑换现金。这项犯罪当时是由特勤局来调查的。如今这些调查基本上都没必要了，因为现在都是直接转账，但是在1983年，这些调查就是特勤局的主要工作。

伪造支票调查实际上是特勤局职责范围内一项很无聊的工作，任何一个初级侦探都可以胜任伪造支票的调查工作。而另外一项最重要的工作——保护总统，却需要很特别的人才能胜任。2002年，特勤局由财政部（Department of the Treasury）管辖。因为所有的官方支票都是由财政部发行的，所以伪造支票的调查工作就全部由特勤局承担。

尽管特勤局仍旧管辖着这些案子，但跟20世纪80年代相比，如今这类案子已很少见了。现在的特勤局，除了大宗的伪钞案调查外，还负责信用卡和银行欺诈罪方面的调查工作。尽管伪造支票的案件很罕见了，但这种新的信用诈骗案件调查，却让每一个办事处的特工忙得不可开交。从某种意义上讲，几乎不再有伪造支票案件还真是一种遗憾——以前每一名新特工就是从这种工作中锻炼起来的，他们在干这一工作时就等于接受了实地调查的基本培训。如今，特勤局的新特工根本就不知道基层工作是怎么回事。

特工在调查这些伪造支票案件中，所遭遇的危险远远大于案件本身的重要性。在美国乡下调查联邦犯罪与在大城市工作一样危险，人们不难想象一名特工很可能在乡下执行公务时一去不复返。

比如，在北卡罗来纳州的山区，特工常常是单独一人出去调查。在北卡罗来纳州的乡下，有许多人住在极其偏远的地方，他们过着与世隔绝的日子，并不认可联邦法律或者特工执法权的合法性。尽管特工为了得到当事人的配合调查，完全有权进入他们的住宅，可是许多被访者还是觉得特工是非法入侵。

为了确保自身安全，明智的特工会跟当地的一名治安警察交上朋友，办案时让他陪着一同前往。每个当地的治安警察几乎认识乡下的所有人。有治安警察在身边，特工遭伪造支票的嫌疑犯枪击的可能性就会大大减少。不过有时候也会适得其反，如果那个警察碰巧是嫌疑犯的朋友或者有交情，他就会事先通风报信。住在北卡罗来纳州的极其偏远山区的人们，大家彼此间似乎都有些关系，要么是血缘关系，要么就是婚姻关系。他们会相互通告。通常等你赶到嫌疑犯家里时，家里已经空无一人，即便嫌疑犯是个无业游民。在那里，这类事几乎已经司空见惯了，根本不算是例外现象。

办理这类案件的第一天，我和保罗要去询问调查一两个收款人并且要获取一些他们的笔迹样本。这些人的住所大部分都相当寒碜，还常常散发出阵阵尿骚气，每家似乎都养了一大帮杂种狗来看屋，他们住的房子其实就是那种活动房屋或者叫棚子屋。在这次行程中，我算是领教了乡下土狗的厉害。

我和保罗把车停在泥马路边的一栋活动房屋前面，路边有一条常见的狭窄的私人车道。保罗给我的第一条停车建议就是：要把车倒着停放进去，而不要头朝里开进去停放——以防万一有突发情况，好迅速把车开走。第二条建议是去执行此类任务时要穿着得当。那天我穿着一套三件套的细条纹西装，我当时认为，这对刑事调查任务来说是合适的服装，而保罗穿的是运动夹克和免烫的裤子。就是在那天，我才知道一个特工需要有两套不一样的工作服：一套用于像保护总统之类的场合，另一套则用于显然要弄脏衣服的场合。

当把保罗的车倒出来的时候，我听见远处有狗叫声，并看见一条硕大的一身泥巴的杂种狗飞奔过来。早已看见了我们的房子主人，站在他家铝合金城堡的大门口对我们说："别担心，那狗不咬人的。"可他并没有说，他的狗会朝一个特勤局新特工的身上扑上去。当那条狗朝我们跑过来时，它觉得我就是那个适合被弄脏的最佳人选。那狗兴高采烈地朝我扑过来，它的前爪子在我身上留下了慷慨的大泥巴印子，鬼才晓得我那雪白笔挺的白衬衫，以及我的西装和领带都被糟蹋成什么样子。屋子的主人开怀大笑，之后，他才把他的狗叫了回去。保罗在一边也忍不住笑了一下，但他看着我的窘相又不好意思笑出声来。

保罗自报家门，表明来意，说我们需要一些笔迹样本。狗的主人答应给我们，并邀请我们进到屋里。在餐桌边，当我抽出一张表格给他填写时，突然从他吸烟的嘴里滴下一大滴口水，把采集笔迹样本的表格搞脏了。保罗看着我强作淡定而又掩饰不住恶心的表情，几乎都忍不住了。我们一回到车上，保罗就哈哈大笑，把眼泪都笑了出来。在稍微能喘气的间歇，他说道：“欢迎加入令人神往的特勤局。”从事任何一门职业，有一段时间你都是需要交学费的，而我办的这些案件可以说是我作为一个新特工必须交的学费。

我特别讨厌这些调查，但很快我就意识到调查伪造支票案件是夏洛特这样的小办事处最主要的工作。如果我想要加入总统的特别护卫队，就必须得做下去而且要做好。不过特工培训学校马上就要开学了，我至少可以暂时远离这些不那么令人向往的调查工作了。

第五章

特工训练

任何一个执法机构要想取得成功，关键就在于尽可能地挑选到最佳人选，同时对他们进行彻底的、持之以恒的强化训练。可以这么说，没有几个执法机构的人员经受过像美国特勤局特工那么高水平的训练。我也相信在执法领域内，没有哪一家机构能像特勤局那样，那么重视对员工进行持续终身的训练，在射击和执行总统护卫这两个方面尤为如此。这种训练从特工报到上班时就开始了，每一个新特工都会搭配一个导师，反反复复进行巩固训练，一直持续到退休为止。

除了没完没了的在岗训练，每个新特工在刚入职时还要接受半年的正式训练。这种训练分为两个阶段，在两个不同的场所进行：先是刑事侦查的训练，之后是总统护卫训练。

新招的特工的第一个培训学校叫刑事侦查培训机构（Criminal Investigative Training Program：CITP），位于乔治亚州的布伦瑞（Brunswick），隶属于联邦执法培训中心（Federal Law Enforcement Training Center：FLETC）。在那里，新特工要学会联邦执法机构内所有特工必须掌握的基本技能。该校并非只针对特勤局人员进行培训，而是提供一般性的资格培训课程——所有 1811 系列的学生，或者刑事侦查类别的学员都必须学习这些课程。这包括基本的射击训练、体能训练、自卫措施，以及如何进行完整的刑事侦查，即从侦查开始直至司法裁判的全过程。每个班由48名学生组成，其中24名是特勤局特工，另外24名学员则来自联邦政府的其他机构。

特勤局特工从刑事侦查培训机构毕业后，就要去参加第二阶段的特勤局特工培训课程的训练，地点在马里兰州劳雷（Laurel）的詹姆斯·J.罗利培训中心（James J.Rowley Training Center:JJRTC），有时也被称之为贝尔茨维尔（Beltsville）。该校专属于特勤局。在这里，新特工不但学习如何为总统提供贴身保护，而且要学习由特勤局专门负责的调查工作，比如伪钞和金融诈骗的调查。特工需要在射击训练场上进行长时间的训练，以确保熟练使用各种枪支，尤其是必须熟练地使用西格绍尔手枪、雷明顿霰弹枪以及黑克勒-科赫MP5冲锋枪。

除了射击，每个新特工还必须成为合格的的救生员，以应对各类医疗紧急事故。这一培训是在急救员和专业医学人士的指导下进行的，旨在教给特工必备的医疗知识和器具使用技能，以处理各类医疗紧急事故，譬如突发心脏病的抢救及给孕妇接生之类的事件。在过去的几年中，这些技能已经抢救过很多人的生命。

在贝尔茨维尔设施最为先进的游泳池里，每位新特工要接受大量的水下逃生训练。这里配有自己的水下救生员，其技能堪比部队里的职业救生员。与此同时，特工几乎每天都要进行进攻防御策略和体能挑战方面的训练。

在完成所有必备训练后，新特工就要准备应对工作中可能会碰到的任何状况，比如枪战、制服负隅顽抗的嫌疑犯、处置动脉出血等。其中重中之重的是，当总统遭袭时，要全力掩护总统，帮助其安全转移。当然，从培训学校毕业并不意味着训练已经结束，恰恰相反，在特工的一生中，每个人都要多次重返贝尔茨维尔进行保护、射击和计算机方面的巩固训练，还要接受最新的侦查技巧和能力培训。每个特工还要简单了解最高法院有关特勤局的最新判例。

甚至到两个极为重要的护卫队（总统护卫队和副总统护卫队）报到上班后，所有特工每隔 8 周还要进行为期两周的训练，即所谓的护卫队训练。其目的是让护卫队的所有特工时时身手敏捷。在这两周内，特工要重新通过军用手枪、冲锋枪和霰弹枪的使用资格测试，并且进行体能测试，包括俯卧撑、引体向上、仰卧起坐，还有 1.5 英里限时跑步。特工还要进行处理紧急医学事故的培训，这些事故他们很有可能会在工作中碰到。护卫队最后一天的训练是进行数次国家元首遭袭的模拟训练，包括应对近在咫尺的持枪歹徒或者远处的射手，处理紧急医疗事故，也许还有水下逃生，从坠落的直升机里逃生等。在坠机逃生这个方案里，好几名特工被蒙上眼睛坐在一个模拟直升飞机机身的装置里，沉入水底，然后机身翻转颠倒，特工要在看不见任何东西的情况下，战胜恐惧，一鼓作气地从模拟的机身里逃出。每一次碰到的问题都有一点不同，因此谁也不知道接下来会有什么样的挑战。所有的特工，包括督察人员都要参加训练。毋庸置疑，这是世界上最好的护卫训练。这也是过去几十年来特勤局在保护国家领导人时总是那么成功的原因。

和很多警察机构一样，多年来特勤局对新特工的培训理念和指导思想并非一成不变，培训的侧重点也会因每一位新上任的特勤局局长而异。有些局长认为培训学校应该提供一些培养绅士风度的课程，而另一些局长则认为应当完全采取国家警察学院或新兵训练营的训练措施。正因为如此，在不同阶段受训的特工对培训的印象也不尽相同。

我的培训开始了

1983 年 7 月，按特勤局的要求，我来到联邦执法培训中心。离开夏洛特后，我先是开车回到乔治亚州盖恩斯维尔的父母家，那个周末我看望了家人和一些老朋友。

第二天我前往联邦执法培训中心，进行首次训练。在路上，我有点睡不着觉。到了训练基地，我就报到登记，然后直奔房间。在那里，我见到了室友迈克（Mike）和班上的几个人。迈克性格活泼开朗，讨人喜爱，无论走到哪，似乎都有一大群人围着他转。今天他还有一冰柜啤酒，喝啤酒总是很容易结交新朋友的。

我们一见如故，都是同龄人，28岁上下。大家差不多都有过工作经历，要么当过警察，要么当过兵，而且几乎都没有结婚。那天傍晚，当迈克冰柜的啤酒喝完后，我们大部分人去了附近的圣西门斯岛（St. Simons Island）吃晚饭。

翌日上午，我们参加了第一天的训练。为了把大家叫醒，我们互相用拳头击打对方的肋骨。奇怪的是，在接下来的几周训练中，我们班竟然没有一个人肋骨受伤。

那是漫长的8个星期，我和迈克住在刚好能容得下两个人的钢筋混凝土房间里。不过，这么多年来，已有成千的学生都这么过来了，我们也能做到。每天，我们去上课，练习我们将来需要运用的职业技能，日子倒也过得开心充实。

我们班的训练都是在夏天进行的，这一训练也因此具有了特别的魅力。因为这样，我们每周六和周日都可以尽情地在圣西门斯岛的沙滩上玩耍了。甚至在周末，我们每天在沙滩上踏着海浪迅速跑完3英里，之后回到我们的地盘，边吃小吃边看海景。本地人也极为殷勤好客。

不断重复的机械训练、囚徒式的制服以及一成不变的饭菜，这一切最终让我们有些厌倦。毕业时，我们兴奋得像脱缰的野马一般。毕业前的晚上，训练基地举办了一个热热闹闹的晚会。到最后，大家都喝了不少酒，不能开车了。第二天，大家尽管还能保持清醒，不过都因熬夜而显得有点状态不佳。毕业那天有人给我们致辞，讲了些什么，我都记不起来了。之后有人给我们颁发了毕业文凭，然后大家各自回到自己的工作单位，等待接下来的特工培训课程，以及下一轮世界上最优秀的培训，并且是跟一些你心目中最优秀的朋友、同事一起参与。

1983 年 8 月，我一回到夏洛特就接到去詹姆斯·J.罗利培训中心参加第 84 期特工培训课程的命令，这也是特工培训的最后一个阶段。我们班的课程从 9 月持续到 10 月。在这里，我将学习自己最感兴趣的课程，即如何保护总统。

我们新的住所是司各特将军宾馆（General Scott Hotel），位于罗德岛大道（Rhode Island Avenue）临近华盛顿特区的一个地方，那里的社会治安非常糟糕。那儿离我们的主教学楼不远，在当时，它就坐落于左街 1310 号。近几年，那里已经被修整，完全看不出当年的模样。而在当年，如果你从宾馆出来向左走，你就会活下来；要是向右走，你就有可能在几秒钟之内丧命。就是在这一时期，新特工要求佩戴左轮手枪进行训练，这样至少我们可以自保。

这里不像联邦执法培训中心，两个特工共住一间小房。在司各特将军宾馆我们一人一间房。房间虽旧，但是住着舒服，很宽敞，有两张双人床。宾馆楼下还有一个停车场，可以免费停车。

从司各特宾馆到乔治城，打车只要 3 美元。对我们来说，当时乔治城有着美国年轻人最理想的社交环境。大家心里明白，与联邦执法培训中心让人痛苦不堪的斯巴达式住所相比，这里肯定好玩得多。而且我们还有住宿和生活费补助，不像在联邦执法培训中心那样，住在基地，吃喝用度他们样样全包。

给我们上课的大部分老师都是刚毕业的年轻人，他们无忧无虑、生活闲散，没有几个人有着像样的体形，只有一两个上形体课的老师，还有点体能训练老师的样子。特工班的两名协调员也都是刚毕业的新手，他们从不跟我们一起锻炼。早上我们能跟其中一个见上一面，晚上在冲出教学楼之前又见一面。随后我们跑到乔治城一个叫作鲸鱼之标的酒吧。经过一天漫长的训练，我们要好好放松一下。

不过，这里的管理条文也很清楚：我们可能随时被遣送回家，而且事先不会有任何警告或解释，因为他们一直在对我们进行评价考核。鉴于我们享有很大的自由空间，一些学员有时真的差点自投罗网，断送自己的前程。其实这也是我们需要学习的部分课程内容。特工不但需要经常跟队友配合作战，也要经常单枪匹马工作，所以对每个特工都必须给予充分信任，相信他可以完全按照特勤局的行动章程办事。在没有任何人监督的情况下，特工更应该恪尽职守、兢兢业业地工作。这就是所谓放任式培训的理念。特工如果在训练中犯错，那么在现实生活中，他犯错的几率就会更高。如果在训练中，特工确实有犯规行为，他将被开除。其他班上就有一些学员被开除。

训练中最紧张的部分就是射击，这是特工的必修课。我们几乎每天都要用掉几百发子弹，以至于每到周末我们的手累得几乎连枪都拿不起来。因为练习使用的 12 号霰弹枪后坐力极强，还伴有大量锋利的金属弹片，所以每次训练课下来，我们不但肩膀酸痛，脸也跟着发肿。训练的结果是，我们后来使用这些致命的武器游刃有余。我班上的同伴都是好强的男子汉，大家铆足了劲儿比赛，所以没有一天的射击训练轻松过。不管什么射击课程，无论是左轮手枪、冲锋枪还是霰弹枪，每个人都想竭尽全力胜过对方，输了的人就要在下次外出聚会时买啤酒，而这种聚会通常就在当天晚上举行。

特勤局制服特警处（Secret Service Uniformed Division）的射击教官

专门负责射击培训。可以这么说，他们是世界上最优秀的射击教官，他们不但是使用各种枪支的高手，而且有本事把学员也训练成高手。有时候，这还真不是那么容易的事情，因为有些新学员以前从未打过一枪，另外一些虽说用过枪，但不得要领，还得从头学起。

训练时间久了，我们逐渐了解了彼此的优缺点，能够相互理解，就像一家人一样，一起训练、玩耍，偶尔也打打架，但我们最终还是像一家人一样相处。尽管我们也会争吵，但要是有谁看不起我们班上的哪一个人，他可就要遭殃了。因为跟我们班上任何一个人作对，就是跟我们全班人作对。

记得有个星期六深夜，我们在乔治城的一家酒吧聚会。有一个年轻人，穿着也算体面，但不知怎么喝高了，差点和我们的一个同学吵起来。这个年轻人借着酒劲发飙，因为他的女伴跟我们的一个朋友聊得欢，把他晾在一边了。很显然，他在女伴身上花了不少钱和心思，当这个女士执意要跟我的朋友走时，他有点恼羞成怒。当时我们几个人稀稀落落地坐在酒吧里。他为了在这位女士面前逞强，就推了我的朋友一把。他完全不明白这一举动是多么不明智，结果被我们几个穿得笔挺的特工抬了起来，脑袋朝前把酒吧的门撞开，给扔了出去。这种事真是好玩。闹事者除了脑袋和自尊心受了点伤，身上其他部位完好无损。尽管酒吧的保安看了也觉得好笑，他还是建议我们当晚换个地方，不过他很快又邀请我们回来。我们完全照他的话行事。

钢铁教官和扔钢铁的教官

多数教官的任务就是要把我们训练成特工，但每个教官都有他们各自的专长和独特的教学方法。教我们徒手格斗的教官热衷于竞技性的功夫比赛，他是个不同寻常的家伙。在比赛和训练过程中，他的大部分手指都骨折过，其中两三个手指还有点畸形，但他还是乐于向我们展示。他好像不怕痛。

为了表现他的不怕痛，他让另一名教官使劲地踢他的小腹，在这过程中，他一直面无表情，不动声色。因此，我们背地里叫他“钢铁球”。

大部分教官都是爱岗敬业又很好玩的人，包括那个表面看起来像个疯子的格斗教官。还有个教官，看上去一点也不平易近人，他喜欢把训练用的手枪朝任何他觉得听课不认真的同学头上甩过去。虽然这些训练手枪是仿制手枪，但是私下里还是可以用来射击的。这是我班一个同学发现的。

一天，有个同学上课走神，这个教官顺手把手枪甩了过去，正好击中了他的头部，这个同学顿时血流如注，差点休克。教官居然一边看着他流血（当时这位同学就像急诊室的伤员一样），一边还报出自己的名字以便让这个同学投诉。当时其他同学面面相觑，看看躺在地上的同伴，大伙脸上露出“哦，我靠”的表情。我们把伤者弄到医务办公室，又立即回去上课。但就算当时他需要缝几针和住院（幸好，他还不需要），他也不会投诉那个教官。

训练结束后，这个奇葩的教官竟然成为我们最好的朋友之一。他属于那种旧派教官，一直相信严师出高徒的教条。对我而言，作为海军陆战队魔鬼训练学校的毕业生，在经历过麦克林中士的一番磨炼后，我能接受并理解这种教学方法。当然，我也从未被他甩过来的手枪打破脑袋。

电梯恶搞和关节脱臼

就像在部队和执法部门工作的大多数人一样，我们班里每一个人都过得很开心，总会有些趣事发生，通常也有人为此付出代价。一天上午，那个付出代价的人就是我。

这天，我班的同学围坐在练功房的毯子上练习擒拿术，等着我们的虐待狂教官。在毫不知情的情况下，我被班上的3个同学抓了起来，手被反铐在身后。当时，我们一直在练习戴手铐，他们骗我是在练习，直到他们把我像刚刚捕获的鹿一般朝电梯门口抬去时，我才知道上当了。一到电梯边，他们把我穿的训练短裤扒到膝盖以下，然后按下所有楼层的电梯按钮，再把我扔进了电梯。你想想看，这栋楼可是特勤局的主楼，每天上午该有多少人坐电梯上上下下！就在电梯门要关上的一瞬间，兄弟们又把我拉了出来。这一次却是把我抬到女员工的更衣室，粗鲁地扔在更衣室的地板上。听见正在更衣的女特工尖叫大骂后，同学们又把我弄了回去。这次是扔在练功房的毯子上，然后快速地给我解开手铐开始上课，仿佛什么事都没有发生。这样的事情要是放在现在，可能会引发国会的干预调查。可在当时，这只不过是善意单纯的玩笑罢了，自然也就没有任何投诉可言。

还是在那天上午，我们在练习对付有人从身后掐住脖子的擒拿格斗术时，我把好友兼搭档的肘关节弄脱了臼，他碰巧就是上午那3个整我的人之一。练功房的人听到咔嚓一声，他的脸色苍白，显然肘关节已经错位。随后他被送到乔治华盛顿医院，肘关节复位后，又返回来训练。甚至到了今天，关于这件事人们还议论纷纷，他们问我是不是故意把朋友的手弄脱臼的。

正式的护卫车

我们的大部分训练都既实用又好玩。举个例子来说，如何从行驶的总统护卫车上跳下。

跟在总统豪华座驾后面的车就是护卫车。在行驶过程中，每个特工都能轻而易举地跳上或跳下。如今，特勤局超级时髦，使用的护卫车是一款防弹的雪佛兰巨无霸，性能优良，设备先进。而在20世纪80年代，大型的四驱越野车面世之前，特勤局的正式护卫车全都是凯迪拉克轿车，另配有脚踏板、扶手和可折叠敞篷。直到20世纪90年代，几乎所有的正式护卫车都是这款车。只要天气好，护卫车的当班特工就打开敞篷行驶，车一减速准备停靠目的地时，当班特工就得爬到脚踏板上面，抓住扶手，随时准备跳到地面，以便迅速护卫在总统座驾周围。这是总统护卫处的人向世人展示最为英姿飒爽的一面。新特工都想迫不及待地试一试。

如今，特勤局一流的驾驶员都是在罗利基地进行培训，以前所有的驾驶培训都是在附近一个废弃的飞机跑道上进行。二战期间，这是属于战略情报局即现在的中情局使用的飞机跑道。这里就是我们护卫车训练的场地。这是一条平整的飞机跑道，长3500英尺，已经有一二十年没用了，但它却是练习30秒飙车的绝佳场所。

那段时间，理查德（Richard）是我们的培训教官，他是最近才从总统护卫处调来培训我们的。这是一个有几分野性的人，这一点，我们不久就看出来了。理查德首先向我们示范他是如何从静止的护卫车中登上两旁的脚踏板，先抬哪只脚，然后怎样抓住扶手，接着示范如何从行驶中的车子上安全跳下。几次示范后，该我们上场练习了。

我们还以为理查德会慢慢地沿着旧跑道开车，来来回回地给我们练习几次，让我们大致体会、熟悉一下练习过程。结果，根本就不是这么回事。

理查德坐在方向盘后面，车子慢慢启动，四个特工紧跟在车旁，另一些特工坐在车上。车子加速时，车子旁边的特工就要按照规定的方式跳到脚踏板上。这时，理查德一脚把油门踩到底，车速马上到了每小时60英里。

快到跑道尽头时，理查德开始减速以便180度大转弯掉头，接着又加速向跑道的另一尽头冲去。当他左转时，轮胎摩擦地面发出刺耳的声音，坐在车子右边的人就得用尽全力抓紧扶手。汽车加速和地心引力的作用，几乎把他们都甩了出去。接着理查德全速朝跑道的另一尽头开去，到达后减速掉头，这次是向右转，几乎把车子左边的同学全甩了出去。他们的手死死抓紧扶手，祈祷自己千万别松手。理查德每次都让同学把车塞得满满的，沿着跑道来来回回开好几次，直到他觉得每个特工都已经掌握了在护卫车上工作的技能。像大多数的特工培训课程一样，这种练习也极其好玩。一天训练结束时，大家都很开心自己还活着。我们都有信心，如果有需要，我们也可以把护卫车开得非常好。

8周之后，毕业的日子终于到了。毕业典礼是在华盛顿特区左街1310号的一间小房子里举行的，勉强能容纳班上的24名同学和一小部分观众。它不像现在的特工培训课程毕业典礼那样规模庞大、人数众多——能容得下200多人，要开一个小时左右。在1983年，毕业典礼的整个过程大约只有15分钟。我记得是特勤局副局长做毕业致辞，但内容一点也想不起来，只记得我们在头天晚上的晚会上尽情狂欢，就像在联邦执法培训中心那次一样。发了毕业证，就该告别朋友，考虑回到夏洛特了。在那里，我将正式开始我的特工生涯。

第六章

返回夏洛特

1983 年万圣节之夜，我从华盛顿特区返回北卡罗来纳州夏洛特的公寓。终于完成了一名合格特工所必需的全部培训，我既疲倦又兴奋。在六个小时的路上，我脑海里不时浮现出进入特勤局短短六个月以来的一幕幕情景。尽管培训一直很开心，但是大多数周末我还是想要有点个人独处的时间，让自己好好想一想，睡一睡。对将来到底会执行什么样的任务，哪怕是调查支票案件，我也会浮想翩翩、充满期待。

接下来的星期一，我到办事处报到，准备上班。我刚上班就接到任务，和我的朋友迈克以及另一个特工罗恩——我们三个新手，被派往乔治亚州的亚特兰大，为里根总统的一次活动执行任务。亚特兰大历来就是一个令人向往的城市，而且这是我培训毕业以后的第一个特工任务，我们非常激动。尽管明白我们不过是在总统旁边某个不起眼的的角落站岗执勤罢了，但不管怎么说，这也算是在保护总统。

到达亚特兰大后，我们住进了酒店，外地来的特工都得住酒店，在那里我们一下子就碰到好些参加过特工培训课程的老朋友。之后的第一个正式活动就是参加一个情况通报会。这样的会议通常在酒店的宴会厅或会议室里进行。会上，总统护卫队的先遣小组向参加此次任务的所有特工做情况通报。先遣小组的成员一一做自我介绍，并宣读总统的行程安排。每次任务前，每个特工都会得到大致的指示，包括第二天在何时何地报到。

情况通报会开了大约一个小时。散会后，执行任务的大部分新特工去了酒店的酒吧，在那里为第二天的任务做好心理准备，并交流各自单位的故事。科特斯先生，亚特兰大的特工主管，也在那里，我只是简单地向他问好，并没有说过多的客套话。一年前，我因通过特工考核给他写了一封感谢信，为此被他损了一顿，对此我还记忆犹新。他问我工作怎样，我说很好。然而也就是这次亚特兰大之行的所见所闻，让我改变了尽快加入总统护卫处的目标。

我此次的任务是在车队抵达地和出发地站岗，以确保该区域没人安放爆炸装置。在那里，我看见五个看起来很强壮的特工坐在一辆墨丘利旅行车里，佩带着 M16 自动步枪和半自动手枪。这是特勤局的反袭击小组（Counter Assault Team：CAT）。

反袭击小组是特勤局的一个特殊机动分队，其任务是对针对总统有预谋的袭击做出迅速、出其不意的猛烈反击。我听说过反袭击小组，但对他们知之甚少，因为在当时那是一个新鲜且处于保密状态的项目。

我向墨丘利旅行车走过去以看个究竟，并与坐在后排的一个特工攀谈起来，得知他以前也当过海军。和他交谈了几分钟后，我深受感染以至于决定：在夏洛特工作期满后，我要加入反袭击小组。那个特工递给我一张纸，有点像该项目的申请表之类的东西，告诉我返回夏洛特后填好寄给他。

在亚特兰大跟那名特工交谈时，他并没有谈及，要申请这个职位，至少要达到普通公职 9 级，我当时是 5 级，至少还要两年才能升至 9 级。所以要想进入反袭击小组，我还得等一等，但这无疑就是我事业规划的下一个目标。

1984年竞选与泰德·肯尼迪议员的临时护卫任务

美国总统可以派遣特工去保护任何他想要保护的人，比如，按法律，议员泰德·肯尼迪是得不到特工保护的，但是因为总统的指示，他却拥有了该项特权。这种类型的护卫小组通常是由特勤局各地办事处的特工组成，就像夏洛特这样的小办事处。这种小规模的护卫任务可能持续几天到几个星期不等。在这里，初级特工将学会护卫工作的本职规程。也是在这里，年轻、理想化的特工将意识到：现实中的特工工作与流行的看法相去甚远，总统护卫并非那么光彩照人。实际上，这是一份要求相当苛刻的工作，需要你精力充沛，尤其是身手敏捷。

1984年总统竞选的最后30天，泰德为民主党候选人沃尔特·蒙代尔（Walter Mondale）拉选票（但最后罗纳德·里根大败蒙代尔）。由于泰德是约瑟夫和罗斯·肯尼迪（Joseph and Rose Kennedy）夫妇仍然在世的儿子（他们已经有两个儿子遭暗杀身亡，还有一个在二战中牺牲），1984年10月，里根总统签署命令，给予泰德·肯尼迪享受总统护卫待遇的特权，直至竞选结束。

这时我从特工培训学校出来一年多了，回到了夏洛特办事处上班。我主动参加了这次临时的护卫任务，结果很开心地发现，跟这个议员在一起的30天非常有意思。参加此次任务的15名特工，几乎每个人都和我一样——年轻、男性、单身，并不在乎这次任务要进行多久。这也许是有意安排的。

由于受保护人的特殊身份，这次任务很受重视。在从事任务之前，护卫小组花了一天时间，在贝尔茨维尔的特勤局培训中心进行培训。

保护肯尼迪议员的任务相当艰巨，只有年轻特工才搞得定。它需要特工30天连轴转，中间没一天休息，有时甚至一天要跑好几个城市。在这次行动中，我第一次体验早上在黑乎乎的宾馆里醒来的感觉——不知身在何处，甚至连是在哪个城市或哪个州都全然不知，好像完全失去了知觉。仿佛我的大部分记忆都已荡然无存。这种体验在之后的20多年中反复出现。当我在世界各地数以百计的宾馆客房中醒来时，我得迫使自己记起我是在哪里，尤为重要的是要记得几点钟得去上班。

当时，我值的是零点班，从午夜零点到早上8点，我得确保议员的安全。他每天都要去一个新城市。早上6点左右，就由值白班的人来接替，与此同时，我们就得急急忙忙地打的到机场赶飞机，飞往议员行程里的下一个城市。抵达目的地之后，我们常常发现房间还没准备好。这时，我们就会与宾馆工作人员协商，先在大厅睡会儿，直到房间弄好为止。有几次我们一直等到下午3点。睡了三四个小时后，我们就该起床，迷迷糊糊地准备去一个新地方，去上下一个零点班。这也许就是一个29岁的人感觉自己好像已经有99岁的原因。这种零点班持续上了10天，然后，我们换成了下午4点到次日零点的班。

在这次任务中，我学到了很多东西，尤其懂得了在某些情况下，友好的人群比敌意的人群更危险：有时看起来最无邪的人，可能给你带来最大的麻烦。带有敌意的人至少明白，他们只能有限地接近保护对象，一旦越过界限就会被捕。善意的人群往往像海浪一般涌向他们的偶像，在这种情况下，5个特工和临时拉的警戒线根本不可能阻止得了人群。

1984年，在马萨诸塞州（the state of Massachusetts），肯尼迪家族仍然是名门望族。因此议员所到之处，人们蜂拥而至，听他的演讲，而且尽可能地接近他。尽管我们总会在舞台周围拉上警戒线，但有些人根本就视而不见。这里最大的危险，就来自于一帮蓝发老太太。每次议员演讲完，走下舞台与观众互动，我们总是招架不住成百上千的老太太的激情，她们每个人都想跟肯尼迪议员亲密接触，根本无视脆弱的警戒设置和我们的存在。有一次，议员沿着警戒线跟观众握手，一个大约 85 岁的老太太为了靠近议员居然扯开了警戒线。我客气地把老太太送回观众席中，重新拉起警戒线，但是其他人乘机溜了进来，把议员团团围住。因为是一帮上了年纪的老太太，这种场合不允许动用常规武器，我们只得围着议员组成一道人体盾牌，希望她们在索取议员签名时千万别用钢笔戳他的眼睛。

帕特里克（Patrick）是肯尼迪议员最小的儿子，在这几站的竞选中一直跟在爸爸身边。实际上，他也被这帮老太太整得够呛。有一次，帕特里克别着一枚肯尼迪总统在任时送给他的铂金 109 领带夹。这自然相当珍贵，更不用提总统在帕特里克心里的分量了。然而，人群冲破了警戒线，这些老太太把帕特里克的头发弄得乱七八糟，就像刚刚起床一样。领带也差点从脖子上被掠走，而他的传家宝领带夹则弄丢了。帕特里克的铂金 109 领带夹弄丢了，我为此痛心。但是仅凭我们 5 名特工，哪抵挡得住上百号老年追星族啊！

泰德·肯尼迪议员很配合我们的工作，他清楚我们的工作流程，也明白自己作为被保护人的职责。他总是事先把自己的行动意图告知我们，让护卫工作变得更为简单。自 1960 年起，他就跟特勤局打交道，当时他的哥哥约翰·肯尼迪是当选总统；而在 1980 年，他有了自己的特勤局护卫队。他作为民主党总统候选人，挑战在任总统吉米·卡特（Jimmy Carter），可惜竞选失败。他相信我们会恪尽职守、为他效力，从一开始他就让我们明白了这一点。

一天傍晚，议员的随从人员刚刚抵达加州马里布（Malibu）一个前议员的家里，泰德和几个助手要在那里过夜。天色渐黑，大家一边溜达，一边四处找行李等物品。突然，一个年轻而有几分姿色的女人转身命令而非请我把她的行李箱拿到屋里。这是在任何情况下都不允许的。特勤局特工从来不给任何人搬行李。从特工的角度说，不是请求而是命令你搬行李，这完全是种粗俗不雅的行为。这在特勤局的安保条文中有明文规定：特工手里严禁持有任何东西，以便随时应对突发的威胁事件。再说，这里有专人负责拿行李，而且是付费的，本来就不该由担负护卫工作的特工来干。在我 21 年的特勤生涯中，只有一次例外，但那是我自愿的。

那次，我被临时派遣跟随美国财政部长出访几个国家。这更多的是出于礼节性的考虑而非安全的需要，因为财政部长是我们的顶头上司。我们抵达财政部长夫妇下榻的宾馆，然后就开始部署、各就各位，包括在财政部长入住的房间门前安排一名特工。他们的行李已经送到了房门口，在那儿堆放着。当时是我在财长门口执勤，财长夫人正好过来开始费劲地搬那又大又笨重的行李箱。旁边没有别人，当然也没有任何威胁，因此我走过去帮她把行李搬进了房间。我之所以帮她，就是因为她没有开口向我命令，要是她开口了，我也许同样会那么做，但是让我深受触动的是，她并没有以顶头上司太太的身份对我们特工呼来唤去，随意差遣做分外之事。

而在马里布这次，我一声不响地站在车库前面的行车道上，看着肯尼迪议员的这位年轻朋友，寻思着该怎么回应，以免被遣回老家。这时，泰德议员出面干涉了，用他典型的肯尼迪口音对她说道："呃，哎呀，特工不是用来拿包包的。"旁边一个负责拿行李的随从走了过来，拿起她的行李离开了，我也就不再难堪了。特工不能拿包包，这事千真万确。如有必要，我们会为了被保护人员的安全而牺牲生命，但是请不要让我们去提包。泰德议员很清楚，而且尊重这一点，这让我倍感安慰。

好莱坞之夜

在这次任务中，我们在洛杉矶的好莱坞待了几天。白天，肯尼迪议员为沃尔特·蒙代尔的竞选拉选票。晚上，大家就参加由好莱坞大腕们举办的一系列没完没了的聚会。

有些聚会一直进行到凌晨时分，这些影视大腕们展现的充沛精力不得不令人佩服。回想起来，华伦·比蒂（Warren Beatty）当时明显没上班，因为似乎只要有议员参加的聚会，他都到场，而且很乐意尽可能地接近肯尼迪议员。

许多声名赫赫、腰缠万贯的大腕，觉得喝马丁尼酒、跟特工交谈要比与他们的同事交往更有意思。有时，他们对特勤局的兴趣让我们护卫议员的工作难以开展，因为这些演员会把我们团团围住，轮番提问。他们几乎每人都有一个关于特勤局的趣闻轶事要跟我们分享，有些甚至回忆到了约翰·肯尼迪时代。

演员理查德·安德森（Richard Anderson）在《无敌金刚》中饰演奥斯卡·戈德曼（Oscar Goldman）。他似乎总是想让我们变成超人，并以此为乐。罗伯特·瓦格纳（Robert Wagner）从不跟我们搭话，然而每次从旁边走过时，总会向我们点头示意，并投以潇洒会心的一瞥。他一直是好莱坞老牌潇洒的电影明星的缩影，其喝酒和吸烟的招牌动作尤其有着这种风范。辛纳特拉（Sinatra）则更加随和，有一次他竟直呼我们是“那些特勤局的猫”。有一个籍籍无名的演员准备饰演一名特工，他让我们给点建议。只要一有机会，我们就轮流给这个年轻演员一些指点，以便让他的角色扮演得更为逼真。他对此非常感激，总想要替我们做些什么。我们满足了他的要求，并请他转告制片人和导演：与大多数好莱坞的特工形象相反，真正的特工在室内是不戴墨镜的。

一天晚上，我在议员房间的门口站岗时，接到严格的命令：当演员格利高里·派克（Gregory Peck）到来时，任何人不得进入议员的房间。议员要在他的套间里面举办一个派对，派克先生应邀参加，不过他来得有点早。他个子高高的，看上去跟屏幕上的形象一模一样。他微笑地看着我，一言不发。我觉得自己仿佛是站在麦克阿瑟将军（General Mac Arthur）或者是亚哈船长（Captain Ahab）面前，我说："派克先生，您早。"然后敲议员的房门，让他进去。我可不愿让"麦克阿瑟将军"等着见泰德·肯尼迪。

害怕坐飞机

因为我们要去的许多地方是小镇，所以只得坐配有两个发动机的微型飞机前往。我在 1982 年就拿到了飞机驾照，在海军陆战队时也经常开飞机。在大部分情况下，我的战友坐在直升飞机后面。这些飞机已经陈旧不堪了，说实在的，是不准飞上天的。许多飞机陈旧得可以说是印证了一句老话——"只要有足够的动力，哪怕是砖头都能飞起来"。尽管泰德和他的特勤护卫队所坐的这种小飞机时不时地搞点小插曲，但我不怕。我总觉得坐在上面是一种极大的历险，谁都说不准接下来会怎样。

我 29 岁时还从未遭遇过生死考验，泰德议员在 1964 年就亲历过一次了。当时他乘坐的一架小型客机坠毁了，机上几个人丧生，他背部骨折，经过数月的牵引与治疗才逐渐康复。康复后，他就开始讨厌乘坐飞机，尤其是乘坐小型飞机。我觉得这仿佛是"肯尼迪家族魔咒"的延续——他的姐姐凯瑟琳（Kathleen）1948 年在一次空难中丧生，而身为海军飞行员的哥哥乔（Joe）则在二战中死于飞机坠毁事故。

我们有过一次难忘的飞行经历。当时，我们乘坐由普罗温斯顿-波士顿航空公司（Provincetown-Boston Airlines）运营的DC-3型客机，从波士顿飞往马萨诸塞州的海恩尼斯（Hyannis）。DC-3型客机是航空业内的经典机型，最后一架是在1946年下线的。它是航空史上最具代表性的运输机之一，也是20世纪30年代末到40年代末所有商用飞机的主力。能乘坐这样一架历史悠久的客机真是让人激动不已，尽管该机型历史悠久，但如今仍有好几百架在世界各地翱翔。

那一天，天气很糟糕，云层很低，下着雨，而且遇上了强气流。客舱服务也很棘手，难以进行。当英勇的DC-3客机冒着大雨穿过乌云向前飞行时，我看见大雨沿着飞机窗户倾泄而下。除了大雨，从左边的窗户往外看，我还注意到飞机破旧的发动机在不断漏油。我并没有被吓着，因为我知道，尽管这些破旧的发动机都有点漏油，但仍旧很安全。要是发动机不漏油了，那才危险呢，因为那意味着发动机已经没油了。天气状况还在持续恶化，以至于我准备随时做好最坏的打算。

考虑到肯尼迪议员很厌恶坐飞机，尤其是碰上这种恶劣天气，我转身看了看坐在身后两排的他。议员的眼睛直直地盯着前面的座位，平时红光满面的脸现在变得惨白阴郁。他抬起头看了我一眼，我报以微笑，好让他放心。他没理我，继续死盯着前面的座位。

飞机穿过厚厚的乌云，然后在海恩尼斯上空下降到大约1000英尺的高度。飞行员娴熟地放下起落架，准备着陆，车轮在海恩尼斯机场的跑道上发出刺耳的声音。飞机的发动机关闭，机舱门打开，悬梯放下。我们还没来得及解开安全带，泰德就已经冲出过道，下了飞机。我们迅速地跟了上去，心里纳闷他为何如此匆忙，没有特勤局护卫队陪同，他又能去哪里呢？

进入小小的航站楼，我们发现他就在那里。刚刚经历这次飞行历险不久，他恢复了点元气，朝等候在那里的小车走了过去。议员一直坐在飞机的左边。无疑，他也看见了飞机发动机在漏油，还有恶劣的天气。20年前，也就是这种天气，导致他乘坐的飞机坠毁，差点要了他的命。

印象最深的一次飞行小插曲，发生在地面上。那时飞机还没有起飞，我们当班的4名特工、议员以及帕特里克·肯尼迪登上了赛斯纳双座小型飞机。我们刚刚系好安全带，飞机的头部就开始慢慢地向上抬起，仿佛已经起飞。接着听见“砰”的一声，像金属撞击一样，飞机的尾部撞到了柏油路面，好像模型飞机失去了头部的平衡装置一样栽了下去。这让人极不舒服。我们还是一动不动地坐着，飞机发动机却已经熄火。除了议员外，谁都忍不住笑了。他觉得这种窘境没什么好笑的。

那两个飞行员还没上飞机，他们把头伸进来，很礼貌地告诉我们，体重最重的那个人要坐到飞机前面去。自然，泰德是最重的人，但是他喜欢坐后面，没有谁会叫他解下安全带坐到前面去。于是我们4个特工换到前面，加上正副飞行员的重量，飞机的头部开始向下降，直到飞机的前起落架又重新着地。飞机恢复平衡后，我们顺利起飞了。

穿越时间隧道

这次任务的最后几天，我们是在海恩尼斯港的肯尼迪家族庄园里度过的。抵达肯尼迪公馆时，我被它庄严的新英格兰高贵气质所打动。主楼包括约瑟夫·肯尼迪（Joseph P.Kennedy）的那栋房子以及马路对面的另一栋房子。约瑟夫是肯尼迪家族德高望重的元老，曾担任过大使。后者的主人则是刚去世的罗伯特·肯尼迪（Robert F.Kennedy）。到1984年，大使的房子让给了肯尼迪议员，而埃塞尔·肯尼迪（Ethel

Kennedy）偶尔在她和鲍比（Bobby）的家里住一住。

附近还有一栋房子，正对着与庄园比邻的三条街道中的一条。它位于欧文大道（Irving Avenue）111 号，是巨大的科德角式风格建筑，墙面镶有灰色鹅卵石，这曾经属于已故总统约翰·肯尼迪。

每天我都能看到那栋房子，也清楚它曾经属于肯尼迪总统，除此以外，我知之甚少。我还以为它是一栋空房子，常年无人居住，只不过一度是美国第 35 任总统的避暑山庄罢了。

在我们执行任务的最后一天，肯尼迪议员为特工举办了一个派对。这是为了向我们表示感谢——感谢我们在过去一个月里为了他的安全，愿意赴汤蹈火、不惜牺牲生命。议员穿着一件蓝色的粗布衬衫，外加一件黑色的保暖夹克。他头发蓬乱灰白，显然有好几个星期没有理发了。这与他过去一个月以来的一贯形象大相径庭，那时他每天穿的都是定制的、笔挺的布鲁克斯兄弟（Brooks Brothers）品牌西装。

之前，议员虽然很热情，但他在特工面前还是有点放不开。但是现在任务已经结束，他完全成为了一个待客周到的东道主，一直劝大家尽量多吃龙虾，尽情喝酒。大多数人根本不需要他劝，尽管我们个个累得要死，盼望着早一点回家。

下午，聚会已近尾声，几乎人人都在赶往机场。议员走到几个仍旧逗留的特工当中，问有谁想参观他哥哥的房子，即约翰·肯尼迪总统的家。那时我刚好又倒了杯啤酒，清清楚楚地听到议员用家乡口音问："你呢，丹？"（这是肯尼迪家族所特有的口音。）我放下啤酒，抬起头，点头回答："好的，谢谢！我很想看看总统的家。"

议员从一个酷似《老人与海》里面的斯宾塞·屈塞（Spencer Tracy）的管家那里拿了钥匙，陪我们三个人走过一小段路，来到肯尼迪总统房子的后门。议员不经意地告诉我们，这里基本上还是约翰·肯尼迪总统当年居住时的样子。我还以为他指的是家具、窗帘和以前差不多。尽管大体上是如此。不过不久我就明白，他话中有话。

我原以为议员会陪着我们参观肯尼迪总统的房子，没想到他把钥匙递给我说，“拿着，丹，你们看完后把门锁好”，然后就离开了。尽管议员只有52岁，当他朝主楼往回走时，他的背影和步伐显得比实际年龄要苍老得多。在肯尼迪总统和鲍比·肯尼迪被刺身亡这么多年后，时间的流逝并未冲淡议员的痛苦，显然他还处于悲痛之中。跟他在一起的日子里，我们能感觉到，议员似乎受着一些别的不幸的折磨。特工跟被保护人在一起所经历的，常常远不只是媒体和人群。政客们鲜为人知的一面，除了他们的亲人知道，特工也看得到。有时我们所见到的就是悲剧。

进屋之后一会儿，我就觉得这里好像跟肯尼迪总统在世时完全一样。时间仿佛凝固了。屋子的窗户似乎又震动起来，那是载着总统及其家人的直升飞机到了，总统要去海恩尼斯港与亲朋好友共度周末或者假日。房子静静地等着，这一等就是21年。

乍一看，总统的房子似乎和别的房子差不多，家具齐全，装饰品从古董到20世纪60年代早期的都有，还有一大堆《生活》杂志和报纸。有一个细节暴露了它跟别的房子的不同之处：你会发现这些报刊都是1963年或更早时期的印刷品。

我和另外两个同事开始探索这座老屋。时近深秋，屋里有一股新英格兰的湿气。过了一会儿，两个同事说，得去机场了，要不然会错过航班的。我想也许我应该跟他们一起走，但是我还是舍不得放弃这个千载难逢的机会，我想继续参观总统的房子。

现在，我独自一人穿过房子，慢慢发觉这就是肯尼迪总统私人藏品的博物馆。这一奇异的体验让我如梦初醒：我穿越时光隧道，进入了另一个密室。这里自 1963 年以来，除了肯尼迪家族的人以外，也许没几个人光顾过。

我被一些无价之宝所包围，包括肯尼迪总统及其家人的照片，墙上、桌上以及书架上到处都是照片。还有总统衣柜里的西装，走近细看，里面还缝有总统的名字。西装非常精致，显然出自能工巧匠之手。它们整整齐齐地挂在木质衣架上，仿佛在等着肯尼迪总统回来。

我继续探索，却开始有点不安，觉得自己无意中已经超越了肯尼迪议员赋予的参观房子的权限。这种感觉仿佛于无声处听惊雷，我知道自己该离开了。

夕阳西下，光线越来越暗。我独自一人待在肯尼迪总统的卧室里。我伸手去兜里拿钥匙，准备结束这次参观。正当打算离开被时光遗忘的卧室和房子时，衣柜上的两件物品突然吸引了我的注意。出于好奇，我凑近去看，原来是一对黄金袖扣，它们像这座房子一样，仿佛在等着主人回来。但是这对袖扣的主人又是谁呢？站在已故总统的寒冷的卧室，借着 1984 年大选日的余晖，我认出了刻在袖扣上的首字母缩写，明白了它们曾经属于谁。这对神秘而寂寞的袖扣属于约翰・肯尼迪总统。

为什么到了 1984 年，这对袖扣还放在肯尼迪总统的衣柜上？它们又是怎样保存下来的？尽管存在着各种可能，但就像其他原封不动的物品一样，似乎下面的假设也是合情合理的，那就是自 1963 年以来，遗物就一直放在衣柜上。这一可能性足以令人不安，就像这对袖扣本身出现在这里一样。

当我打算拿起一个袖扣仔细端详时，伸出的手突然停住了，仿佛被一种无形的力量抓住。也许最后一次碰过袖扣的人就是肯尼迪总统本人，我觉得接下来不该由我去碰它们。肯尼迪议员除了对特勤局以性命相托之外，也完全相信我们只是参观一下房子而已，不会去碰那些对他来说非常神圣的物品。触碰这些物品完全违背了我们的职业精神。我不是在总统家胡作非为的游客，而是一名特勤局特工。我从上班第一天参加训练时起就知道，要尊重被保护人的个人生活及其私人财产。和我在总统家里看到的其他东西一样，这两件物品也应该原封不动地放在原处。

当我继续盯着这些物品时，一股冷风吹过寂静的屋子，再一次提醒我该走了。想到议员那么信任我们，我原路返回，走出了房子，留下那对原封不动的袖扣，并按照议员的叮嘱把门锁好。我找到议员退还钥匙，发现他正在庄园前面的沙滩上散步。

我把钥匙递给他，议员开口道："谢谢你，丹，非常感谢你和特勤局为我所做的一切。"

我答道："议员，我们有幸参观总统的房子，真是太谢谢您了！"

我们交谈了几分钟。他客气地问我是哪里人，当特工有多久了。任务结束后，我在议员面前自在了许多，我甚至差点开口问有关袖扣的事情。不过，议员是否对我擅自参观了那些物品感到不高兴，我心里没底，所以决定不提那个话题。说着说着，议员停顿了一下，我觉得他想一个人静一静。我们握手告别。议员站在沙滩上眺望着海洋，仿佛在寻找什么东西或者什么人。刚刚结束的30天助选活动，对他来说也够长的。之后我走到指挥所——以前鲍比·肯尼迪的房子，拿起我的装备，叫了辆出租车去机场。

意想不到的转折

转眼到了1986年。在夏洛特干了3年特工后，我特别想转到著名的反袭击小组去。一天，特工主管把我带到他的办公室，告诉我一个特大的好消息。“丹，”他说道，“看来明年你就能加入反袭击小组一班。”

“谢谢，长官。”我回答道。离开他的办公室时，我高兴得脚都踩不着地。当时，反袭击小组正在扩招，急需特工——最好是退役老兵，而当时特勤局没有几个老兵。我该把调查工作抛之脑后，去执行特勤局最重要的使命——保护美国总统。然而，当时有一些不为我所知的势力，悄然改变了这些计划。

1986 年暮春的一个上午，我在办公桌前坐下，安排好一天的工作，包括写报告、吃中饭、跑几英里，之后到健身房锻炼一小时。反袭击小组学校的训练全是需要体能的课程，我想确保自己受得了他们的挑战。可是，今天好像有点异常，大家似乎都在躲着我，仿佛他们知道一些我不知道的事情。我感觉出事了，而且与我有关。

当我坐下来查看一件支票伪造案时，特工主管走进来，让我到他办公室去一下。我清楚这要么是好事要么就是坏事，因为特工主管平常都不找 9 级普通公务员并邀请他们到主管办公室去坐坐的。

一进他的办公室，我就坐在椅子上，那是我 3 年前报到时坐过的同一把椅子。特工主管坐在他的办公桌后面，几乎是躲在了那里，他开门见山地说了他的目的。他说：“丹，你被抽调了，但不幸的是，不是反袭击小组。”他两手相握，低头看着桌子，貌似不能或者不愿正视我的眼睛。

我问道：“行，是哪里？”

他头也不抬地答道：“纽约办事处。”

抽调到纽约办事处，无论是对年轻特工还是老特工，绝对是一个噩梦的开始。过了几秒钟，我才回过神来听明白他说的话。从先前几次纽约之行中（都是执行临时任务），我相当清楚纽约是一个大都市，又脏又嘈杂，尤其是物价贵死人。它根本不在我的职业规划当中，我也绝对不想被抽调到那里。

我第一次去纽约是在1984年，当时我被派去保护印度国家元首拉吉夫·甘地（Rajiv Gandhi）。他的母亲——印度前首相刚刚遇刺身亡，甘地随后亦成为被刺杀的对象。1992年，他遭遇了和母亲同样的命运。那天正好是我值夜班，上级要求我们穿上防弹背心，这是很罕见的事情。我们要与印度保镖合作，虽然我们不敢忽视他们，也不敢信任他们。我们工作和住宿的地点都是在华尔道夫酒店（Waldorf Astoria），这家酒店对我日后25年的特工生涯影响深远。一天早上我离开酒店，第一次大胆地走上了纽约的大街。在外面待了不到5分钟，我就打道回府了。我从未见过如此混乱的景象，人们像蝗虫一样涌向四面八方，鬼知道他们要去哪里。两天后，任务结束了，我又回到了夏洛特，心想今后再也不去那里了。

在特工主管办公室里，我的内心逐渐平静下来，我问道："到底是怎么回事？说变就变，之前不是说要把我抽调到反袭击小组吗？为什么又突然抽调到纽约办事处？"

特工主管没有正面回答我，他说那是特勤局总部的决定，尽管我不情愿，但是对我的事业会有好处。说完，他抬头看着我，似乎期待我的答复，然后问我还有什么问题。我问他，派到一个大办事处是否有助于他的事业，他回答说他从没有在大办事处工作过，不过如今的职业道路已经很不一样了。接着他又问我还有什么问题。

我说没有，并问他："就这些了吗？"他回答："暂时就这些了。"起身要走时，我又开口道："也许换别人去会更好，因为我根本就不确定自己会不会答应调动。"我看见他一脸疑惑，甚至出现了惊慌的表情。我想他以为我再怎么回答，也不至于以辞职相威胁。

最近就有一名特工不服从调令，他就是迈克，我在特勤局最好的朋友，也是在联邦执法培训中心的老室友。几周之前，他跟我同病相怜，被抽调到洛杉矶办事处。让特工主管感到恐怖的是，迈克宁愿辞职也不接受调动。要是又有一名特工因不服从调动而从夏洛特辞职，对特工主管来说，这可不是什么好事。对于所有的特工主管而言，总部的看法对他们至关重要。要是一个办事处连续有两名年轻特工辞职，那表明该主管领导无方，不能有效地激励和教导办事处的年轻人，让他们心甘情愿地接受到大办事处工作的命令。

我步入走廊，两边的同事看着我，仿佛我已被打入死牢，正朝着毒气室走去。我几乎料到有人会说我像“行尸走肉”，同事的脸上都有一种劫后余生的恐惧及愧疚的表情，他们既为我去纽约而难过，又为这事没轮到他们头上而庆幸。现在大家又开始害怕下次会轮到他们了，今后肯定还会有不止一个同事要被抽调。

不管怎样，我是一名职业特工。尽管我从未有过辞职的想法，我还是一而再再而三地拖延，不在调令上签字，否则我就被正式调到纽约办事处了。我以为自己故意不在调令上签字，是在进行无声的反抗，现在看来不免有点幼稚，而且肯定也是没用的做法。每一天，顶头上司都把我叫到办公室，桌上摆着等我签字的调令。每一次我都告诉他，我还没决定到底要不要去。离开办公室时，我又没签字。

办事处的所有的特工，包括特工主管，都因为这件事被搅得越来越不爽，个个都被搞得神经兮兮的。要是我不去，肯定就要找另一个人去。

到了签字期限的最后一天，再不签就会挨纪律处罚了。我在调令上签了字，这意味着我被调到纽约侦查办事处的倒计时开始了。当我签下这一份表明服从的调令时，我并没意识到：尽管纽约办事处的经历对我的事业绝对没有半点好处（这跟特工主管的看法完全相反），但这次调动成了我一生众多转折点当中的又一个转折点。

第七章

纽约办事处

纽约办事处：深不可测的黑洞，没有止境的绝望。

——匿名

被选调到异地执行任务的特工，一拿到调令就可以享有10天的假期，在新的工作地区一边旅行一边找住房。

最初，我因接到去纽约而不是去反袭击小组的调令而震惊和惶恐，但很快我就克服了这些情绪，开始有条不紊地安排细节，包括准备找房子住。夏洛特办事处特工主管助理曾经在总统护卫处工作过，他对我的调动也非常清楚。一天，他对我说："丹，他们对你不仁，你就对他们不义。"他的意思是，在我准备离开的这段时间里，我可以想怎么做就怎么做而不用去管我的工作。我对消极怠工可不怎么感兴趣。那时我只是有点担心，到了纽约靠那点工资我能到哪里去住。

如何在纽约立足，是调到纽约的特工最害怕面对的问题。倒不是这个城市及周围环境太差，而是生活开销太大。要是政府给特工开的工资足以让他们在纽约市生活下去，那情况也许会好得多。实际上，大部分特工被迫住到新泽西（New Jersey）甚至宾夕法尼亚（Pennsylvania）去。那可是美国人最讨厌的往返上班地点之一。

1986年6月的一天，我登上了飞往新泽西州纽瓦克市（Newark）的飞机，准备在那里租一套公寓以备来日之需。飞机在纽瓦克一着陆，我就开着租来的小车，向新泽西南边的普莱恩斯伯勒镇（Plainsboro）驶去。我知道有的特工就住在那里。

一到普莱恩斯伯勒镇，我就选了一套顶层的房子，向下望去可以看到一个高尔夫球场的第一球道。我交了头一个月和最后一个月的房租做押金，然后就上路了。我决定第二天早晨自己驾车到纽约去找纽约办事处，只是为了好玩。我还从来没有开车去过纽约市，我期待着一次激动人心的历险，相信它不会让我失望。

抵达纽约后，我花了一天的时间参观纽约办事处，游览庞大的世贸中心大厦。世贸中心就像一个城中之城，大部分都在地下。这里有餐馆、银行、酒吧、商店以及地铁。地铁在哈德逊河（Hudson River）下面穿过，从泽西市的另一边出来。

第二天从纽约游历回来，我回到了夏洛特，处理未完成的工作。在1986年8月炙热的一天，我开着保时捷911小车，朝北方新泽西的公寓驶去，开始了新生活。

几天之后，我到纽约办事处报到，开始上班。那天早上，我一进办公室，首先看到的是一张贴在一名特工桌上的纸条，上面写着“纽约办事处：深不可测的黑洞，没有止境的绝望”。

我心想，这不过是特勤局的一个办事处，所有的一切也应该是按照特勤局办事处的规矩运行，因此，适应这里的工作应该不是很难。可是不久我发现，特勤局的工作方式并不是普天之下一成不变的。大办事处有其自己的运作方式，而纽约办事处又是地方办事处当中最大的一个。

又是支票

尽管我拥有3年的特工经验，执行过特勤局的各种任务，但和所有最近调入纽约办事处的人一样，又得从伪造支票案的调查干起。

在北卡罗来纳州调查伪造支票案，与在曼哈顿区（Manhattan）和布朗克斯区（Bronx）调查相比，真是有天壤之别。在北卡罗来纳州，我们面对的是相同类型的罪犯和单一的乡下环境。在纽约，环境和罪犯情况则大不相同。在纽约，没有可移动的房子和摇摇欲坠的棚子屋。在这里，我们出入的是美国最恐怖的贫民窟出租屋。在这些出租屋的过道里踩到粪便、碰到胳膊上满是针眼却不省人事的人，也是习以为常的事。尽管没有乡下一身泥巴的狗扑上来，但是一进这些出租房，我们却遭遇到另一种威胁：美洲大蟑螂。

一些出租屋的墙上满是蟑螂，橱柜和厨房里更是触目惊心。人们都不敢靠墙，只要有可能，甚至不去碰任何东西。这些小讨厌鬼除了会掉到你身上，还会沿着你的腿爬到身上不走。从这些出租屋出来，晚上一到家，特工做的第一件事就是进屋之前，在门口台阶或者走廊里，先脱下一身衣裤鞋袜，只剩一条内裤。好几次我脱完抖衣服时，就会有蟑螂从衣服上掉下来，一落地就被我踩死。这也不能责备纽约的蟑螂，它们只是想爬出贫民窟，跑到新泽西的郊区去。

我明白解决这个问题的办法，就是尽可能多抓些那里的人到办事处询问。最好能进入他们的内心世界，尽管那是个既恶心又危险的世界。警察要搜捕的很多人都藏匿在这些出租屋里，因为他们就是房东的亲朋好友。这让办一件小小的200美元的伪造支票案比预想的危险得多。

案件调查，还是保护总统

到纽约办事处报到后不久，我就诧异地发现，很多特工并不想做任何跟保护总统有关的活儿，他们只喜欢做刑事侦查。这真让我想不通，不是说对有人会喜欢侦查感到奇怪，而是觉得那些一心要做刑事侦查的人，为何要进入特勤局，这样一个大半时间都用在保护政要的机构？对那些人而言，他们有着比进入特勤局多得多的选择。确实许多人也是那么选择的，他们进入了警察部门和其他联邦机构。另外一些则留了下来，牢骚满腹，抱怨不得不去保护总统。

特勤局特工除了退休，离职率一向较低。那些在退休前离职的人员，大多数是在入职头三年就离开了。离职的原因是他们发现保护总统并不是自己心仪的工作，要是继续待在特勤局，他们就总会被拉去保护某个人，而不得不放下自己的刑侦调查工作。而他们只想一直抓坏人，想要做全职而非兼职的侦查员。当然人们得干自己高兴干的事。可我总不明白这些人，当初何必申请这个职位呢？

特勤局的侦查工作基本上都是围绕金融犯罪展开——根本没有受伤人员，常常是有人的信用卡被盗用或者收到一张 20 美元的假钞，因而遭受损失。因此，此类案件完全可以丢在抽屉里，21 天置之不理。21 天通常是地方办事处特工执行临时护卫任务的时间上限，比如派去保护总统候选人。举个例子，一个特工可以在处理该办事处有史以来最大的信用卡诈骗案的同时，又跑去给总统候选人当保镖，而且要求他连续工作 21 天。在很多情况下，这种案件就得暂时扔到抽屉里，直到特工完成护卫任务，重新办理案件。如果是谋杀、绑架、敲诈勒索、银行抢劫之类案件，显然是不可能这样处理的。

让这些特工恼火的是，特勤局的王道是护卫政界要人，而不是调查金融犯罪，而且总是护卫任务优先。他们却更想追查货币伪造者、信用卡盗窃者和支票伪造者，而不愿保护政客。纽约办事处自有其一套运作方式，很多特工认为，特勤局的首要工作是调查金融犯罪，而不是保护政界要人。每当美国总统访问纽约，或者每年秋季举办联合国大会时，这种想法就会被完全打破。

在联合国大会召开期间，纽约的所有调查工作都得停止。因为按照法律，各国元首都需要特勤局提供保护。办事处的每个特工都被叫来参与这项使命。在此期间，保护政要是重中之重。然而，一心扑在调查工作上面的特工坚持认为他们是真正的警察，调查活动才是特勤局的主要工作，那些喜欢保护政要的特工只不过是没头没脑的漂亮男孩而已。

有些特工喜欢打扮得像当时流行的电视剧《迈阿密风云》(*Miami Vice*) 中的主人公唐·约翰逊（Don Johnson）一样，大热天也全副武装，只是不穿短袜。这些人蓄着蓬乱的胡须，留着长长的头发，穿着一身玩世不恭的服装，以此表明他们对护卫工作不屑一顾。尽管他们如此装扮是为了伪装身份，好让自己在大街上看起来与路人无异。另外一个原因是，他们以为自己表现得越邋遢，就越不可能被拉去执行护卫任务。与其说他们看起来与路人一样，不如说最像他们自己：穿着邋遢的特勤局特工，却想摆出一副路上行人的样子。

当然，在纽约当特工，你得在调查办案上出成绩，只要你能搞出成绩，谁也不会找你麻烦。老板知道我们工作很卖力，也清楚在纽约的5个魔鬼行政区办案是多么让人焦头烂额，所以我们偶尔有点私人的放松时间，包括上班偶尔迟到一点，老板也不在意。在纽约这么一个压力山大的城市，生活就得那样。如果老板逼得太过，特工就会无声地反抗——不去抓任何罪犯。因此，工作和娱乐一定要有个平衡。纽约办事处的老板大多是从本地做起来的，他们完全懂得在这么一个富于挑战性的环境中如何当好一个管理者。

在纽约办事处，没有多少工作是一成不变的，包括特勤局进行的常规调查。除了调查伪钞和信用卡案件，不知怎么搞的，它也管大家称之为“蓝盒子”的电信盗窃案。

"蓝盒子"是得克萨斯州仪器公司（Texas Instrument）生产的计算器，改装后能发出和电话一样的语调。人们把这个改装的设备接到他们的电话线上，利用它发出与普通电话一样的语调去打长途电话（实际上这样可以免费拨打世界上任何一个地方的长途电话），从而盗取电信公司的服务。那时候还没有几个人有手机，大部分"蓝盒子"电信盗窃犯都来自境外，他们也违反了联邦法律。调查他们简直易如反掌，因为他们留下了确凿的证据。

我们办了许多这类案件，它们相对简单一点，因为联邦警官不需要逮捕证，就可以拘捕任何正在进行犯罪的严重犯罪分子。电信公司监控着电话线路，一旦线路进入通话状态，他们就联系待命的搜查队，搜查队冲进去，缴获"蓝盒子"并逮捕使用者。虽然电信盗窃案本身也不是什么大案要案，但是案件高发地常常位于危险的区域。在 1984 年的纽约，走进一个卖熟食的角落都可能很危险。

参与盗用信用卡、制造伪钞甚至盗打电话的犯罪分子，通常还牵涉许多更为严重的案件。尽管一个人可能不愿为了伪钞而与警察开火，但是他肯定会为了毒品或者大量非法所得的现金而与警察交火。在执行逮捕令时，千万别想当然。自然，我们在纽约抓了不少人。

执行逮捕令的小组分成两部分，一部分人负责破门，通常由一名最强壮的特工，拿一根大口径的塑胶管做成的棒槌，另一名特工手持霰弹短枪。小组的其他成员，大概是 6 名特工，会尾随而进。

破门而入后，手持霰弹枪和大棒槌的两位特工，对每一间房逐一清场，寻找任何可能对特工构成威胁的人员。一旦发现有人，就把他交给后面的特工，给他铐上手铐，扣押在一个集中区域，比如客厅。在确定整个屋子彻底安全后，再来处理扣押人员，看看哪些可以释放，哪些要抓起来。为了特工的人身安全，屋子里的任何人员都要被彻底搜查，还要安排一名特工在门口守着，以确保在搜查屋子时，没有任何外来人员进入。在确定现场安全后，破门的特工将帮助搜查小组的特工寻找需要缴获的物品。虽说破门而入的兴奋感通常持续不到两分钟，但那可真是刺激。因为你根本不知道，门那边到底有什么样的威胁在等着你。

最高法院规定，在破门而入执行搜查令之前，警察得宣布他们的身份和目的，之后等一段时间，让房里的人开门。要不是最高法院根本就没有明确规定“酌情等一下”到底是多久，这条法律规定就可能成为执法过程中的绊脚石。我们一般都是边敲门边喊：“警察，执行搜查!”在“搜查”的“查”字还没有说完时，就已经破门而入。再稍等片刻，就等于给了犯罪分子时间，消灭他们的犯罪证据。更严重的是，他们会抓起枪来毙了你。

在纽约，执行搜查的行动好像从未停过。在行动过程中，不但特工会有危险，屋子里的人也同样有危险。无论什么时候、执行哪种搜查任务，现场通常都是混乱不堪，只不过混乱程度，要视在场人员的多少而定。有时，哪怕是纪律最严明的特工小组，场面也会近乎失控。有一次，我们还差点伤及无辜。

那天要处理的是一起电信盗窃案。近来，我很讨厌办理此类案件，这种犯罪算不上什么大案，但是常常会有人受伤。那天搜查的目标与往常一样，是在布朗克斯区一个比较棘手的地方。

搜查组的一队人马靠近了目标所在地，但是也不敢太靠近，怕被犯罪分子的反监视人员发现，我们静静地等着电信公司的电话通知——“电话线路已经开始通话”。终于电话打进来了，我们立即朝目的地进发。我们蹲在门口，搜查队长一个手势，我们就破门而入。

像往常一样，我拿着霰弹枪冲在最前面。在纽约办事处，我是为数不多的几个单身汉特工之一，常常主动请缨到破门小组里以冲锋陷阵。

这倒不是我英勇无畏，而是人之常情。比起有家室的特工，单身汉特工通常被认为负担要小些，许多成家的特工都很乐意让我来承担这一任务。就算我一命呜呼，身后也不会留下孤儿寡母，只有悲痛欲绝的父母而已。他们本来只希望我能安分守己地做个银行职员而已。

破门而入的技术已经相当娴熟，因为我们已经身经百战了。我们迅速地搜查每一个房间，一一清场。我们的出现让对方猝不及防。我们很快便把这套小公寓清场完毕。这时，我们突然发现，还有一间上了锁的房子没搜查。

我和拿大棒槌的特工砸了锁冲了进去，只见一个大约 16 岁的男孩躺在床上，右手放在枕头下面。我用雷明顿霰弹枪指着他的头，子弹上膛，打开保险，同时喊着标准口令“警察，别动”，接着又喊“举起手来”。那男孩看上去一点都不害怕，只是面无表情地盯着我。当我再一次命令他举起手时，他的右手开始动起来，仿佛往旁边摸什么东西，但是他并没有把手从枕头底下抽出来。我在这么近的距离，握着世界上最危险的武器瞄准他的头，我感觉右手的食指已经扣到扳机上了。动作比思考迅速，要是这个男孩从枕头下掏出一把枪——当时我就是那么认为的，那我别无选择，只能开枪毙了他。

我在盯着这个男孩的同时，不断左右扫视，发现和我破门而入的搭档也在我旁边。他用左轮手枪瞄准这个年轻人，看上去视死如归。那个男孩用左肘支撑起身体，右手慢慢地从枕头底下抽出来，我使劲地把枪托抵住肩膀，准备开枪。我记得当时把枪口从他的脑袋移到胸膛，因为我想，击中胸部会少一些血腥。

那男孩的手从枕头底下伸了出来，手里没有东西，枕头下面也没有任何东西。我把枪放下，骂了一句，松了口气。我们冲进来时，男孩正在睡觉，右手放在枕头底下。我们把门击破时，他吓呆了，这是他后来跟一个懂西班牙语的特工说的。原来他是从南美的贫民窟过来的，根本不会说英语。他完全听不懂我说的话，只晓得有两个美国人用很大的枪指着他，他吓得不敢动弹。

在确定房子里已经安全后，我们开始搜查，找到了两个“蓝盒子”——一个正在通话使用，另一个被藏了起来。这次事件让我明白：这些鸡毛蒜皮的电信盗窃案，根本就不值得我们去牺牲性命，包括我差点击毙的那个男孩的生命。我的搭档事后告诉我，他差点扣动左轮手枪的扳机，而且子弹都已经处于上膛的单发模式。我不知道如今这个小男孩怎么样了，只知道那天他差一点点就没命了。

回到家，我喝了几瓶啤酒，想着今天居然差点杀了人。之后，我不再想它，继续上班。在纽约，那只不过是再平常不过的一天。那里随时随地都有状况发生。在执法部门看来，这种事情没什么特别的。要说有一点不一样，那就是街上穿制服的警察几乎每天都碰到这样的情况，而特勤局的特工很少遇到，以至于吓得魂飞魄散。

除了每天开车上下班，纽约办事处并非每天都充满压力。实际上刚好相反，纽约办事处很可能是特勤局搞恶作剧的圣地。正如纽约所有的东西都那样牛气冲天，这些恶作剧也是大手笔，有些甚至堪比好莱坞喜剧大师的作品。鉴于纽约市和纽约办事处的特殊环境，人们把这些恶作剧视为生活中不可或缺的一部分。它们可能无伤大雅、机智搞怪，或出自于一人之手，也可能是一帮人的联袂巨制。

例如，早些年纽约办事处的一位特工主管总是戴帽子，早上到了办公室，他脱下帽子，挂在他办公室门口的衣帽架上。有一天，一个特工把特工主管的帽子拿开，换了一顶一模一样，但小一号的帽子挂在衣帽架上。第二天，这个大胆特工显然不怕领导知道之后会如何处置自己，又用一顶大一号的帽子换了那顶小的。第三天，又把原来的那顶帽子换回去了。因此好长一段时间，那位特工主管始终搞不明白为什么那两天他的帽子总是不合适。这种含蓄的幽默有助于缓解纽约无时无刻的巨大压力，尽管老板也许已经知道了这种无伤大雅的恶作剧，但他也从不揭穿它。

有一天，我成了恶作剧的对象。从那以后，我对这群恶作剧者佩服得五体投地。到纽约上班后不久，我接手了一个案子，要去抓捕一个名叫胡安·费勒（Juan Ferrer）的人。我决定借助伪钞案调查小组其他成员的力量，想办法抓到费勒先生。我精心准备了一些信息简明扼要的小纸条，上面写着所有关于费勒先生的信息，包括他所有的住址，以及其他可能的藏身之地。我把搜查小组分成两人一组，每组去搜查一个地址。

第二天早晨6点，我们按照自己手头的地址分头出发，去寻找费勒。结果根本就没有找到胡安·费勒这个人。我们把留有电话号码的名片放在各个搜查地点，把名片接收人都叫醒了，并且告知他们，最好是费勒本人投案自首，以免我们继续找他。我们每到一处总是这么说，但是很少有人给我们打过电话或投案自首。

不久后的一天，我吃完午饭回来，发现在留言板上我的名字下面贴着一张便条，上面写道：费勒已经打过电话想跟你面谈。他还留下了电话号码。我认真核对后，把它跟曼哈顿中城区的一个地址关联起来。我再一次把队员召集起来，向他们简单通报情况。

调查组的每个人，包括老板都来了。我们严格按照规定把车停在距费勒公寓较远的地方，步行到他的楼房，爬着楼梯上去。我和另一名特工重重地敲门，同时以我最拿手的西班牙语亮明特勤局特工的身份。里面传来一阵叽里咕噜的西班牙语，听起来好像是“抱歉，先生，我不会讲英语”。我又重重地敲门，这时门开了一条缝，露出一张脸。开门的人根本不是胡安·费勒，而是一名特工朋友，他“砰”的一声就把门关了。至少3秒钟后，我才意识到这整个就是一个圈套，这套公寓是我们办公室好几个特工合租的。我身后的10名特工，包括老板在内，个个在走廊里捧腹大笑，甚至笑得人仰马翻。一个特工掏出标准的拍立得照相机，记录下这一时刻和我的表情。这时，我的朋友又打开了门，脸笑得通红，上气不接下气地说道：“特……特……勤……勤……局?!”他笑得差点喘不过气来。

这就是典型的纽约式恶作剧，从策划到准备总是严丝合缝，让人不得不佩服。我常想，要是能把做恶作剧的心思和聪明才智运用到工作中去，纽约市的犯罪分子早就被我们一网打尽了，甚至包括那些不归我们抓捕的罪犯。

尽管纽约的工作环境不尽如人意，我们总是能随遇而安。在一个大热天，我受命监视布朗克斯区的一栋住宅，这时，我必须待在一辆监视车里面。这辆监视车由办事处的技术员负责，他负责办事处所有的电子和车载监视设备。乔（Joe），办事处的技术员，一个50多岁的美籍华人，在纽约已经生活了几十年。他身材矮小，却是我所认识的人当中最好的人之一。他是一名真正的功夫高手，在很多武术领域都达到“黑带”级别。如果乔想置某人于死地的话，他可以赤手空拳地秒杀那人。乔除了在特勤局上班，还与人合伙开了一家纽约市最好的中餐馆。

乔坐在驾驶座上，我坐在车子后部，中间隔了一道帘子。他熟练地把车停在监视目标的街对面，然后下车，锁好车门，沿着街道步行，以免让人注意到我们的车子，我则透过车子的边窗监视着那栋房子。过了一会儿，车内的温度就超过了37度，我赤裸着上身，大汗淋漓，只穿了一条牛仔裤，挎着一个手枪套，里面装有未经授权的贝瑞塔0.35英寸口径手枪。每隔10分钟左右，乔就会通过无线电了解一下我这边的状况。我随口提了一句车里面太热了，他说给我带些喝的东西。又过了10分钟，驾驶室的门打开了，乔提了个纸袋子过来，我以为装的是水。我边对他说谢谢，边往袋子里看，里面不是水而是6罐喜力啤酒。我礼貌地提醒乔，这是在上班执行任务，啤酒尽管看起来很诱人，但我还是不喝为好。他看了我一眼，一言不发，这让我想起在他们的文化里面，恭敬不如从命，拒绝是对人家的侮辱。我意识到错误，赶紧对他说声谢谢，开了一罐绿色的啤酒畅饮起来。

几小时后，我们收到负责该案件的特工发来的信号，让我们停止监视。在乔的再三要求下，我们离开了布朗克斯区，去了他的唐人街中餐馆。乔把车停在餐馆后面的巷子里，我们由后门进去。他用汉语把我介绍给员工，我们被领到餐馆里最好的席位。显而易见，我是那里唯一的白种人，乔亲自为我点菜，那是我吃过的最美味的饭菜。后来我才知道，能成为他的座上客是极大的荣幸，他很少邀请别人。那天永远是我在纽约最难忘的一天。

终于进了反袭击小组学校

1986年，来到纽约已经两年，我在蟑螂、老鼠扎堆的环境中忙得昏天黑地，还得忙着办事处的日常事务。对这里平平淡淡的管理，我又没有能力加以改变，我逐渐心生厌倦，不知何时可以换一个新的地方。过去在纽约，也就是说我来到纽约的前几年，像我这样从外地调来的特工，只需在这里服务两年。然而，在20世纪80年代分配到纽约办事处的人，就像在国外的监狱服无期徒刑一样，不知道何时是个尽头，因为在你的调令上根本就没有印着在纽约服务的期限。这里的情况让人日益沮丧，不仅我这样觉得，许多想要离开这里的人也深有同感。接下来的一天，却出现了一个小小的奇迹。

那是一个星期四，我正在办公室整理调查记录。我刚从科尼岛（Coney Island）调查一名嫌疑犯回来，还好一路顺利。这时，特工主管助理打电话叫我去他办公室，他告诉我，下星期一，在马里兰州贝尔茨维尔特勤局培训中心，反袭击小组学校就要开学了，但现在还缺一个特工，好像是最后时刻有一个人退出了，留下了一个空缺。现在他们需要补上这个空位，他问我想不想去。“想。”我立即答道，“我可以去。”

几个星期前，其他的学员都已经参加过一次预选培训，而且一直在为正式的选拔做准备。而我事先没有得到任何通知，就要进入特勤局对体能要求最为苛刻的反袭击小组学校，老板担心我的身体可能吃不消，经受不住这样的体能挑战。但是大多数海军陆战队员，无论是现役还是曾经的队员，体能状态总是一如既往的好。尽管我没有参加过进入反袭击小组学校的专门训练，但我有把握，我的身体素质能够胜任这样的挑战。

我安慰老板，说我没问题。

“行，”他说道，“回去准备。”老板接着又说：“你要是没选上，那就别回来了。”我根本就没有想过会选不上。因为要是真的没选上，我很清楚，我又得回来待好几年。

1988 年 8 月 21 日，星期天，我来到了格林贝尔假日酒店（Greenbet Holiday Inn），并登记入住。酒店位于马里兰州劳雷尔的詹姆斯 · J.罗利培训中心的外面。接下来的 3 个星期，这里就是我和同学的暂居地，除非我们达不到训练的标准，被迫提前离开。历经千辛万苦后，我终于进入了这所学校，我绝不会提前打道回府。只要不骨折或者丧命，我绝不放弃，我一定要成功。

1988 年 8 月 22 日，星期一，我和其他 5 名反袭击小组的种子选手来到特勤局在贝尔茨维尔培训中心的健身房，准备参加体能测试。几乎所有在反袭击小组训练中被淘汰的人，都是因为在这个测试中有一项没过关，通常是引体向上或者跑步。要通过这一测试，学员得做10个僵尸般的引体向上，接着在一分钟内做40个完美的俯卧撑，之后一分钟内再做40个标准的仰卧起坐。在这些项目中，动作到位是最重要的，任何达不到教官标准的动作都不算数。完成这些项目后就是1.5英里的跑步，必须得在10分30秒内跑完。一跑完又得立即回到健身房，再进行一次之前的三项项目测试，这次引体向上手抓的姿势要跟第一次相反，比如，第一次是掌心向外，这一次你得掌心向内。所有的测试项目都会录像，以防学员因通不过抗议时有据可查。

实际上，自成年以后我一直在为这种测试进行训练，但我却不自知。在海军陆战队时，引体向上和跑步是两项主要的体能训练，而且所有的陆战队队员都觉得他们天生就是做引体向上的料。当我家里没有练引体向上的引体向上架时，我就将就着在公寓的公共楼梯上练习。如果人站在楼梯的下面，从楼梯背面抓住楼梯台阶，那楼梯就是一个上好的练习引体向上的引体向上架。过去的两年，我就一直在那些楼梯下练习，希望有朝一日会有回报。现在是时候了，轮到我做引体向上时，我太兴奋了，这么多年来迟迟未能如我所愿，那郁积在心里的不快一下就爆发了。第一次练习时，我几乎要冲破天花板。为了确保动作完全到位，这10个引体向上，我全部做到肩膀超过横杠，基本上是慢动作进行，而且像僵尸一样，至少保持一秒钟。俯卧撑和仰卧起坐，对我来说更是易如反掌。轮到跑步项目时，我像肯塔基赛马场上的纯种马那样，从起跑线上飞奔出去，跑到中间点我就差不多筋疲力尽。尽管到达中间点时已经接近最慢纪录，也耗尽所有体力，差点就通不过跑步这一关，但最终我还是用10分20秒跑完了全程。要是再慢10秒，我就只有卷铺盖走人了。真他妈的太吓人了。从那时起，我就发誓，在今后的训练中我一定要把握好节奏。

那时候，反袭击小组学校的培训时间是三周，每周训练 6 天，每天跑步大约 12 个小时。但培训最难的环节是射击考核。

在这个阶段，特勤局对普通特工的要求是：各种枪支即 M16 步枪、MP5 冲锋枪和西格绍尔手枪考核总计 300 分，210 分就算合格。而对反袭击小组的特工，则要求最低得分为 270 分，即得到 90% 的分才算过关。

这些射击课程还有几乎难以克服的时间限制和各种换弹夹的动作要领——要求我们达到近乎完美的动作技能。只要一种枪支射击达不到要求，你就会全盘皆输。对于反袭击小组的学员来说，达不到要求就意味着回家时拿不到毕业证；对于在岗的反袭击小组特工来说，那就是中途退出培训。在反袭击小组，熟练使用各种枪支就是王道。

M16 步枪和 MP5 冲锋枪的射击课程，从 100 米开外处开始射击，有 60 发子弹。学员在 80 秒内，先是面对目标站立射击 10 发子弹，接着换一个弹夹跪着射击 10 发子弹，之后又换一个弹夹匍匐着射击最后 10 发子弹。然后学员走到 50 米远处，站着射击 5 发子弹，接着在 10 秒钟内跪着射击 5 发子弹。最后一个环节是在 5 米远处，射完一个弹夹的全部 10 发子弹，在那里学员面对着移动的目标，要求 3 秒钟内一次性打 2 发子弹。之后换弹夹，再自动连发 10 发子弹，每次 2 到 3 发子弹。没在规定时间内打完所有子弹的学员，每剩一颗子弹扣 5 分，一个学员最多只能扣 30 分。

手枪射击课程同样具有挑战性，最后 6 发子弹是要在 50 米远处射击。用过手枪的人都知道，从半个足球场远处，要击中一个人形大小的靶标，那该有多难。但这就是反袭击小组每个特工必须掌握的本领。

这根本不是在附近射击场上的那种打靶训练。在那里，你有足够的时间瞄准靶子。反袭击小组射击训练的目标是：当学员停止射击，躺在地上迅速换上弹夹的必备技能，必须使用得像医生做外科手术那样精准迅速。射完几千发子弹，换过几百个弹夹后，这些技能就会潜移默化地转化成你的身体本能。一旦遇到突发状况，你还来不及考虑，身体便会本能地行动。这就是平时训练的作用。

学会迅速地消除枪支故障，也是培训的关键内容。练习清除故障时，我们常练到手掌出血。反袭击小组特工的主要武器是柯尔特 M4 卡宾枪，这是 M16 步枪的一款变种。一支枪出故障了，就意味着这个队少了一把枪，这显然关系到使命的成败，以及拿着那废铁手枪的特工性命，所以把武器马上修好是至关重要的一环。

特勤局所教的标准 M4 卡宾枪故障排除训练，从练习装弹夹开始。用射击的那只手掌把弹夹拍装到位，保证弹夹最上面的子弹能一步到位。M4 卡宾枪的弹夹底部很锋利，常常把我们的手掌划破。这种操练有时要连续练习 50 次，直至教官觉得你已经练成了本能反应。经过反反复复的装弹夹训练，学员的手掌磨得血肉模糊，接下来还要把渗着血的手撑在射击场的路面上，做大量的俯卧撑。在夏天的高温之下，我们的手由于不断地接触泥巴、润滑油以及溶解液，被感染得肿了起来，各种虫子常常萦绕在流血的手和手肘周围。

除了撕裂皮肤的手，反袭击小组培训的另一个纪念物，就是人们常说的“反袭击小组式文身”。步枪弹出的发烫弹壳，落在特工右边满是汗水的脖子上，弹片往往会黏在皮肤上，如果不及时移除，就会留下二度灼伤，成为训练那天的永久纪念。直到今天，在我们从反袭击小组班毕业 25 年后，我的朋友，反袭击小组的同班同学斯科特·马博（Scott Marble），脖子左边还留着这样一个疤痕。

随着训练的深入，教官加大了射击的难度，要求我们先是全副武装冲刺100米，接着再射击。那时我们完全处于缺氧状态，上气不接下气，头晕目眩。在这种压力之下，一些学员发现，就连给步枪和手枪换弹夹这样简单的动作，他们几乎都办不到。他们笨手笨脚，连枪也拿不稳。大家全副武装，又跑得上气不接下气，这时候射击又有时间限制，这让我们的双手更加笨拙，手上仿佛戴了手套一样。

我是我们班上第一个通过M16步枪资格考试的人，虽然我没有考得第一名。第一名是我的好朋友克雷格·卡尔森（Craig Carlson），他长得很像影星罗伯特·雷德福（Robert Redford）。卡尔森在25年之后仍旧像电影明星那样帅。其他同学通过步枪考试则有些困难，尤其是在压力之下操作枪支，好像并不是所有的人都能毕业，但在全世界最优秀的射击教官——特勤局制服特警处教练的专业指导下，大家总算都过了关。

大部分射击训练都是安排在上午，因为那时我们状态最放松。在射击训练时，由于身体疲劳，射击成绩会逐渐下降。教官一发现大家的分数直线下降，就让我们停止训练转而擦枪，把枪擦得像刚出厂一样亮。

下午则进行没完没了的即时反应训练，模拟应对来自车辆和静止方位的伏击。

反袭击小组通常由5到6名特工组成，他们常常采用军队所谓的火力掩护战术。这些战术源自古老而行之有效的理念：在火力掩护下机动。无论面对何种情况，当小组特工机动包围敌人时，其他特工必须为他们提供火力掩护。这是一条铁的法则：没有火力掩护，切勿轻举妄动，否则就是自寻死路。

这种训练要经过三个阶段：爬行、步行和跑步。在爬行阶段，我们先是学习战术示意图，然后精心分解成慢动作，使用没装子弹的空枪进行练习；在步行阶段则稍稍加快速度，先是半速，然后全速行进，所用武器既有空枪也有装上空包弹的枪支。这一阶段我们也练习遭遇袭击时如何从车上撤离。遇袭之后你该怎么做，从车上哪一边撤离，一切都规定得清清楚楚。撤离命令由小组组长发布："左边，右边，前方，或者前进"。头两周我们对此反复练习。到了第三周则转移到马里兰州米德堡基地（Fort Meade），进入跑步阶段的训练。这一阶段是特勤局里最危险的训练环节，是真枪实弹的演练。

备感压力的学员带着真枪从行驶中的车中跳上跳下，也可能背着上了一发子弹的枪支跑步。

就是在这个阶段，反袭击小组学校淘汰了不少人。这种训练不但需要体力、耐力，还要有判断力。在这之前无论学员表现得多么优秀，如果没能表现出恰当的应变意识，就会被打发回家，自然也拿不到毕业证。安全操作枪支必须成为习惯，若有违反则被开除。比如拿着真枪扫射或者对准学员，甚至射击前食指扣在扳机上，都会被警告一次，若再次犯错则终止训练。这样的错误一次就足以致命。这么些年来，幸好有超级教官的火眼金睛，好几次擦枪走火都被他们及时制止，避免了惨剧的发生。

在实弹阶段，我们进行实弹射击，子弹就在我们身边仅仅 30 厘米的地方飞过。后来我发现，反袭击小组学校是特勤局里唯一一所让学员体验遭遇射击是什么感觉的学校。有一个训练环节，就是让学员站在离靶场 300 米的地方，教官用装上 0.30 英寸口径实弹的 M1 加兰德步枪朝射击区射击，而我们离射击区仅仅几英尺远。这种训练的目的就是要让学员熟悉子弹朝他们射过来时的声音。

高性能步枪子弹的速度比音速还要快，因此，当遭遇射击时，你首先听到的不是开枪的声音，而是子弹爆破的声音"啪"，听起来像皮鞭鞭打声。所以，朝你射击过来的声音是"啪"，接着才是"砰"，而不是大家想象那样的直接就是“砰”的一声。M1 加兰德步枪的射击教官是一名步枪专家，我们并不担心他会误伤。尽管他总是把子弹打得离我们很近，而且越近他就越开心，但他从未失过手。有时子弹近得让我们感到，子弹冲击力激起的尘土在我们身边飞扬。

好不容易从 8 月挨到了 9 月，这段时间真是漫长而难熬啊！训练变得越来越困难：我们的膝盖持续肿胀，胳膊匍匐在水泥地面上射击所出现的伤口也已感染。我们的情绪也不时遭受创伤，这也是训练课程的一部分。反袭击小组的特工有时得在雪佛兰车上连续待 16 个小时，好几个星期奔波在路上。教官不断地观察着每一位学员，看看有谁情绪失控、坚持不住。在这种情形下，如果一个人不具备真正的团队精神，不能与其他学员同舟共济，他就当不了反袭击小组特工。我们当中的一些人，得像练习战术或者射击技能一样，需要苦苦用功才能过关。

这些同学当中只有一个曾在西点军校受过魔鬼训练，其他人都没在部队待过。对于一部分学员而言，反袭击小组学校是他们遇到的对体能要求最苛刻的地方，他们中很少人受得了这里的呵斥。实际上这不是一所绅士学校，而是一所准军事化学校。尽管班上的学员至少都当过 4 年的特工，但在教官眼里，我们只不过是受训者而已，他们动不动就大呼小叫。不过与麦克林中士的训练项目比起来，这根本就不算什么啦。对我而言，好像又回到了从前，尽管再也没人训我，说我比匡蒂科传说中那“他妈的神秘的家鼠”还要疯狂。有些人私下里对这种待遇忧心忡忡、满腹牢骚，我却泰然自若，一笑置之，并且还很开心呢。

在被校方最终认定是反袭击小组的可造之材后，我们终于迎来了毕业。正如我在海军陆战队的训练教官一样，这些制服特警处的教官在训练结束后又变成了正常人。反袭击小组训练部门的教官人数有限，几乎周转不过来。在接下来的几年中，当我们成为反袭击小组的正式特工后，他们还将充当我们的培训教官。

手捧毕业证，我回到纽约继续上班，不过我想这应该是我在那里的最后一年了。之后，我将转到华盛顿特区，加入反袭击小组。

逃离纽约

转眼就到了1989年的春天，我从反袭击小组学校毕业已经8个月。我逐渐烦躁不安起来，因为我听和我一起在反突击小组学校培训的同学说，他们开始去华盛顿报道上班了。不过，我还是抱有希望。

1989年3月下旬的一天，事先没得到任何通知，反袭击小组的调令却突然下来了。接到正式的调令时，我感觉已经熬过了纽约办事处炼狱般的考验，是时候该卷起铺盖向南边的华盛顿出发了。我不仅要离开这里，还将会从事心仪的工作。那些跟我同时调到纽约来的人早已离开，但他们是去做自己并不真正喜欢的工作。他们愿意去任何地方，只要能离开纽约就行，但接着又懊悔不已，而其他留下来熬得稍久些的人，则往往有更好的去处。

正当我准备去华盛顿找房子时，上司走过来问我，是否已经联系好了搬家公司。我说还没有，他告诉我先别急。我说我已经拿到了调令了，是正式的调令，这点他也知道。他说尽管总部的调令上有我的名字，但是纽约办事处的特工副主管还没有同意放人，至少，目前我还不能离开。

调令刚刚拿到不久，又被迅速收了回去，现在哪也去不了，我自然很失望。这完全是特工副主管的权力欲在作祟，他意在证明：在纽约办事处，他是二号人物，能够决定人们什么时候可以走，没有他的同意，谁也别想走。鉴于纽约办事处有那么多特工想着离开，我觉得他有必要向人们表明这一点。

不久，撤回我调令的特工副主管，让我到他的私人办公室见面。他那里铺满了木地板，窗外能俯瞰哈德逊河。他并没有请我坐下，而是让我告诉他，在华盛顿的护卫行动处，这个负责所有护卫人员的指挥部里，我认识谁。因为我没有经过他的同意就拿到了调令，他不免以为我在华盛顿可能有点什么关系。我告诉他，我谁也不认得，如果我真认得谁，早就不会还坐在这里了。

我委婉地对他说，华盛顿方面没有征求他的意见就给我下了调令，这也没什么奇怪的，也许只是因为我是反袭击小组学校的毕业生罢了，而反袭击小组特工的职责就是保护总统。特工副主管冷冷地看了我眼，就挥手示意让我离开。

那天回到家，小组长对我的遭遇也很不满，他跟特工副主管解释道，撤回我的调令，会严重影响整个办事处的士气。这里几乎每个人都想离开，也许只有那些还跟父母住在家里的小孩子例外。看到拿到了调令的人都不能离开，会给普通特工造成很大的困扰。如果拿到调令还逃不出纽约，谁还有机会离开这里呢？特工副主管显然明白了这一番话的意思。

1989年8月，我到纽约办事处几乎整整3年，现在终于要离开了。我参加了他们为我举办的告别晚会。出席的人相当多，大部分都是过去3年以来跟我一起喝过酒的人，跟我一起砸过门的人，跟我一起经受磨难、赴汤蹈火的人。我会想念他们的，尽管我是南方人，这种基因遗传甚至可以追溯到美国内战之前，但如今我已经成了半个纽约人，而且会一直如此。

晚会过后，我告别了纽约。从车子的后视镜里，我看了看荷兰隧道，这似乎是最后一眼了。我终于启程前往华盛顿特区。到那里，我会成为美国特勤局反袭击小组（世界上最优秀的反恐组织之一）的一员，努力保护美国总统。

保护前任总统

在我赶往华盛顿的途中，其他人或者出于自愿，或者迫于压力，担起了保护前任领导人的使命。这些受保护人是卡特、福特、里根和前任第一夫人贝德·约翰逊夫人（Bird Johnson）。这种对前任总统的礼节性保护始于杜鲁门总统，并且沿用至今。我能够进入反袭击小组，真是谢天谢地。

对于这些前任领导人及其特工，我都没有恶意，我只是对花费自己3年的生命和事业，给私人提供总统级别的保护丝毫不感兴趣。在我看来，这些人应该自个儿掏钱请保镖，直到今天我还是这么认为。

一位总统退下来成为前任总统时，给他的特勤保护的性质就会有很大的变化。因为针对前任总统的威胁明显要小得多，护卫队的使命更多的是照顾而非保护。给前任总统提供全天候特勤保护是一项非常奢侈的待遇，但并非必须，不像对现任总统那么必要。

我的一位特工教官总结得非常到位。他说，他可以在总统门前站好几个小时岗，哪怕冷死饿死也在所不惜，但是待在里面的一定得是现任总统，而不是前任。他还指出，通常刺客早上醒来，并不会打算刺杀一位前任总统，而会刺杀美国现任总统。这一番出自总统护卫处的老兵的话，正合我意。

尽管法律授权对所有前任总统进行保护直至他们去世，但是并不要求他们必须接受这种保护。只有现任正副总统必须接受特勤局的保护，尼克松是唯一自愿放弃特勤局保护，而宁愿自己雇佣私人保镖的前任总统。在尼克松做出这一历史性的举措后，媒体记者问前任总统福特，为何他没有放弃特勤局护卫，他回答道，自己曾两次遭遇刺杀。“没错，不过那是你在位的时候。”记者说道。每当大家提及此事，福特总统就会顾左右而言他。福特在1977年离任后，根本就再没有遭遇过任何针对他的刺杀企图。2006年福特以93岁的高龄寿终正寝。

直到我写这本书时，美国历史上只有两位前任总统遭遇过刺杀，他们就是泰迪·罗斯福和老布什总统，并且针对老布什的刺杀是最蹩脚的一次行动。罗斯福总统任期结束后再次竞选总统，该次是以美国进步党员的身份参选。实际上，在遭到枪击时，他正在火车尾部车厢上准备演讲词。子弹击穿了演讲稿，又被夹克衫的口袋挡了一下，才轻轻地射进他的胸膛。泰迪当时没有随行的特勤局特工保护。遭到枪击后，他继续发表演讲。

至于针对老布什的刺杀，几乎是历史上一个微不足道的的小插曲。老布什离任后，1993年在前往科威特访问时，当地的恐怖主义武装企图在他坐的车子上安放炸药把他炸死。不知道是他们太不当回事，还是技术太差，刺杀行动很快就露馅了。这次蹩脚的行动就好像在车上贴了个条子，上面写道“车内有炸弹”。嫌疑犯一被捕，马上就被处决了。

第八章

反袭击小组

反袭击小组简介

反袭击小组是特勤局的一支由特工组成的战术分队，他们的使命就是以迅雷不及掩耳的速度、出其不意的战术和勇猛有力的行动，消除一切针对总统的威胁，比如有预谋的袭击、形形色色的刺客、躲在隐蔽处的狙击手以及火箭榴弹炮的袭击。反袭击小组的特工个个身怀绝技，可以说是特勤局里最优秀的一群人。他们身强体壮、纪律严明，大多数人只要一有机会就会以“不识时务”为乐。特勤局里的那些文雅之人觉得应该把这些特工关起来以避人耳目，只在危急时刻放出来执行任务就好。

反袭击小组的特工不仅身体像钢铁侠一样强壮，还是十八般武器样样精通的高手，运用小组行动和单打独斗的战略战术也游刃有余。他们随时准备为保护总统采取一切必要手段。每个特工都以使命为重，心无旁骛。这些人不关心职位高低，我进入反袭击小组时，根本没关注升职这件事。在特勤局所有的特工当中，这些人的动机也许是最单纯的。

在反袭击小组内部，小组成员之间相互尊重是常态，但是在这个小小的精英团队，我们根本就不管什么“政治正确”，而对某事持中立态度。大家都是厚脸皮。一件事情要么行要么不行，几乎没有折中的余地。在这一点上，我们个个心直口快，口无遮拦。如果某个特工糟透了，无药可救，我们会直截了当、无所顾忌地跟他明说。他要么自己争口气，要么另谋高就。

这些人四肢发达，很多人误以为他们头脑也简单。其实，反袭击小组成员的背景、学历和兴趣可谓是一个大杂烩。一些人会讲外语，一些人不会，但是我们所有人都拥有学位。专业学位方面更是五花八门，比如会计、工程学和法律等等，好些人都是高学历。他们干过的工作也是千差万别，有飞行员、退伍老兵、老师、现役军官和士官。我的一个特工好友就在自家车库里造了一架飞机，还飞了好几年。这个特工身上有一些德国血统，所以他在飞机上恰到好处地装饰了一些一战时德国飞机的标志。有些天我们见他在贝尔茨维尔训练基地上空做低空飞行，他在机舱里向我们挥手。飞机机尾上有一块白色的毛巾迎风飘扬，机翼上印着德军的黑色十字架标志。

与反袭击小组特工平时我行我素的态度形成鲜明对比的是，他们的社交礼仪无可挑剔，一身西装洁净如新，永远呈现给世人特勤局特工应有的面貌。

恐怖组织对美国不断构成威胁。随着打击力度的推进，美国特勤局的反袭击小组在国际执法和反恐领域，享有“世界上最优秀精英组织之一”的美誉。与它巨大的声誉形成巨大反差的是，反袭击小组在成立之初却历经坎坷。在 20 世纪 80 年代早期，特勤局高层屡屡要求撤掉反袭击小组。他们一直很反感在特勤局内部搞一个精英中的精英组织。可想而知，要赢得他们的认可，是一个多么漫长而痛苦的过程。特勤局是一个历史悠久而且非常传统的机构，多年来都拒绝任何实质性的改变，几十年来它的使命基本上一成不变。它曾经是一个守旧、紧凑而清闲的机构，分内工作开展得极其出色。它一贯认为特勤保护干的应该是绅士们的活儿，绝不是干一个士兵所干的工作。多数人觉得没必要增加其使命，把反恐任务也纳入其中。

结果，特勤局的一些绅士并不太在意恐怖主义的威胁，他们从杜鲁门甚至罗斯福总统时期就开始干这一行了。那期间，总部高层对其使命也没有太多深入的想法，总觉得当总统遭遇袭击时，总统护卫处的特工能搞定一切事情就行了。

所以，自1901年威廉·麦金利总统（President William McKinley）遇刺身亡，特勤局因此授命护卫总统起，后来很长一段时间里，特勤局的工作方式都没有多大变化，只是招的特工更多了，执行的任务更复杂。如今虽为总统的出行配备了专机和豪华防弹轿车，但是总体上特勤局还停留在培养孤胆英雄或者说是狙击手的层面。当时，一些年纪稍长的特工对所面临威胁的认识也就停留在那个层面。直到几乎所有其他执法机构都已经换用半自动手枪了，特勤局还在用左轮手枪，而且持续了相当长一段时间。

虽然特勤局总部的大部分人觉得没有必要再组建一支统一的反恐小组，但在20世纪70年代末，总部授权纽约和华盛顿这样的大办事处组建自己的反恐小组。在总统或者需要重点保护的人员没有来到他们的城市时，这些特工就照常办自己的案子，开展正常的调查活动；总统来访时，这些特工就会坐进可以容纳5名彪形大汉的车辆，听候差遣，同时这种车也不至于给特勤局丢脸。在车队中，这辆车就跟在总统座驾一两部车之后，以应对突发的袭击。该车美其名曰“型男车”，这是现代反袭击小组的前身。

一开始，马里兰州的特勤局培训中心进行的反袭击小组选拔课程，只是稍具雏形，时间上也只持续一到两周。当时也安排进行过一些遇袭方案的演练，不过大多数只是制服特警处的射击教官带着在树林里面放放空枪。反袭击小组早期的武器是史密斯·韦森左轮手枪，之后又增加了乌兹冲锋枪和M16突击步枪。那就是当时的一般配置，从训练到制服以及武器装备，反袭击小组都还没有真正规范化。

由于在财力和培训上缺乏总部的大力支持，早期的反袭击小组没什么章法可循，训练和执行任务的重点，差不多都是围绕如何应对针对总统车队的袭击或者机场防卫策略而进行，几乎很少重视对市区袭击的防范和来自大楼内部的袭击的应对训练。在很大程度上，特工的继续训练有赖于他们回到地方办事处自己进行，这未必有保障。说真的，反袭击小组的各个方面都还差强人意，不过也算开了个头，聊胜于无。

早期坐在“型男车”上的反袭击小组特工并不是真正的战术天才与擅长战略战术的高手。他们的真正使命是，遭遇袭击时立即各就各位，把袭击者的火力从被保护人员转移到自己身上，与其他特工合作，协助总统安全撤离。他们真正的目的是，给总统逃离刺杀现场创造时间和机会，必要时不惜牺牲自己。这个项目从一开始就吸引了那些爱冒险的人，他们似乎根本就不怕危险，所以这个项目从来不缺志愿者。

到20世纪80年代，世界各地的恐怖袭击事件数量上呈上升趋势，联邦调查局（Federal Bureau of Investigation）的弟兄们的前景比我们好得多。1982年，联邦调查局成立了人质救援队（Hostage Rescue Team），这是一个类似特警队的机构，但是使命更多元包容。除了统一的人质救援队（其基地位于匡蒂科的联邦调查局国家学院外面），联邦调查局在各大地方办事处还有类似的但是不太专业的小分队。他们有钱有人，尤其重要的是有联邦调查局总部的大力支持，所以从一开始，人质救援队就是一个一流的组织。

特勤局的规模大约只有联邦调查局的十分之一，而且似乎在某些事情上总是跟他们有分歧。总局办公室的那帮人自作多情地把特勤局视为精华版的联邦调查局。这一想法完全不现实。但是特勤局确实有一样东西是联邦调查局还不太想要的：总统护卫。虽然特勤局的预算相对联邦调查局要小得多，但只要以总统安全为由，它总是能得到自己需要的资金。这真是太好了，因为组建反袭击小组，会需要一大笔钱。

在反恐这个新领域，特勤局不想被联邦调查局超越，因此在特勤处（Special Service Division）内部成立了一个新的部门，名叫特别行动组（Special Programs Branch），也就是众所周知的反袭击小组。尽管特勤处的主要职责是负责护卫车队，从不与枪支和恐怖分子打交道，但是特勤处也得为这个新成立的部门安排一个合适的位置。反袭击小组是一股非常规的力量，只听从特勤处特工主管的指挥。但完全循规蹈矩的特勤处，却根本就不知道如何发挥这一极具杀伤力的新人组织的潜力。

随着特别行动组的建立，反袭击小组的任务就是常年执行保护使命，通常持续两年。反袭击小组的特工来自全国各地，驻扎在华盛顿特区外面。当时已经没有“型男车”的概念了。反袭击小组的特工通常在工作两年后才转到总统或副总统护卫队去，这取决于任务的需要。之后，有几年反袭击小组自立门户，有自己的特工主管。之后又并入总统护卫处，后来再次独立出来。

到20世纪80年代中期，反袭击小组的训练已经大为改善，所持武器也已更新换代。如今的反袭击小组，个个配有M16突击步枪和新式的西格绍尔0.35英寸口径P226手枪。它不像左轮手枪只能上6发子弹，这种手枪能上16发子弹。在单位里，当别的特工还在使用左轮手枪时，拥有一把西格绍尔手枪就是身份的象征，会让大家羡慕不已。只有反袭击小组才配有这种手枪，这也给这个部门平添了几分神秘感。

尽管反袭击小组已正式成立，但对于一些领导来说，如何让这个新机构发挥潜力，却是一个大难题。结果，早期的反袭击小组要么使用不当，要么根本用不上。比如，它并未全程陪同总统，因为它到不到场完全听命于总统护卫队领导的决定。总统出行时，总统护卫处会电话通知反袭击小组，但是并不要求他们到场协助，这种事情也司空见惯。当时，反袭击小组备受冷落，要么得不到白宫老板的欢心，要么就是循规蹈矩的上司不知道如何灵活地把它派上用场。

尤其让人沮丧的是，有时上司不让反袭击小组去，因为他们觉得反袭击小组组员的形象太吓人了。有些上司觉得，满满一车手持突击步枪的彪形大汉不好看，所以宁愿不让他们加入车队。因为我们行动时通常会把车窗摇下来，一到现场，特工常常把一只胳膊伸出窗外。这一举动让总统护卫处的某些高层领导大为不悦，下令叫我们全部穿上短袖衬衫，袖子要刚好能把我们男子汉傲人的肱二头肌给遮住。

这些排挤的态度，开始在总统护卫处与反袭击小组之间引起摩擦。另外几个方面的原因也造成两者间的摩擦，但很大程度上是因为总统护卫处的很多人不信任反袭击小组，他们觉得并不需要这么强大的火力支持，而且也不把反袭击小组放在眼里。这些人觉得，过去近一个世纪的护卫工作，没有反袭击小组参与，照样执行得非常顺利，所以他们觉得现在也不需要反袭击小组。在反袭击小组成立之初，总统护卫处就不喜欢我们的另一个原因是，他们觉得我们太自由了。大部分时候，我们完全自由自在，这对一些人而言真是太好玩了。我们本来就是一群不因循守旧、独立自主的人，我们的所作所为也证明了这一点。总统护卫处看不上我们，当然也有古老的嫉妒因素。在与华盛顿来往的过程中，总统护卫处拥有的“特勤局精英”的美誉，开始被反袭击小组所攫取。

我的反袭击小组之旅开始了

1989 年 8 月，我从纽约办事处到反袭击小组报到，正式开始保护美国总统老布什的工作。

上班第一天，我的老板兰迪·伍德（Randy Wood）把我叫到办公室，欢迎我加入反袭击小组，并对我在反袭击小组学校的表现表示祝贺。然后，他开门见山地告诉我，作为新员工，他不希望我头一年内说太多的话。能够加入反袭击小组，我已经很开心了，就是当哑巴都没问题。

兰迪是一个功勋卓著的军官和伞兵，曾在越战中服役。他在很多方面都非常严厉，不过他常常放手让我们自由地开展工作，只要我们觉得合适。他对部下关爱有加，一旦我们遭遇来自上级的压力，他会挺身而出与上级沟通。但是如果我们犯错，他也会严厉地批评。他深信家丑不可外扬，违纪的事一律内部解决。我们宁可好好挨一顿打，也不想惹他发怒。他是一个难以接近、复杂难懂的人，不过他一旦接纳你，就绝不会让你失望。首先，兰迪是一位了不起的领导，总是把特工下属放在首位，如果必要，甚至愿意为我们牺牲自己的事业。在我的特勤局生涯中，他是我认识的最优秀的领导和管理者。

我像所有的新员工一样，开始了在反袭击小组第一年的工作。那时，我主要是坐在反袭击小组汽车后部，脸朝后观察并熟悉情况，了解反袭击小组是如何开展工作的。我的任务是遇到袭击时，给小组成员提供基本的火力掩护。我们的组长是菲尔·海德（Phil Hyde）。私底下我还有一个重要的职责，就是给组长拎包并且随叫随到，同时把组里其他人员的武器装备包摆放整齐，以便随时备用。没跟小组出行的时间，我就去贝尔茨维尔训练基地练习擦枪技能，同时锻炼一下，以保持反袭击小组组员的标准体型。

进入反袭击小组的第二年，我升任小组司机，又被选为助理组长。1992 年，兰迪任命我为第一组组长，就是 3 年前我加入的那个小组。现在小组成员全是新人，老特工全转到别的岗位，要么还在反袭击小组，要么去了特勤局的其他部门。

小组长通常从各个助理组长里面挑选。我当助理组长已经一年了，但没有接受过任何领导能力的课程培训。组长通常是由那些被认为技术过硬、机智过人，或者表现出领导才能的人来担任。我的领导理念来自海军陆战队军官的实际生活，正如兰迪的理念来源于军队生活一样：领导要对手下人员的所作所为完全负责，不管是成还是败——他们干得漂亮，是他们的功劳；他们搞砸了，则是你的失职。不止一次，我是站在而不是坐在兰迪的办公室，向他解释我为什么搞砸了。在多数人看来，这似乎只是些鸡毛蒜皮的小事，但是对于像兰迪这类人来说，保护总统从来无小事。

反袭击小组从特勤处转移到特别行动组之后，换了新领导。兰迪这时候已经升任特工主管。

我们高高兴兴地独立了大约两年，突然开始有传言，说要把反袭击小组归并到总统护卫处，成为它的下属机构。反袭击小组里所有人都希望这事不要发生。作为一个小小的精英部门，我们已经享受惯了独立，也很不情愿就此放弃。1992 年春季，在没得到事先通知的情况下，特勤局的全体人员被召集到新行政大楼的大办公室集合。我们的办公室也在那栋行政大楼里。让我们参加此次大会的就是美国特勤局局长。

这位局长尽管备受尊敬，但他独断专行，属于旧派领导中的一员（也是最后一个旧派领导）。他不习惯也不高兴下属对他提出任何异议。他具有丰富的高层管理经验，能处理任何可能发生的事情，当然这不包括面对不循规蹈矩的反袭击小组时遭遇的事情。

反袭击小组的所有特工赶到位于第 17H 街新行政大楼的会议室，个个按要求着装，精神抖擞。当我们都坐着等待命运之时，特勤局局长和副局长一道进来了，他们绕会议室走了一圈，以便和特工一一握手。我们做出一副毕恭毕敬的样子，内心却充满了愤恨，因为我们知道此次会议的目的：将反袭击小组这一单独的部门撤销，把它置于总统护卫处的管辖之下。

局长开口说道："大家都知道，反袭击小组已经被取消了。"他接着说，反袭击小组已成为总统护卫处的一个组成部分，不再是独立的部门。消息宣布完毕，反响并不好。局长原以为我们大多数人会同意并入总统护卫处的，万万没想到有人在这件事情上跟他唱反调，表达不快。局长有点激动——我想，用"激动"这个词来描述他当时的心情是再恰当不过了。当时不止一个特工明确表态，他们宁愿去任何别的部门，也不要去总统护卫处。局长斩钉截铁地回答，这由不得你们。这一点我们自然无话可说。

随着反袭击小组部门撤销，特工艾伦·威切（Alan Whicher）成了我们的新老板。他上任后，带着我们干得十分出色。他成了大伙爱戴，几乎无法超越的人。

艾伦因在反袭击小组的出色工作受到表扬。作为奖励，上级派他到俄克拉荷马市（Oklahoma City）任助理特工主管。在那里，他工作得照样高效出色。可是，1995 年 4 月 19 日早上，一个名叫麦克维（McVeigh）的老兵，由于心怀不满，把一辆装满炸药的卡车停在特勤局办事处所在的联邦大楼前面。他引爆了炸弹，艾伦和 5 名特勤局职员当场身亡。

韩国之行

1950 年 6 月，朝鲜战争（The Korean War）爆发。之后南北双方于 1953 年签署《朝鲜停战协定》。严格地讲，今天的朝鲜与韩国仍处于对峙状态。

1993年，克林顿总统访问韩国。尽管有某种潜在的风险，总统本人或是他的随行人员仍决定，克林顿总统应该在朝鲜与韩国之间的不归桥上（Bridge of No Return）留影纪念。

这座桥与把朝鲜、韩国分开的三八线垂直相交。1953年朝鲜释放的所有美国战俘，都是经过这座桥走向自由的。自1953年7月签署《停战协定》以来，不归桥的南北桥头就分别由韩国、朝鲜控制。朝鲜在桥北边的一个高地上建了一座哨所，正好能俯瞰南边，桥上的一举一动尽收眼底。桥南边附近有一个联合国的哨所，该地曾经一度成为两国军队发生军事冲突的地点。1976年的一天，就是在这里，挥舞着斧头的朝鲜士兵砍杀了两名美国陆军军官，他们是阿特·博尼法斯上尉（Captain Art Bonifas）和马克·巴雷特中尉（First Lieutenant Mark Barrett）。

根据《停战协定》，这个区域严禁携带枪支入内。美军的主要军事力量都在一英里以外。即使有着这个协议，总统护卫处还是下令让反袭击小组特工到桥上护卫。我们带上手枪行动，因为只有我们才能监控到总统、桥梁和朝鲜的哨所。我用了“监控”一词，其含义只有自己心知肚明。

美国总统要在桥上稍事停留这一行为，已经事先告知了朝鲜方面，这不但是出于外交考虑，也是一种策略。要是朝鲜方面事先没有得知，突然看见克林顿总统及其陪同人员出现在桥上，他们或许会做出愤怒的反应。

在总统去参观不归桥的前一天晚上，韩国停火区博尼法斯营（Camp Bonifas，为纪念牺牲的博尼法斯而命名）的指挥官，一名陆军上校，为此行的特勤局工作人员举办了一次晚宴。我们在指挥官俱乐部一个隐蔽的角落里喝酒时，这名参加过越战和“沙漠风暴”的老兵，阐明了我们将要面临的处境。他说话简洁明了，是典型的军人作风。他说："如果遭遇袭击，你们还能活下来，不过这种可能性不大，你们的作用就是先缓冲一下对方的正规军，我们的突击小分队会马上在非军事区外集结待命，不过得10分钟后才能赶到那里。不管怎样，这可能是你们一生当中最长的10分钟……"我们欣赏他的直言不讳。说完，这位勇士又开始新的一轮敬酒，祝我们成功，祝总统和大家平安无事。

第二天，我和4名特工整装待发，坐上悍马车前往不归桥。刚刚驶出不远，就传来指挥所的特工，我在反袭击小组学校的同学乔·克兰西急促的报告。当时着实把我吓了一大跳，平时乔的声音非常平静，这次却平静得有点扭曲。他的语气告诉我，出问题了，而且不等乔开口，我就知道是怎么回事。

"鹰眼指挥所！"乔通过加密的频率大声呼叫。

"该死的乔。"我心里骂了一句，把对讲机的音量调低，"鹰眼指挥所，请讲。"我答道。

"鹰眼指挥所，"乔回答道，"据情报，配有AK47突击步枪的大批朝鲜士兵已经向北边桥头集结。"

我转过身给小组的特工使了个"早就跟你们这么讲过"的眼色。我摁下对讲机，简单回复道："鹰眼指挥所，收到。"

我早就料到这种事，根本没打算让特工仅仅配带手枪就前往不归桥。在离开博尼法斯营前，我下令特工带上全套武器装备和弹药——手枪、M16自动步枪，以及1000多发子弹。我已准备为做此决定承担全部责任。我同时让每个特工给随身携带的步枪装上一发子弹，这也严重违反了特勤局有关长枪管理的规定。既然我们把不该带的M16自动步枪都带上了，那违反子弹不能上膛的规定就是小菜一碟。考虑到"敌"众我寡，而且我方火力在对方的火力之下，装一发子弹额外花费的一秒钟，就决定着我们或者总统能否从伏击中幸存下来。

我觉得事态严重，真他妈的严重。实际上，我不会仅仅靠那一纸40年前的协议，就拿我的特工同事及总统的性命去冒险。这一次他们可能以为我们不会带步枪，对方这个错误判断对我们大大有利。

现在已经明白对手的情况，我们朝桥上开去。到了那里，我们发现他们的哨所里里外外都是士兵，挥舞着卡拉什尼科夫步枪，正如我的好友乔报告的一样。按照我们特勤局的思维方式，他们违反了严禁携带步枪进入非军事区的规定，这唯一的理由，只能是因为用步枪比俄国提供给他们的马卡洛夫手枪更容易击中美国总统。

桥周围的地势，自1953年来尽管有所改观，但基本上还是原来的样子。这一区域只有一条半泥土半沥青的公路，周围全是田地和树林。这里也是雷区，只要偏离公路一点点就会引爆地雷，因此我们开车极其小心。我们把车停在遇袭时最利于行动的位置，并未直接停在总统抵达的地方，不过还是靠得足够近，以便可以迅速开火和机动。我们清楚地看见朝鲜士兵用望远镜监视我们，用步枪的瞄准镜对着我们，企图以此震慑我们。我们用自己的望远镜反监视，尽管M16自动步枪也配有瞄准镜，我们却把步枪放得低低的，不让人看见。不像我们的朝鲜对手，我们至少得把自己的步枪隐蔽起来，尽可能避免暴露我们违规的事实（我们携带步枪这一行为，很可能违反了1953年《停战协定》的条款）。

哪怕朝鲜军人在美国人心目中再怎么不可理喻，我们还是希望哨所里面的军官下发了严格的命令，不许士兵轻举妄动，只是撒撒威风展示军威就好。但我们也清楚，不能排除这种可能性：某些年轻军官因一念之差，觉得干掉美国总统是他们的义务。偶尔擦枪走火也可能引发战争，那种事情对任何一方而言随时都有可能发生。

我们的使命既是命中注定也是现实需要，就是拖延时间让总统撤离。要是情况糟糕，那么我们就无异于去送死。负责这一区域的陆军上校也是这么说的，除了哨所里面手持 AK47 突击步枪的士兵外（他们离总统仅几步之遥），我们谁也不会怀疑在桥头两边高高的草丛中还有更多的士兵。

这是为什么需要反袭击小组的典型例子，也是我们需要高强度训练的原因。现在只要我一声令下，通常只需说出一个字，我们小组的人员就会在 4 秒钟之内，从车上一跃而出，集中火力对目标实施精准打击。至于接下来的几秒钟，我们的命运如何，大家早已置之度外。在此情境中，我们唯一的希望是完成自己的使命，让总统活下来。小组的所有成员都明白这一点，我们以此为天职，没有任何怨言。虽然我们根本无意成为牺牲品或光荣殉职，但我们相信，如果朝鲜士兵胆敢开枪刺杀美国总统，我们 5 名特工会让他们许多人丧命。

当我宣布遇袭时的行动方案时，车内气氛庄严宁静，每个人都充满自信。队友们微微一笑，对自己的任务心领神会。我完全相信只要一下令，他们每个人都会按照要求，尽职尽责，全力以赴。我们一起训练，一起满世界跑，已经成了出生入死的兄弟。现在如有必要，我们将生死与共。我们默默握手，等待着总统的到来，也等着进入一个致命的危险之地。养兵千日，用兵一时，该是我们上场的时候了。

在等候总统时，我们一边扫视着周围环境，一边紧盯着朝鲜士兵。然后，毫无征兆地，悍马军用吉普车里的每个人开始歇斯底里地大笑起来，仿佛刚刚听了世界上最好笑的笑话。刹那间，我们好像是身处别处，而不是遭遇险境。笑声突然停止，总统的车队驶过来了。

在指定的时间，克林顿总统和他的随行人员来到了桥上。总统从车子右后面出来，随从马上把他团团围住。从我们的位置上看，能明显看到那边的哨所出现一阵骚动。如果发生枪战，那就是接下来几秒钟的事情。

然后，随从人员开始跟我们核查无线电通讯是否正常，这种事情既可笑又烦人，但是他们要确保一旦遇袭，与我们的联络能畅通无阻。在这里，我还是想啰唆一句，要是真发生什么意外，大家忙都忙不过来，谁还顾得上用对讲机说话？真碰到那种情况，任何幸存人员都会全力掩护总统从桥上撤退，反袭击小组成员将竭尽全力把桥头的哨所打成千疮百孔的米筛，尽可能多地消灭对方。

在肾上腺素激增时，我得尽量冷静，同时保持高度警惕。我感到心跳加快，我的手紧紧抓住藏在仪表盘下面的步枪。我们在车内环顾四周，紧盯着朝鲜士兵，他们也在密切地注视着我们。克林顿总统则悠闲地在桥上散步，一脸悠闲自在的表情，仿佛来到了戴维营（Camp David）。

克林顿继续往前，比预计的地点稍微过去了一些，已经进入朝鲜境内。总统在桥上站了好几分钟，环顾四周，最后安然无恙地回到车内。大家长长地吁了口气，终于可以撤离了。

绝处逢生的训练

为了保持高水平的战斗力，我们的训练从未间断。在不用保护总统的时候，我们得马上进行实操训练，要么在射击场，要么在健身房里。尽管工作干得相当出色，我们还是被要求更上一层楼：一位新上任的负责训练的特工，准备把训练提升到新的高度，并制定了反袭击小组训练的新标准。这套规则一直沿用至今。

通过这些训练项目，我们的技术水平堪比世界上任何一家以战略战术为主的警察机构里的员工。不过，我们的训练当中还是存在一个问题，这有潜在的致命危险：反袭击小组在保护总统，护卫处也在保护总统，但是，当时两个部门很少协同训练过。

当总统遇袭时，总统护卫处的贴身特工几乎不太清楚反袭击小组会配合他们做些什么；反袭击小组的特工知道护卫处的职责是掩护总统让其撤离，但不知他们会怎么做。为了弥补这一缺陷，反袭击小组和总统护卫处开始定期协同训练。结果，问题很快就暴露出来了，必须双方协同解决。

反袭击小组与总统护卫处成员的第一次联合训练演习，是在缅因州（Maine）肯尼邦克港（Kennebunkport）的布什庄园里举行的。老布什总统答应把他的庄园用于某些实际演练，允许特勤局自由出入。

第一次演习时，反袭击小组的任务是拿下一栋主楼，击毙袭击者，并加强房子周围的警戒。在我们安全控制住这栋楼的几秒钟之后，总统护卫处的一名特工从一个房子的角落跑了过来，用训练武器朝我射击，当然打的是空包弹。奇怪的是，我们两个互相认识，我的背上还贴了一个标签，写着大大的“警察”两字。尽管如此，他在这次模拟袭击中如此兴奋，加上视野的局限，因此一看见穿黑色外套的人，就立即用乌兹冲锋枪一顿猛射。

其实这种情况并不奇怪。在压力干扰下，即便只是训练，有些人也会完全丧失了正常的思维能力，完全忘记自己是在演习。结果，糊涂的特工会朝自己人开枪，因为在他眼里，所有的人都是穿一身黑制服和拿一把步枪。这些演习让反袭击小组和总统护卫处融为一体，具有无法估量的价值。这些演习也让我们知道：压力之下，哪些特工尤其需要多加注意。

反袭击小组的附带职责：保护副总统

保护总统是反袭击小组的主要职责。在某些情况下，特勤局也会要求反袭击小组陪同副总统前往一些高风险的地方，通常这是在海外。这些行动常常和总统出行一样，充满波折。

1989年，我们随同副总统丹·奎尔（Dan Quayle）访问远东地区。反袭击小组跟随着副总统的车队前往一个预定的站点，我坐在雪佛兰车的后面，以保障车队后方的安全。当时我进入反袭击小组才两个星期，那是我第一次国外之行。

尽管十字路口和车队路线完全在我们的掌控之中，但不知怎么地，带路的摩托车队当中有一辆摩托车，开到我们的车队中间来了，而且是从我们的汽车后面插上来的。那个摩托车手背了个背包，与我们的车队并排行驶，似乎想朝反袭击小组的专车和副总统座驾靠近。接着他又放慢了速度，落在后面。按照规定，任何外来人员超过我们并接近副总统的座驾，都是不允许的。那个摩托车手可能会想方设法毁坏副总统的座驾，也许将危及副总统的生命安全。

摩托车手又朝我们开过来了，这次他似乎想超我们的车。我的组长菲尔·海德平静地转过身来，用波士顿的口音对我说："要是他想超过我们，干掉他。"当那个摩托车手开始向反袭击小组的卡车靠近时，我把M16自动步枪的枪管从车后伸了出去，透过瞄准镜把枪口瞄准他的胸膛。摩托车手一见我用步枪直接瞄准他时突然减速，然后就往后退出了我们的车队。他到底是谁，是否打算加害副总统，我们都不得而知。在远东，此类事件似乎层出不穷，主要是由于当地人疯狂的开车方式所致。可是，在我们的工作中，碰到这种情况，我们总是不得不做最坏的打算。

与副总统在海地

反袭击小组经历的那些最危险的时刻，与其说是发生在执行任务时，倒不如说是出现在正式任务前。1989年，我被派往海地，为副总统奎尔的海地（Haiti）之行打前站。

海地是西半球最穷的国家，毗邻多米尼加共和国（Dominican Republic），位于古巴之南。副总统奎尔访问期间，海地政局动荡，从先遣小组抵达海地首都太子港（Port-au-Prince）的那一刻起，形势就非常紧张。那里的机场破烂不堪，只有一条跑道，中间撒满了几架废弃DC-3飞机的残骸。千疮百孔的航站大楼也说明，这里政局之动荡。

我乘坐空军C-141运输机，和先遣小组一起抵达海地。刚到海地，国务院地方安全专员就向我们简要通报了情况。他说几天前就有不止一名警察被当地的犯罪分子俘获并活活烧死，他们通常的做法是把警察逼得走投无路、弹尽粮绝时，往他头上套一个轮胎，把两手绑住，把轮胎灌满汽油并点燃。当时我佩带了一把0.35英寸口径的西格绍尔P226手枪，那是当时反袭击小组的标准配置，外加5个弹夹，每个弹夹有15发子弹，还带了一支装有180发子弹的M16自动步枪。在听完地方安全专员的通报后，我把全部装备都带在身上。

除了转达有关烧死警察的信息，地方安全专员还严厉地告诫我们，在太子港无论什么情况下都不要从车里走出来。如果车子抛锚了，我们应该联系大使馆请求援助。在这期间，我们觉得任何一个美国人在街上被抓住，他就会经受类似当地警察那样悲惨的命运。我毅然决定绝不能被活捉，如果走投无路，我要尽量击毙更多的袭击者，再与他们同归于尽。

每天上午，先遣小组在兰乔酒店（El Rancho hotel）坐上防弹雪佛兰车开往大使馆。我们得径直驶过太子港市中心，每当我们放慢速度，都会引起当地人围观。副总统的先遣人员驾车，而我手持步枪坐在右边前排的座位，希望这辆性能糟糕的老雪佛兰轿车，能再次把我们安全地带到大使馆。每天上午，我们都会在大使馆附近的某个地方发现至少一具尸体，或者是看见漂浮在海上的尸体。由于天气太热，在看见这些尸体之前，我们早就闻到了这些不幸亡魂的腐臭。

1989 年的海地之行，除了当地动荡不安的政局，还有别的危险因素，其中之一就是疟蚊。在海地期间，人们警告我们，小心这种传染疟疾的蚊子，它们几乎无处不在，而且数量多得惊人。夜晚我住在酒店的房里。那是一间很小的房间，水泥地板，仅有一张床和一个大大的红色浴缸。我睡得很警醒，全身用床单裹住以防臭虫侵袭，右手紧握西格绍尔手枪。整个晚上，蚊子嗡嗡作响，还有远远近近的枪声此起彼伏，很难入睡。

此行最让我们操心的，是一次夜间行动。我们从美国大使馆前往机场去迎接一架军用运输机，机上载着副总统的防弹车，还有一些特工以及反袭击小组组员。无论从哪方面讲，那一刻，这里就是一个无法无天的地方。如果遭遇埋伏，反袭击小组就是唯一可以依赖的保护力量。

我们大约在凌晨两点顺利抵达机场，此时周边的大部分人还在睡觉，这是事先设计好的时间，以避免从机场开往大使馆的途中将副总统的座驾和车队暴露在光天化日之下。此后两天，这些汽车都将放在车库，直至副总统抵达。

我的队友拿着步枪从飞机上下来。一上车，我们就组成了一个反袭击小组，护卫着车队来到大使馆，然后前往酒店。在那里，我们 6 人受到其他特工的热情款待，这些特工是派来执行护卫任务的，对我们的到来，他们由衷地表达了感激之情，那晚酒吧的账单也算到了他们头上。

副总统抵达的那天，我们在机场等待，忐忑不安。从一周前抵达海地起，我们就根本没看见过警察或者任何士兵。但今天机场周围却来了大量的海地民兵，他们手持 M1 加兰德步枪，把机场团团围住，在停机坪上走来走去。

从1942年到1962年前后，M1步枪一直是美国军队的主要武器，后来被M14自动步枪所取代。美国生产过将近600万支M1步枪，尽管这种武器只能发射8发0.30英寸的子弹，之后就得重新装弹，但是世界上的许多国家，包括海地，都很乐意美国把这种武器作为礼物送给他们。虽然这些步枪早已过时，但杀伤力还是很强。

我走过去看了一眼民兵和他们的武器，注意到他们步枪的吊带上别了一些黑色弹头的子弹，这些子弹可以击穿防弹盔甲。很明显，对于特勤局的特工来说，这可是一个不小的隐患。在长期结成盟友的发达国家，比如英国，这种情况对我们构不成任何威胁。可是，海地不属于这类国家。看见如此多的海地人拿着有效射程远远超过500米的步枪，而且还有可以击穿防弹盔甲的子弹，真是让人忧心忡忡啊！

历史告诉我们，对政治活动当中的武装力量千万不可掉以轻心。1981年，埃及总统安瓦尔·萨达特（Anwar Sadat）在一次室外的政治活动中，就被他自己的士兵所刺杀。美国历史上还从未有过一位副总统遇刺身亡，当然我肯定今天也不会例外，我们是万无一失的。

当问及为何增加这么一些武装民兵时，海地政府官员向特工解释道，万一机场或者车队遇袭，部队也是一种应急力量。但这一条并不在之前跟海地达成的协议条款中。特勤局在跟第三世界国家（像海地）打交道时，时常陷于这种局面。

虽然之前特勤局先遣小组与当地政府对所有的事务达成一致意见，然而到了正式访问的时候，那些安排又会变得面目全非。我一直搞不懂这究竟是因为不重视还是出于恶意。此时谁也无能为力，因为副总统快到了，而往常一向友好、“没问题”的承诺人，这时候突然就变成骄横跋扈的恶魔。

在总统或副总统来访前几天，如果东道主与特勤局的关系搞得太僵了，我们的撒手锏就是通知东道主，总统或副总统出于安全的考虑取消访问。为了避免这种尴尬，东道主会做出让步——不过这种让步只会持续到正式访问的那一天，这时候来访者已经无法取消行程，就像现在一样。

“空军2号”终于在机场停稳，所有人的目光都转向了它，反袭击小组的雪佛兰车慢慢地进入了预定的位置，在那里能清楚地观察到海地所谓的应急民兵，如有必要，还可以解除他们的武装。

有时候，适当展示一下实力能起到不战而屈人之兵的效果。那些民兵还算安分守己，安安静静待着，好像不敢端起枪来，甚至看都不敢看我们。

车队出发，反袭击小组迅速调整了位置，等着第二辆装满海地民兵的卡车先过去，之后我们插入，走在第二辆车的前面。我们占据了一个绝佳的位置，以便应对任何突发事件。尽管在人数对比上极其悬殊，但美国6名训练有素的反袭击小组特工，人手一支M16自动步枪，每支枪上有30发子弹，还备有一个30发的弹夹，有足够的子弹随时可用。这些没有经过正规训练的民兵，肯定不是我们的对手。另外，就算这些民兵没有恶意，在车队遇袭时，我们也不想要他们来帮倒忙。他们一旦行动，也许会朝四面八方射击。对我们而言，这可能与遭遇埋伏一样危险。

一路上我们就保持在车队的那个位置。尽管海地人在最后时刻抢先一步，把两辆卡车成功挤入我们的车队，并为此洋洋得意，这让特勤局别无选择。后来我们凭自己的机智轻而易举地化解了这一险情，海地人只能被我们牵着鼻子走。在特勤局我们有一句口头禅：要么跟我们合作，要么给你们好揍。当然是我们说了算。

事后，国务院的一位官员告诉我，海地人对于我们的耀武扬威表示不悦，我婉转地告诉这位外交官，我们不是耀武扬威，而是要占据最佳位置，如有必要，我们会干掉有威胁的海地人，我们根本无暇顾及他们的感受。我们的职责是保证副总统活着离开海地，而不是来这里交朋友。事后，外交官可以用几杯酒和几个拥抱，抚慰海地人受伤的感情。

访问结束，副总统平安地登上飞机，准备飞往华盛顿。先遣小组列队待在机场，等候飞机的到来，把我们带回美国。飞机场上有一架又旧又吵的 C-141 飞机，就像当初送我们过来的那种运输机。我们头顶炎炎烈日，坐在飞机坪上，酷暑难耐。我们斜靠着武器背包等待着，直到听见由 4 个大喷气式发动机发出清晰的轰鸣声。飞机来了，准备带我们离开这地狱般的地方，回到美国。

飞机着陆后，一名飞行员走了下来，这是一个上了年纪的少校。他佩戴的飞行章上有五角星和花环，表明他是机长。他说对飞机目前的飞行性能有点担心，但是现在也没有什么后援方案。在跟副驾驶和随机工程师商量之后，他说，如果我们愿意，他决定冒险试一试。我们纷纷表示，宁愿跟他们冒一次险，也不想在海地再待一夜。

我们登上了飞机，那时，飞机已经在烈日下停了一个多小时，机内的温度超过了 43 度。我们在令人窒息的高温中坐下，机长走过来宣布，机上没一点水，问我们愿不愿意把自己所带的水倒入客舱前面的冰柜，和大家一起分享。在这么个大热天没有水，问题可严重了，当时好几个特工都已经出现中暑的迹象。但是没有人犹豫，大家马上排队把自己仅有的水倒入冰柜。正是由于分享合作，我们才有足够的水让飞机返回华盛顿。这是特勤局特工的一个优点，他也许会抢你的女朋友，但是只要你开口，他绝对愿意把自己身上最后一美元、最后一瓶啤酒或者最后一点水都给你。

在我走下这世界上最慢的喷气式飞机，又看见祖国时，像往常一样，我开始感谢上帝：让我出生在美国，而不是出生在我刚刚离开的那个国家。每次在我从海地那样的国家回来之后，这种感激之情都会油然而生。几年之后，当我从一个比海地更糟糕的地方——阿富汗回来后，我也有同样的感觉。

跟随副总统访问菲律宾和韩国：领带和地毯图钉炸弹

一般而言，特工，尤其是反袭击小组的特工，几乎个个都相当幽默，而且容易合群。反袭击小组的幽默氛围能让队员放松放松，它可以随时应景而发。

就在1989年反袭击小组抵达菲律宾之前，当地骚乱频繁，当地警方使用催泪弹平息过骚乱。更大的麻烦还在后头。这次旅程，我们保护的对象仍旧是副总统丹·奎尔，他预计在深夜抵达机场。那天晚上，我们站在反袭击小组卡车周围，等着“空军2号”。一个身材矮胖、脸蛋红润的小个子总统幕僚，胆怯怯地走了过来，他告诉我们，如果当地警察使用催泪瓦斯的话，他非常担心自己会吸入毒气。他似乎有哮喘病。

所有的特工都曾不止一次地吸入瓦斯，不是在反袭击小组学校就是在部队里，虽然很不好受，但也没什么大不了的。当然那天我们戴着防毒面具，而这位幕僚没有。我尽量向他解释在露天或车队里，就算使用了催泪弹，他甚至不会感觉得到的。可他并不放心，我又耐心解释道：“风一下子就把瓦斯给吹散了。退一步讲，就算真的吸入了一口，你还没感觉到，它早就烟消云散。”这个人还是不放心，我想尽量减轻他的恐惧，但是他就是不相信。最后我发火了，说道：“如果担心他们扔催泪弹的话，那你就先撒泡尿到你的领带上，用它捂住你的脸，那是保护你的最好办法。”现在他放心了。

尽管这种预防瓦斯的方法在一战中用过，当我看到那个年轻人走进树丛，在那里解下领带开始往上面撒尿时，我还是有点吃惊。让我大吃一惊的是他真的会那样做，不过，毕竟他患有哮喘病。他对自己的使命十分尽职尽责，因为他肯定得在那种环境下（他认为的那种充满瓦斯的环境）待相当长的一段时间。他从我们卡车边昂首阔步走过，这股信心源自脖子上围着的那一圈大麻花似的“应急防毒面具”。他感谢我的帮助后，就回到那群人中去了，我看见他们显然在讨论一件极其重要的事情。

几分钟过后，同一片树丛里站了一排人，都在往自己领带上撒尿。之后，大家大摇大摆地从反袭击小组旁边走过，脖子上围着刚刚改良的领带。副总统抵达后，坐车前往下一站，一路上根本没有人使用催泪弹。不过，就算用了，副总统的幕僚也准备好了。

即使一些严肃的事件也会产生幽默的效果。在菲律宾之行期间，我们随副总统去了一趟韩国，当地人常常向警察扔地毯图钉炸弹，致使一些警察受伤。实际上这些炸弹比大甩炮大不了多少，是用胶带和地毯图钉包起来的。当地警察要我们警惕这些扔炸弹的当地人。副总统将乘坐直升飞机抵达博尼法斯营。第二天，我们就在那里迎接副总统。在前往博尼法斯营的途中，他们又建议我们把车窗摇上。

深夜，我们随车队准备向北边的博尼法斯营出发。天气又热又潮，所以司机暂时把车窗摇下来透透气。车队开始出发，司机刚踩油门，立马尖叫起来：“他妈的，见鬼!”我们的队长菲尔·海德转身对他说“冷静”，之后问他怎么回事。好像是放在遮阳板后面的太阳镜掉到他的大腿上了，黑暗之中，他还以为是地毯图钉炸弹。搞明白是怎么回事后，我们笑得上气不接下气。“我操，各位，”他说道，“我还以为要被炸死了呢。”

我们顺利赶到了博尼法斯营。不同于总统幕僚往领带上撒尿，令司机感到欣慰的是，在恐怖的地毯图钉炸弹面前，他没有失去男子汉的气概。整个韩国之行平安无事。

在副总统返回华盛顿之后，其他人员坐反袭击小组的卡车从非军事区返回了首尔，我和菲尔·海德乘坐部队直升飞机 UH-1 返回首尔。我俩在博尼法斯营的军官俱乐部里，与一些优秀的空降突击兵侃大山，直到直升飞机机组人员到来。

我们的飞机驾驶员、副驾驶员和机长走进了酒吧，互相介绍后得知，驾驶员是美国部队里为数不多，也许是唯一一个五级准尉。他是全军最资深的飞行员，有 30 多年的飞行经验。

跟机组人员闲聊几句后，五级准尉朝门口走去，我和队长也起身向飞机走去，把我们的啤酒留在桌上。这位元老级空军飞行员摇摇头，浅蓝色的眼睛笑眯眯的，眼角上皱纹纵横，那是在阳光的直接照射下飞行好几千个小时造成的。他告诉我们，带上我们的啤酒。我们言听计从，因为毕竟他是飞机驾驶员。

那是一个晴朗而暖和的下午，极适合飞行。飞机的门已打开，螺旋桨旋转时发出沉稳的噪声，在飞机内回响，阵阵的气旋在机舱内回荡。我直接坐在老五级准尉的身后，他的脖子看起来就像皮革，那是由于暴晒在太阳下差不多 5 年时间的结果，他的脖子上还有 20 多年前打仗留下的累累疤痕。也许在越战中，他躲过的子弹和身上所中的子弹不比任何一个活着回来的人少。我在俱乐部时问他，被击落过几次，他微笑着说：“多得数不清了。”这位老五级准尉是一个真正的美国英雄，也是个大好人。

反袭击小组方兴未艾

日月如梭。越来越多的的特工退役和改行，反袭击小组的特工源源不断地流向总统护卫处，总统周围当班的特工几乎都是以前反袭击小组的人员，他们干得非常出色。反袭击小组特工开始把控了总统护卫处，最近的 3 位特工主管都是来自反袭击小组。

2003 年，当我回到总统护卫处的反袭击小组任特工主管助理时，几乎完全不认识它了。这时候反袭击小组的人数已是我 1993 年离开时的两倍，特工的水平也已有较大提高。与 20 世纪 80 年代末 90 年代初相比，这些特工更强壮、更聪明，武器装备也更强。反袭击小组从初创时期起，已经走过了很长的一段路，现在成为特勤局最受人尊敬的部门之一。由真正出类拔萃的特工组成的反袭击小组，是一股不可小觑的力量，也是所有美国人的骄傲。将来有一天，如果需要反袭击小组在枪林弹雨中保护总统的生命（总会有那么一天的），我完全相信他们会成功地完成使命。

第九章

有情人终成眷属

在反袭击小组的4年，我经历过许多终身难忘、激动人心而又趣味非凡的事情。然而，最重要的事并不是在保护总统过程中的各种历险，而是1990年11月我与另一个特工结婚。

我的结婚决定让许多人大吃一惊，因为大家，包括我自己，都认为35岁的我是一个坚定的独身主义者。特勤局单身汉特工的特点就是事业繁忙、社交丰富，结婚好像是不太可能的事情。我原先就完全没有那种想法。

多年来，我在车上、指挥所和房子里，听到已婚特工不厌其烦地抱怨妻子花钱大手大脚、爱吃醋和爱唠叨，以及自己经常出门在外而难以尽到父亲的职责。特勤局的太太们似乎不理解或者不愿意接受这样一个事实：对特工而言，工作是第一位的，家庭则是第二位。她们似乎也不懂，当一个男人在外地或国外，马不停蹄地工作21天甚至更久以后，一回到家里时，他不想听市侩的家庭主妇抱怨。在支使他们到院子里干活或开家长会之前，他只想要妻子的一句问候、一顿好饭、一瓶冰啤，以及好好补补觉，不管孰先孰后，仅此而已。

我的大部分同事在进入特勤局以前就已经结婚，他们的妻子根本不清楚这一行的要求，像分居、长时间上班等等。丈夫在工作和家庭和谐之间疲于奔命。已婚特工好像很不容易，负担重，麻烦多。这一职业似乎不大可能让你既能做个好特工，又能做个好爸爸、好丈夫。每当特工在事业和家庭之间做选择时，总是无法兼顾，不是家庭就是特勤局吃亏。我知道我热爱特勤局的工作，而只是喜欢与有魅力的女人作伴。我是一个坚定的独身主义者，这点无法改变。可是，我将不得不面对“不要说得那么绝对”的现实处境。

1988年11月，一个寒冷的星期天晚上，我在乔治亚州父母家过完感恩节，刚刚回到新泽西的公寓。在开车14个小时后，我进屋时累得半死。我开了一罐啤酒，这时发觉留言电话的指示灯一闪一闪地亮着。这是纽约办事处一个资深特工的留言，内容是第二天让我提前准备车队，因为苏联共产党的总书记戈尔巴乔夫（Mikhail Gorbachev）和他的妻子赖莎（Raisa）要访问纽约。他还指示我去接来自旧金山办事处的一位女特工，把她带到办公室。她是来给先遣小组做俄语翻译的。他进一步告诉我，这个女特工第二天早上8:30在世贸中心附近的维斯塔宾馆（Vista Hotel）前面等我。

第二天早上，我好不容易把自己弄起床，之后一路奔波，经过90分钟的“生死考验”后，终于把车从新泽西开到了曼哈顿。在维斯塔宾馆前面，我把特勤局1981年款的蓬提亚莱曼斯停好，开始等人。不久我意识到自己在盯着一位美女看，她是我见过的最迷人的女人之一。她站在宾馆的台阶上，好像在等什么人。我完全没想到，她可能是我要接的那个人。我一边欣赏着她，一边听着“清晨艾慕斯”的广播，等我要接的人。

我注视着的这位女士，个子高挑，身材迷人。她的身高超过1.7米，乌黑的秀发，高高的颧骨，黑黑的意大利式大眼睛，举止优雅，风姿绰约，这一切无疑表明她迷人而又富有教养。我想她也许是位欧洲人，也许是来纽约做模特的。我坐在车里盯着她——实际上是在暗送秋波，但又意识到无论这位可人的姑娘是谁，她完全不是我这个圈子里的人，我只能从远处饱饱眼福而已，就好像欣赏一幅美丽的油画或一尊雕像一样。

在我继续盯着她看时，她也看到了我，我想糟了。然后，她走下宾馆的台阶向我走来。当她打开车门，上了车时，我从惊惑变成了惶恐。她说道："嗨，我叫丹尼尔（Donnelle）。"同时朝我微微一笑，伸出手来跟我握手。她迷人的一笑差点把我电倒，她的手温柔有力。我好不容易才结结巴巴地说出了我的名字。

从近处看，她更加漂亮。接下来的几天，她的美丽和身上的香水味，几乎令我无法专心地执行陪同苏联人安全游览纽约的任务。我明白，这次任务会把我所有的职业纪律都毁了。

说来也巧，她被派来做此次访问的随行翻译，持续了好几天。她的俄语很好，优美的俄语经她说出，有时，我几乎为之倾倒。显而易见，她让苏联的克格勃同样钦佩不已。

在短短的几天里，我和她一起工作，密切合作。尽管我想方设法地施展自己的全部魅力来讨好她，她却似乎完全不为所动。即使如此，我们还是成了朋友，当她返回旧金山时，我很难过，以为也许这是最后一次见她了。

接下来的一年，我和丹尼尔一直保持电话联系，但从未见面。我们关系的转折点出现在我从纽约调到华盛顿，进入反袭击小组的时候。

我到反袭击小组的头几次任务都是在旧金山地区，当时丹尼尔还在那里上班。似乎我到哪她就在哪，尽管任务相互冲突，但我们时不时还能见见面。每次见到她，我就越来越觉得这个人就是我的理想对象。我尽量克制自己不这么想，因为当时整个情形表明，要真正把她追到手，似乎不太可能。但实际上，这种欲望根本就不能抑制。

每见一次面，我对她的感情就更深一层。不过对方是否如此，我无法得知。由于环境、时机、地域等原因，以及她似乎不轻易流露内心的感情，我们似乎只能保持着友谊之情。可是，有一点我敢肯定：这个女人有一双我见过的最善良的眼睛。每次注视她的双眼，我决意不去追求她的想法又开始动摇。

1990年暮春，在时任苏联总统的戈尔巴乔夫访美之时，丹尼尔因其杰出的俄语才能，又一次从旧金山被派到华盛顿当翻译。像往常一样，我占用了她下班后的大部分时间。

跟同行特工打交道有一个好处，就是我们都是政府信得过的人，是国家机密的安全守护者，我们可以三句话不离本行。而跟特工以外的人聊天，则必须有所顾忌，很多话题无从谈起。我和丹尼尔一谈就是好几个小时，似乎有永远也说不完的话。

一天晚上，我们来到老地方——老爱比特烧烤店（the old Ebbitt Grill）碰面。它就在白宫下面的那条街。我问她，那天给俄罗斯人做翻译感觉还好吗。她回答说，和以往一样，跟他们工作很开心。接着她给我讲了一个当天发生的故事。

那时，丹尼尔随着苏联的5位特工来到靠近白宫南面的地方。期间，她一直在做翻译。尽管丹尼尔俄语讲得非常好，俄方的特工队长却用带着浓重口音的英语问道："我们整天被人们叫作'猫'，不知道为什么，你能告诉我们为什么吗？这是坏事吗？"丹尼尔在纸上用俄语写下一段话解释说，"猫"（CAT）是反袭击小组（Counter Assault Team）的英文首字母缩写词。苏联方特工听完后似乎很开心，他说道："谢谢，现在我们明白，我们为什么被叫作'猫'了。"当他把纸条给队员看时，他们也微笑着点头，心情舒畅多了，显然他们以获得这个新称号而自豪。

她对我讲述这段趣事时，我的脑海中闪过一个想法：与人交往最重要的是与对方有共同点，而在我以往的交往史中，很大程度上这一点一直很缺乏。我们俩志趣相投，可以开诚布公地谈论自己的工作。要是她不是分在3000英里之外的地方工作，那该多好啊。

一天晚上，在老爱比特烧烤店吃过晚饭，我借着12年苏格兰威士忌的酒劲，盯着她的双眼看了好几分钟。我灵光一闪，竟然毫无预兆地脱口而出，这话把我自己吓了一跳——“假设，我请求你嫁给我，你觉得怎么样?”

“假设呀，也许吧。”她答道。接着她主动告诉我，下个月她要去达拉斯保护小布什，老布什之子。

“我不知道我们要去保护他。”我说道，“他是不是有一个得州骑士（Texas Rangers）棒球队?”

“对。”她附和道，“别转移话题。”她继续说，如果我是认真的，不是假设，那么6月份我就可以去达拉斯向她求婚。她一直是一个独立自主、考虑问题周全的人，很明显她希望我也是如此。

那天我神志还算清醒，我知道我是认真的，我的感情没有变过。在1990年6月，一个炎热的夜晚，我发现自己居然出现在得克萨斯的达拉斯，手捧订婚戒指，问这位意大利裔美国美人是否真的愿意嫁给我。让我诧异的是，她竟然答应了。让我更为诧异的是，我现在已经订婚并要结婚了。面对这一切，我实在是太开心了。

特勤局里的特工跟特工结婚，可不是像听起来那么简单。她驻扎在西海岸，我却在华盛顿特区。丹尼尔接受了我的求婚，这仅仅是成功了一半。要想大获全胜，还得有待于特勤局的配合。

那时候，特勤局招进来的特工是夫妇的概率，几乎是微乎其微。那年头，特勤局有规定，夫妻双方不能在同一个办事处或同一个部门上班，这让特工之间很难结婚。大部分的特工夫妇工作在大城市，通常是一方在总部上班，另一方则在总部下面的地方办事处。比如说，洛杉矶办事处和里弗赛德居民办事处。另一些像我们这种情况的人，还有另一种选择，那就是夫妻有一方辞职，但我们不能接受这个办法。我和丹尼尔都是职业特工，因此我们得另辟蹊径。从行政上来讲，丹尼尔属于侦查处下面的一个地方办事处，我则属于护卫处下面的反袭击小组。在某种意义上，我们是在两个不同的部门工作。

一天下午，我坐在反袭击小组老板的办公室，想要向他说明一下情况。他挠挠头，问我是不是疯了，然后让我去见护卫处的助理主管。他耐心地听我说完自己的困境后，答应请求侦查处的助理主管，把丹尼尔从旧金山调到华盛顿的办事处，她可以在那里从事刑侦调查和一些临时的护卫任务。但是有一个要求，在他安排调动之前，我们必须结婚而不仅仅是订婚。好像以前有个特工就是利用结婚请帖，把自己调到女朋友所在的城市，结果事成之后就不娶她了。这等于浪费了一大笔调动费用。所以，特勤局必须在看见结婚证后，才会为丹尼尔的调动花上 10 万美元。

随着我们婚期的临近，由于种种原因，似乎我们总是有一个人甚至是两个都可能赶不到婚礼现场。在我们结婚的前三天，丹尼尔在哥伦比亚，而我则远在海地。

但最后还是天遂人意，一切圆圆满满，尽管我也搞不懂是怎么回事。1990 年 11 月 10 日，我们在乔治亚州盖恩斯维尔镇结婚，当时既有天主教牧师又有浸信会牧师在场。11 月 10 日是海军陆战队诞生日，选择在那一天结婚，将确保我永远不会忘记自己的结婚周年纪念日，对妻子忠诚到永远。

在南加州希尔顿头岛（Hilton Head Island）度完蜜月，我们搬回到我在马里兰州盖瑟斯堡（Gaithersburg）的小公寓住。因为大部分时间我们常常有一个人不在家，我们的婚姻就像永远不会结束的蜜月，或者是世界上最浪漫的约会。这个约会已经历时 20 多年，我们养育了一个让大家羡慕不已的最优秀的儿子。

第十章

人体盾牌和条件反射

人们询问特勤局特工最多的一个问题，就是他们是否真的愿意为总统去挡子弹。大部分特工要么转移话题，要么戏谑以对。我在此郑重声明，答案是肯定的，但是没有几个特工会公开承认这一点，并且谁都不喜欢谈论它。就我个人而言，在我申请这份工作时，他们在选拔之初，就让我意识到存在这种可能性。而且如果我不愿为总统献出生命，我可以去别的地方找工作。在我 21 年的特勤生涯中，再也没有考虑过这个问题，因为我对它早已心领神会。

虽然有这种可能，但是在总统护卫处当特工，并不意味着他们的使命就是去送死，而且没有哪个特工会为了总统做出无谓的牺牲。有一个有关特勤局特工广为流传的传言，就是他们要宣誓为总统献身。这纯属子乌虚有，完全是街谈巷议。实际上从当上特工的那一刻起，他们就已经把生命托付给了总统。

在我个人看来，无论是谁当选总统，都不值得我们为他牺牲。然而，为总统之职责牺牲却是值得的。总统也只是人，像普通人一样地生活、呼吸，但是总统之职责，必须不惜一切代价去保护。因此，担任总统之职的人，自然就值得人们为之效命，无论他是什么党派，不管特工与他有何个人恩怨。任何把特勤当作事业的人，都必须有此信念，否则，特勤工作就不是他应该追求的事业。

心理学家证实，要心甘情愿地为总统献身，就需要有一种特别类型的人。或者说为任何人献身，在这一点上，都是如此。为达此目的，特勤局孜孜以求具有献身精神、积极进取、聪明而又有强烈爱国心的年轻人，对他们加以培训，直至习惯成自然，临危不惧、淡泊名利。面试者也许会信誓旦旦地说，如有必要，他们愿意为总统献身，但这些话无从证明。可是，特工所受的训练却能为之提供保障。

特勤局特工的训练，就是为了能在遇袭时掩护被保护人和让其撤退，却未必就像电影《火线狙击》里的主人公那样朝子弹扑去。当总统遇袭时，关键是让他马上离开射击区，尽可能让大家都活下来。此时，哪怕只有一个特工阵亡，总统幸存的可能性就会大大降低。所以，生存的特工越多，对总统越有利。

在危及总统生命的场合，为了确保特工能正确应对，特勤局会让特工反复训练，直至他们能够不假思索地做出本能反应。

暗杀和未遂的暗杀通常不到三四秒钟就结束，在这种情形下，谁都没时间考虑该怎么办，还不如根据训练做出应激反应。特工一入行接受的训练，以及随后终其一生的训练，都是条件反射训练。因此，他们能够根据一定的刺激和情况做出本能反应。

比如，训练特工如何解除攻击者的刀和枪。这种练习，特工都训练过无数次了，以至于如果面对真刀或真枪，特工就会本能地去解除攻击者的武器而不加任何思索。这种高强度的重复训练，让你根本不需要经过大脑思考就能做出反应，完全成为一种自动的应对，无论是在训练当中还是在实战场合，都是如此。要成功做到这一点，反应必须瞬间到位。

虽然需要数年的训练才能做出这种无懈可击的反应，但特勤局特工绝不像巴甫洛夫（Pavlov）实验里的狗对铃声做出的反应那样。而且与一些无知之人的看法相反，特勤局特工并没有被洗脑。他们接受的是世界上最好的执行保护训练，这种训练已经在多种场合被证明是成功的。

1981年3月30日，就是这种训练挽救了里根的生命。那天，约翰·欣克利（John Hinckley）混在华盛顿希尔顿酒店外的媒体记者当中，用一把0.22英寸口径的左轮手枪向里根总统射出了6发子弹，其中4发子弹击中了人。

一颗击中了华盛顿的警察托马斯·德拉汉迪（Thomas Delahanty），一颗击中了总统的新闻秘书詹姆斯·布兰迪（James Brady），还有一颗在经过总统座驾的反弹后打中了总统，另一颗打中了特工蒂姆·麦卡锡（Tim McCarthy）。在中弹的4人当中，只有特工蒂姆是按照训练而做出应激反应才中弹的，其他人都是意外中弹，可以这么说，在错误的时间站在了错误的地方。蒂姆当时站在总统座驾的门口，听到第一声枪响，他马上扑过去掩护总统，为其挡住了子弹。由于平时的训练，此时的他变成了一个200磅的活体靶标。

整个过程不到3秒钟就结束。即使这样，当第6发子弹（即最后一发子弹）的射击声还在希尔顿酒店周围的大楼间回响时，特工主管杰里·帕尔（Jerry Parr）就已经把里根总统推入了总统座驾的后排座位上。这些反应就是常年训练形成的典型的条件反射。而巴甫洛夫的狗也许只会对总统座驾的轮胎感兴趣。它们要想打开和关上车门，那可是困难重重。

特勤局训练生效的另一个例子发生在1975年9月4日。在加利福尼亚州萨克拉门托（Sacramento），杀手琳内特·弗洛姆（Lynette Fromme）用一支上了膛的柯尔特0.45英寸口径的半自动手枪瞄准福特总统，总统护卫处的特工拉里·班多夫（Larry Buendorf）成功地解除了她的武装。

当时拉里护送福特总统返回加州首府，他看见一只持枪的手伸了出来。按照训练，他厉声喊道“有枪!”并按训练规定的程序，一举把弗洛姆上膛了的柯尔特手枪拿下，拉到自己胸前，其他特工则迅速把福特总统撤退到安全的地方。这个动作他和教官用一把仿真枪练习了几百遍，可这一次面对的是真枪实弹，而且握在一个杀手手中。在生死攸关的时刻，拉里的反应堪称完美。

当然，受特勤局保护的人不仅仅是总统，正如人们所知道的，从1968年开始，在罗伯特·肯尼迪遭刺后，特勤局开始保护主要的总统候选人。保护总统候选人比保护总统还要危险，正如1972年5月15日发生的事件那样。在马里兰州劳雷尔的一个购物中心，亚瑟·布雷默（Arthur Bremer）向总统候选人、阿拉巴马（Alabama）的前任州长乔治·华莱士（George Wallace）连开5枪。在这次未遂的暗杀中，特工尼克·查福斯（Nick Zarvos）受伤，他被一颗0.38英寸的特制子弹击中喉咙。

由于特工在整个职业生涯中持续不断地接受训练，在遭遇袭击时，他们对任何受保护者都会一视同仁地加以保护，不管是总统级别的人还是总统级别以下的人。在训练的过程当中，他们被要求对保护对象尽职尽责，而不管他是谁。

第十一章

总统的无畏行为

特勤局面临的挑战

有时候，现任和前任总统都会主动参加一些可有可无的活动，而这些活动则隐藏着致死或重伤的危险。在密切监视这些活动时，我们心里很清楚，特工根本无法掌控活动的后果。既然特勤局的使命就是保护这些人免受各种伤害，一些敏感的特定活动就会引起特勤局高度注意。对于这些活动的担心，特勤局通常会温和地向总统提出来。可是，大多数情况下，特勤局必须服从总统的意愿。

在这种敏感场合，特勤局要竭尽全力保护总统，但是总统并不总是希望特工出现在身边。有时候总统很乐意特工在他身边，而另外一些时候则想避开这些特工，寻求一点点自由，暂时远离身边必不可少却又很烦人的全职特工。

很多总统，包括约翰·肯尼迪和老布什，在部队服役时就表现出非凡的勇气，这点在历史上有据可查。遗憾的是，选民们对他们的英勇事迹似乎很容易遗忘。因此，总统及其顾问常常不惜冒险来提醒选民，他们所选之人是如何的坚强、勇敢，足以胜任总统之职。

另外，很多总统在职期间不得不压抑自己的冒险冲动，他们离任后往往从事一些在任期间可能永远做不了的挑战，这往往带来更大的安全隐患。

撇开政治因素，他们有时还会基于其他理由，做出一些没必要的危险举动。最近的10位总统中有8位在部队当过军官，5位上过战场。美国总统作为三军总司令，指挥着世界上最勇敢的一群人，一群身着制服的人。因为常年接触这些勇士，某些总统偶尔会觉得，似乎有必要在这些军人面前表现一下自己“真正男子汉”的一面：他们可以像军人一样英勇无畏，而不仅仅是身着名贵西装、戴着豪华手表的政要。

而且，他们的类似举动，可能只是源于“总统基因”。当选美国总统的人，容易变得尤为争强好胜，乐于冒险。尽管这种性格特点会因为年纪渐长而有所收敛，但很少会蛰伏下来，而且永远不会消失。

无论是民主党总统还是共和党总统，这一点似乎都不能幸免，尤其是老布什和约翰·肯尼迪这样的总统，他们在当总统之前就有过过人的功绩，那些拥有严格学术训练和政治背景的总统亦是如此。

约翰·肯尼迪总统

在历届美国总统中，肯尼迪总统就是以上所说类型的一个典型的例子。他在二战期间担任海军军官，指挥一艘鱼雷艇。为了速度和机动性，这些鱼雷艇的主体用木质材料做成，长度仅24米，靠通用公司生产的两个巨大引擎驱动，该引擎以极易燃烧的100号辛烷飞机燃油为燃料。在奉命攻击日本驱逐舰时，如果鱼雷艇被驱逐舰上的枪炮击中，这些燃料就会爆炸。

肯尼迪损失了第一艘PT-109鱼雷艇，在身体复原后，他拒绝顶着幸存的战斗英雄的光环回到海恩尼斯港平安休假。相反，肯尼迪获准指挥另一艘鱼雷艇，继续与日本人作战。

肯尼迪这一壮举的动力，源于强烈的爱国心和爱冒险的性格。在战前，肯尼迪根本没有从政的抱负，其政治事业是在父亲约瑟夫·肯尼迪的规划及推动下起航的。他的父亲本来想培养肯尼迪的哥哥乔从政。当身为海军飞行员的乔牺牲后，约翰·肯尼迪代替了哥哥，代表肯尼迪家族走上了从政之路。肯尼迪当选总统之后，过分喜爱冒险，这一点广为人知。最明显的就是自个儿走入人海，那里谁都可以杀死他。

有些人相信，肯尼迪有死亡情结，或者他能预见自己的未来。这种看法部分基于肯尼迪总统最喜爱的诗歌，阿兰·西格（Alan Seeger）的《我与死亡有个约会》。

我与死亡有个约会

阿兰·西格

我与死亡有个约会
在争议不休的领土上，
当春天回眸，树荫沙沙作响，
空气中飘散着苹果花的芬芳——
我与死亡有个约会，
美人来访，阴郁的日子随春天来到。

也许正是他握住我的手，
把我引入他黑暗的领土，
捂上我的眼睛，按住我的鼻息——
恐怕我真的得与他打个照面。

我与死亡有个约会
在伤痕累累的山坡，
当春天又轮回了一年，
草原上第一朵花苞绽放。
上帝憧憬着
埋首丝绸衾枕，
呼吸沉沉的甜香，
爱情在欢愉的安眠中悸动，
脉搏相近，气息相融，
静静地苏醒与甜蜜相伴……

可是我与死亡有个约会
在战火纷飞的午夜里，
当春天再次游历北方，
我将勇敢地面对承诺，
绝不轻贱那份死亡之约。

也许肯尼迪总统真的觉得自己所向披靡。因为他 26 岁在二战中指挥鱼雷艇大难不死，又是美国历史上最年轻的总统。可是他不是。

正如西格的诗句，肯尼迪真的没有轻贱那份死亡之约。

老布什总统

另一位勇于冒险的总统是老布什总统。

肯尼迪在二战中服役的时候，布什则作为一名海军飞行员，驾驶着格鲁曼“复仇者”战机，从小型航母的甲板上起飞，去执行低空轰炸日本的任务。布什因其高超的技术和无畏的勇气被授予杰出飞行十字勋章，在鱼雷轰炸机遭到地面火力的致命打击后，他系上降落伞跳入了太平洋。他坐在救生筏上漂流，等待着也许永远不会到来的救援，最后他漂到了日本人占领的父岛附近，这是布什刚刚轰炸过的那个岛屿。据说驻扎在这个岛上的日本军官抓到了战俘之后，会剖膛吃他的肝脏。幸好，美国的潜水艇“长须鲸”号把这位美国未来的第41任总统打捞了上来，使他幸免于那样残酷的结局。这样，布什上尉竟意外地变成了一名潜水艇成员，直到“长须鲸”号把他送回航母。

布什总统对冒险的热爱从来没有停止过。在离任总统后，他参加过无数次跳伞就是明证。尽管他只是前任总统，但仍旧是特勤局的保护对象。在他跳伞时，特勤局特工除了在地面干等，完全无能为力，只能祈求降落伞千万要打开。

谁的责任，总统还是特勤局

在这些可去可不去的冒险活动中，万一发生意外，总统或副总统要是活着，十有八九要承担责任。然而，在官方的公开层面，特勤局就得为此负全部责任。换句话说，要是总统因为个人的原因出事故死亡或重伤，公众要问的第一个问题就是：特勤局为什么要让他去？特勤局的主管很可能被国会质询，为事件承担全部的责任。其事业也会相应受损。

人们时常问我这样一个问题，关于总统的活动，谁拥有最后的发言权？是总统还是特勤局？答案是兼而有之，不过决定权绝对是偏向总统那一边。

比如，特勤局可以规劝，但不会公然违抗总统或副总统的意志——如果他想去从事危险的活动，例如，跟一群没有经过武器安检的人握手，或者乘坐喷气式飞机在航空母舰上着陆。然而，如果有必要，特勤局应当以武力强制总统离开，阻止他去跟这样的一群人握手——这样的人群中很可能躲藏着抱有敌意的枪手。也就是说，除了有显而易见、迫在眉睫的危险，总统通常可以随心所欲地行事，而特勤局将竭尽全力保护他。

最主要的是，许多白宫总统办公室的主人，都是英勇无畏、好胜心强的人。他们在年纪轻轻的时候，就尝到了危险带来的刺激，并往往乐此不疲。危险带给人的刺激就像鸦片一样，一旦尝到了它的味道，就会像毒品一样上瘾。无论这个吸食者受过多么良好的教育，年纪有多大，智商有多高，这种瘾始终无法治愈，只能暂时缓解一下。

第十二章

总统护卫处

总统护卫处是特勤局最重要且名气最大的部门。如果总统遇刺，对美国乃至全世界来说，都是一个巨大的灾难。袭击美国总统就是袭击美国这个国家。因此，对总统护卫处而言，一切行动都应当力求完美，只许成功，不许失败。总统身边的特工，是针对任何意欲伤害国家元首的人而设立的最后一道防线。

在选拔到总统护卫处时，我深知自己加入了世界上最负盛名的护卫组织，与一群全球最为出类拔萃的精英为伍。尽管有些人是因为政治原因而加入这个组织，但是大多数人，都是因为本职工作干得极其出色，在各种任务中脱颖而出，才被上面选中。

对我而言，1993 年进入总统护卫处，就和 10 年前正式成为特工一样，让我欣喜若狂。和选拔特工一样，加入总统护卫处也必须经过一个漫长的过程。我则等了 10 年之久。

第一次参加护卫小组，工作不像当初那么忙碌，一种巨大的责任感却涌上我的心头。一想到接下来的几年，美国总统的生命就掌握在我们手中，这让人深感责任重大，不得不一再提醒自己，凡事要三思而后行。另一个摆在面前的现实问题，就是这一使命的极端艰巨性，除了圈内人，外人实在难以明白其中的艰辛。

当一个人成为护卫处的成员后，他的生命就不再完全属于自己，而是专属于特勤局和总统。在当今日益温馨的联邦政府里面，盛行着“家庭友善”（family-friendly）的说法，提倡工作与家庭的平衡。但这种说法，在负责总统生命安全的特工那里，是永远都行不通的。干这一行，单身特工的日子远比有配偶的特工好过得多。尽管有的特工已经成家有了孩子，但只要你还在总统护卫处上班，除了以特勤局为家，你别指望在外面还有自己的小家。特工可能会有房子，家里住着老婆和孩子，但他真正的家是白宫。

总统护卫处的特工可随意安排一家人的郊游、假期和晚餐，但是如有工作需要，特工可能必须临时甚至随时取消这些计划，并永远不要因此失望或惊讶。比如，正当特工与家人前往机场准备一起度过一拖再拖的假期时，出行计划又泡汤了。对特工而言，这都是工作的一部分，而妻子儿女对此完全无法理解。已婚特工在家里被问得最多的一个问题就是：“为什么偏偏是你，为什么不可以找别人？”孩子在旁边又哭又闹，他们不明白爸爸答应一起去海滩玩或者看球赛的，为什么又去不成了。

有一次，反袭击小组从巴尔的摩-华盛顿国际机场坐飞机去执行任务。当小组成员在航站楼前集合时，我的一名特工同事刚把车靠路边停下，里面还坐着他的妻子和襁褓中的儿子。那名特工下了车，正当他和妻子吻别时，他的儿子突然朝他妻子身上呕吐并大哭起来。那个小家伙整个上午都在发烧，现在已经病得很重了，而他妻子也一样生病了。“对不起，亲爱的，我得走了。”他说完转身就消失在航站大楼里面，把生病的老婆和孩子抛在身后。

1992 年 12 月，老布什总统（他刚刚在大选中输给了比尔·克林顿）计划于 1993 年 1 月 2 号—3 号去俄罗斯和法国旅行。这次旅行早就安排好了，先遣小组也已经出发，没有护卫任务的特工正盼望着至少有一两天可以跟家人在一起欢度圣诞节。临行前，没想到老布什总统突然决定 12 月 31 号在沙特阿拉伯和索马里中途停留。

为了这两个新的站点，总统护卫队又得增加先遣小组，并安排反袭击小组以及当班的特工。许多已获圣诞节假期的特工，不得不面对这一严酷现实。这次总统之行需要调用总统护卫队所有的特工。许多特工已抵达度假地，临时接到电话通知，让他们仓促准备，飞往海外。

这期间，我作为反袭击小组的行动协调人，花了 5 天时间为 36 名特工起草工作计划表，现在又不得不将其撕毁，在几小时之内起草一份新的安排表。这是我的职责所在。要想保障这个计划表顺利执行，就得把好几个特工从度假地招回华盛顿，这是我碰到的最棘手的任务之一。在最后一秒钟被取消圣诞节假期的所有特工，自然万分沮丧。我得耐心地听着每个特工发一两分钟的牢骚，然后不得不打断他们，给他们布置行程。在赶回白宫的路上，大发雷霆的配偶、感情崩溃的爷爷奶奶以及心烦意乱的孩子们，所有人都在咆哮，震耳欲聋。

在自愿加入总统护卫处之前，所有的特工都明白，像 12 月的计划大崩溃这类事件肯定会碰到，不过当它们突然变成现实时，有些人改变了主意，要求调走。在大部分情况下，要求调走的人都是想维系婚姻。尽管特工一心一意想留下，但是配偶可能不支持。通常情况下，特勤局会答应他们的请求，并不是因为特勤局关心部下，试图维系他们的婚姻，而是考虑到美国总统的安全，不能把护卫任务托付给那些无法百分之百献身这一使命的人身上。

特工能够承受那么多难以承受的重担，是因为护卫处的每一个人都在做出同样的牺牲。特工们是难兄难弟，这些豪杰之间结成了牢不可破的关系。这种纽带将维系一生，甚至比特工的婚姻关系还长久。

在一般人看来，陪伴在总统身边的，总是肌肉发达、高大威猛的帅哥和身体矫健、不苟言笑的美女，让人觉得总统护卫处的职业总是那么光彩照人和激动人心。很多人想到的是007、功夫高手、枪战、飙车以及马丁尼酒。然而，这种表象只是幻觉，我相信任何看到这本书的读者，都会意识到这一点。现实中的特工完全不是这样。

多年以来，总是有许多人要我讲讲，作为保护过3位美国总统的特勤局精英特工之一，我的生活究竟是怎么样的。就我的亲身经历和真实感受而言，我是这样解释的：假设要你24小时不睡觉，不吃中饭和晚饭，凌晨3点淋着雨在某人家门外站几个小时，打的去机场，再坐4小时飞机飞往一个大城市，然后接下来连续几天都是如此，这样你就会开始感同身受，一个特工的生活究竟是怎么回事。为了让你的感受更加完整和真实，你还得经常缺席孩子的生日聚会或毕业典礼，错过节假日或结婚周年纪念日。

当然，总统护卫处的工作远远不止这些，但是作为总统护卫处的特工，任务的不确定性和极度的疲劳会一直与你相伴。这就是为什么这种工作只适合年轻人，为什么在连续保护总统到第四或第五个年头后，特工常常感到筋疲力尽。

虽然在公开场合，公众经常看见跟总统在一起的特工，可是那些上晚班的特工几乎很少被护卫队以外的人见过。他们早上8点下班，下午4点又得赶回去上晚班。记得有一次，我从俄罗斯返回安德鲁空军基地时已是傍晚，因为一路舟车劳顿和时差，我已累得半死，但我回家迅速洗澡换衣后，又得赶回白宫上零点班。第二天上午，回家睡了几个小时后，我又要回到白宫上晚班。在那种情况之下，我工作了3天，大概只休息了4个小时。这种事情司空见惯。所有的特工，不只是总统护卫处的人，包括特勤局所有的护卫人员，都不只一次经受过这种折磨。

总统护卫处特工的生活围绕着一个8周的日程表转，就像工厂的工人一样，轮班基本上是常态。负责保护总统的特工要上两周的白班，两周的零点班，接下来再上两周的晚班。在结束 6 周的轮班之后，特工要进入两周的训练阶段，结束后又开始轮班。两周的倒班加上在不同的时区不断穿梭，可想而知，身体很难承受得了。

除了直接负责保护总统的特工，总统护卫处还有各种各样的部门，包括第一夫人的护卫队和车队等，这里就不一一加以讨论。

特工在总统身边经过一段时间的轮班，就会转到另一部门轮岗一年左右，然后再回来轮班。这样至少可以让特工喘口气，让他们过一段正常的生活。另外，他们还可以飞往世界各个角落旅行，包括公开和秘密的旅行，从没有停止过。这些都是美国总统护卫工作的一部分，对于我们这些在马不停蹄的危险工作中幸存下来的人来说，这是很有价值的回报。我从没听总统护卫处的特工说起，要是不在这里工作就好了。

离开反袭击小组，到总统护卫处

1992 年，反袭击小组并入总统护卫处，反袭击小组的所有组员都变成了总统护卫处成员。尽管我们没有谁愿意这个部门被护卫处合并，失去自己独立的地位，但是合并计划还是敲定了。这也打消了我们很多的胡思乱想。在反袭击小组合并后，如果组员想转到总统护卫处，只要能够胜任工作，就可以过去。在离开反袭击小组时，大多数人都去了总统护卫处，也有些人去了别的地方。我非常热爱反袭击小组的工作，它是我特工生涯中最快乐的 4 年。但是 4 年是很长的一段时间，我也准备转岗了。

一天，我在办公室接到电话，叫我到老行政办公大楼的总统护卫处办公室去。在那里，我跟助理特工主管谈及自己的未来规划。“丹，你在反袭击小组的任期已经到了，接下来你想去哪里？”助理特工主管对我说道，“特勤局的部门可以任你挑。”

我答道：“我想留在总统护卫处，做一名总统随行特工。”

他笑着说行，告诉我下周一去报到。

我参加过反袭击小组，如今加入总统护卫处，即将成为一名总统随行特工。经过十年努力，作为一名特工，我已经实现了所有重要的职业目标。无论未来怎么样，现在我通过规划、毅力和运气，已经成功获得了众多年轻特工梦寐以求的职位，这点只有极少数人办得到。现在我就要加入那些著名的特工行列，比如克林特·希尔（Clint Hill）、杰里·帕尔（Jerry Parr）、蒂姆·麦卡锡（Tim McCarthy）、拉里·本多夫（Larry Buendorf），还有1901年以来直接保护过美国总统的数以千计默默无名的特工。10年来，在付出高昂的代价、掌握了基本的技能后，现在轮到我近距离地保卫“自由世界的领袖”了。我再也不会去跟大蟑螂或一身泥水的狗打交道了，我就要去白宫上班了。

初来乍到

1993年6月，在成为总统护卫处特工的第一天，我来到位于白宫西厢的特勤局指挥所W-16报到。值班通报会在上午6点召开，但是我总是至少提前5分钟到达。那天我发现其他所有人都提前了10分钟，我见到了跟我同一个班次的特工，虽然每一个人我都认识，领班还是把我介绍了一番，之后简要通报了当天的情况。我非常高兴抽签抽到他们这一组。这些人很不错，有两个还曾经是反袭击小组的特工。

通报会后，我们从西厢的指挥所来到白宫主楼。过去4年，我作为反袭击小组特工，在这里上了很多的零点班。我们换下了零点班的特工，他们很高兴看见我们，然后我们各就各位。

那个当班的资深特工（他所负责岗位的正式名字叫作值班“皮鞭”）带我到每个岗位转了一圈，向我一一解释他们的职责。虽然作为反袭击小组特工，我已经在白宫干过4年，也时不时被抽来做值班特工，但我还真不知道值班特工的固定职责是什么，值班常规又是什么。尽管在反袭击小组里我是老手，来到这里，我基本上就是一名值班“新丁”，只知道在白宫怎样走不至于迷路罢了（至少大部分时候不会迷路）。

在学习工作规程时，总统护卫处的新特工总会遇到很多伤脑筋的问题。几乎每天都有一堆没完没了的新东西要学，有一些是书面材料，另一些则不是。大多数书面的东西都写在小卡片上，提醒特工在各自岗位上如何行事。同时还下发一系列的卡片，写着跟随总统时应采取的各种队形。

大约上班两周后，我对岗位职责一知半解，就出状况了。一天早上，我在白宫的一楼执勤，突然电梯的指示灯亮了，表明“鹰”（克林顿总统的代号）坐电梯下来了。电梯门一开，身穿工作装的总统走了出来。我按照标准的操作程序，通过衣袖上的麦克风轻声报告：“‘鹰’去总统办公室。”我们出发了，我领着总统去他的办公室，开始他一天的忙碌。当然，他并不需要有人带着去，但总得有一名特工跟在身边。

所有的过程都是照章办事。我们来到椭圆办公室，我开了门，先进入办公室里面，“鹰”紧跟在我身后。进门以后，我迅速扫视了一圈，以确保一切正常，然后就从我以为通向走廊的那道门退了出去，走廊就在总统办公室和“罗斯福”号房间之间。可是那道门不是出口，而是通向总统办公室私人餐厅。餐厅就在我本来应该走的那道门旁边。

小餐厅里空无一人，我站在那里寻思下一步该怎么办。我本该再考虑一两秒钟再做决定的，但当时我做了一个错误的决定。我重新返回总统办公室，结果克林顿总统大吃一惊，且有几分生气的样子。我尽量做出一副专业的表情，好像这一切都是预先安排的，我说："总统，您好，警报解除。"然后从正确的那道门退了出去，留下了一脸困惑的总统。

没有谁知道这件尴尬的小事，而且作为新员工，我当然不会自曝家丑。菲尔·海德是我在反袭击小组时的老组长，对下面这句话特别认同："如果树林里倒了一棵树，可是谁都没有听见，那它发出响声了吗?"我走错了门，就像树林里面倒了一棵没有发出响声的树，我也就懒得去管它了。

打前站和与人搭档

不管什么原因，在总统出访之前，特勤局都得事先到出访地做好现场调查，以保证总统安全。现场调查有时很简单，如仅仅为车队找一个停车的地方、一个洗手间，以及预设行走的路线；有时也很复杂，比如提前两周到国外打前站，因为有很多场所需要安排。

每次打前站，白宫都会派一个工作人员过来跟特工合作。这个员工负责制定总统的行程——现场的活动、活动的先后顺序、迎接的人员。特工负责制定整个行程的安全计划。

在拿到对方制定的行程安排表后，打前站的特工就要给车队选择抵达和出发的地点，给紧急车队找好停车场所。他需要指定好几间不同的房间供被保护人使用，确定被保护人的行进路线以及紧急撤退路线，安排特工、警察以及其他安保人员的位置。他要与防爆小组及当地消防部门协作，还有大量不便在这里透露的工作。总之，责任重大。要想成为一名成功的特工，必须有三头六臂的能耐。对特工和职员而言，一次成功的出行，关键是彼此齐心协力，而不是互相拆台。

在加入总统护卫队几个月后，我第一次被派到城外给克林顿总统打前站，那一站是宾夕法尼亚州塞维克立镇（Sewickley）的一个图书馆。与其他打前站的任务相比，这次行动相当简单，如果现在要处理这件事，我会有足够的经验和信心。可是当时要想达到现在的水平，仍然需要时间。在这个过程中，肯定伴随着一些痛苦的经历。

我坐在国家机场旁边，一边看着最近一期的《华盛顿时报》，一边等着。这是我第一次身为总统护卫处的特工从事打前站的工作。我突然记起，在1984年大选时，我第一次作为先遣小组特工的经历。那是一次近乎灾难的体验，但也是一次极好的学习经历。那次我第一次碰到一个极不坦诚的志愿者搭档。

在萨拉·佩林（Sarah Palin）之前，杰罗丁·费拉罗（Geraldine Ferraro）是第一位被民主党提名为美国副总统的女候选人，1984年她与沃尔特·蒙代尔（Walter Mondale）代表民主党，与罗纳德·里根展开竞选。我刚从特工培训学校毕业，就被派往北卡罗来纳州的罗利为费拉罗打前站。那个地方他们认为很重要，对于一个有经验的特工来说，这是一个挑战。当时总统选举已经进行到了中期，他们却找不到任何有经验的特工。

当上司把任务交给我时，我告诉他，我很高兴担此重任，但是不明白为什么选中了我。他毫不犹豫地回答："因为你是唯一一个我们可以找到的特工。"

我说："你是说为数不多的几个之一吧。"

他抬头说道："不，在整个北卡罗来纳州，你是我们能找到的唯一一个特工。"

那是一个很大的购物中心外面的庭院，左右两边商店林立，南北两头有街道穿过。费拉罗要在这个院子的一头举办室外演讲。看到这一切，我头都大了。我的搭档却另有自己的一套安排。

他是一个年近六十的人，一身老派自由主义知识分子的装扮：穿着一条宽大的裤子，一件凌乱不堪的猎装绒运动衫，一件皱皱巴巴的衬衫，一双自约翰·肯尼迪时代以来就没有擦过的皮鞋。他的头发稀稀疏疏，又灰又白，肤色暗红，戴一副金边圆框眼镜。他看上去就像一位老教授，刚刚上完了一节伯克利政治学课，在那里教授的内容就是社会主义比资本主义优越。我敢肯定，他马上就察觉到我对此毫无经验，而且我也看得出来，他打算占我的便宜，用行话说，这就叫作"宰生"。

打前站的头两天，我的搭档急切地做了些也许根本不需要做的事。虽然当时我很清楚他是在利用我，但是作为一个毫无经验的特工，很多事情我基本上都插不上手。由于刚从特工培训学校毕业不久，又没有一个真正有经验或资历较深的特工带着，我只能努力临场发挥。

第三天，也即候选人到访的前一天，我觉得我们把一切事情都搞定了。当我们站在那里再次查看时，我的老搭档却主动提出，他要在台子后面挂一幅巨大的横幅，欢迎费拉罗到罗利。他说横幅已经订好，随时能到。

尽管缺乏经验，但我知道这样的事情他应该事先征得我的同意。另一个来自罗利警察局的搭档，当时也站在那里。他肯定地说，这种横幅违反城市法规，因此不允许挂上去。在我看来，问题这样就算解决了。可是，那个教授搭档不那么看。即使意识到要败下阵来，他还是想负隅顽抗。他又自作聪明地说道，那个横幅可以很好地挡住费拉罗身后狙击手的视线。狙击手？哪来的狙击手？他竟然还知道狙击手？我的好奇心令他得寸进尺，更加得意忘形。他进一步说，对这样的事，他经验丰富得很，他曾经为约翰·肯尼迪和罗伯特·肯尼迪打过前站。我认为，他这一番话就是想自我炫耀一番，吓唬一下那个警官和我。但事与愿违，对这个夸夸其谈的家伙，我再也忍受不了，既然他已经开头，我也就无需再忍了。我说，他刚刚吹嘘的、为其打前站的那两个人早已死了，被暗杀的。那个警官听后放声大笑，而那位放荡不羁的伪知识分子则满脸通红，溜之大吉。他再也不提挂横幅的事了。

就在同一年，我接到一个相当简单的任务，在得州的一所小学为约翰逊夫人打前站。其中的一项内容，像以往所有的任务一样，是替她安排一个休息室。在那里，被保护人可以在出席活动之前再看看记事本，或者稍微调整一下自己的状态。这属于特勤局的基本礼仪。

跟我合作的是一名非常年轻的志愿者。他向我建议，约翰逊夫人不需要休息室，因为她打算下车后直接就出席活动。我点点头，但不管怎样，我还是准备了一间休息室。这一类的事情是特勤局说了算，而不是搭档。幸好我做了一个正确的决定。约翰逊夫人一到，那个惊慌失措的年轻搭档简直在尖叫："我们需要休息室，约翰逊夫人不想马上去活动现场！"我只是微微一笑，让他相信，因为按照他的指令，现在没有休息室，那是他的疏忽大意和瞎指挥造成的结果。之后，我领着约翰逊夫人去了休息室。我那天的本能反应是对的。我已经领会打前站的一条颠扑不破的法则，它对今后的工作大有益处：对于志愿者拍档提出的任何意见或者建议，一定要三思而后行，务必按照特勤局的程序去完成任务。

经验是最好的老师，我当时学到了很多东西，这对我的职业生涯（保护美国现任总统，而不是总统候选人或前任第一夫人的职业生涯）大有裨益。我逐渐明白，打前站是护卫过程中最困难的部分，而最困难的就是与被保护人一方派来的人员打交道。每一次打前站的经历都不一样，好像总是有那么一个不太懂自己角色定位的新员工。就像参加没完没了的相亲活动一样：你永远不知道下一次会碰到什么样的人。但是你很清楚，结局通常都是不欢而散。很多时候，对方的工作人员就像我在罗利碰到的搭档那样无知，跟他们打交道时，你一开始就得表现得斩钉截铁和训练有素，因为年轻特工对他们太友好，会立即被视为软弱可欺，他们还会利用你的软弱。最终我学会了如何在坚守自我和友善待人之间取得平衡，但是得提高警惕。

白宫新主人

1993 年 1 月 20 日，克林顿入主白宫，随之而来的是一批跟老布什团队完全不同的人，他们仿佛来自另一个星球。这是我第一次和民主党总统的员工接触，以前笔挺的白衬衫、保守的发型和蓝色西装，现在全部让位于牛仔衣、长头发和道克斯全棉长裤。

与前任共和党人形成鲜明对比的，还有他们的年纪，大部分的共和党人至少都在 40 岁以上，而克林顿总统的团队仅有一小部分经验丰富、成熟稳重的专业人员，剩下的都是年轻人，这些人没有什么值得一提的工作经验。有些人比我们小 10 来岁或更多，许多人起初都不把特勤局放在眼里，这主要是跟他们的年幼无知有关，不像外向的共和党人，他们似乎总是不戴手表。

对于这些年轻人而言，安排总统的行程和掌管白宫的日常事务，似乎就是一次重大历险罢了，他们不会把它看得太严肃。

除了表面上的年少轻狂，这些幼稚的员工也有点像处于青春期的少年那样危险。1993 年 12 月，克林顿总统访问俄罗斯，作为特工，我也一同随行。有一次活动，我提前到岗，一位年轻的职员走了过来，进入属于总统的安全区域。这不用担心，因为我认识他，他佩戴着可以自由出入那个区域的胸针，问题是那些协助我们的俄罗斯特工不懂我们的胸针标识，也根本不知道这个年轻人是谁。

当那个职员走过去时，一个名叫尤里（Yuri）的俄罗斯警官一把抓住了他的胳膊想拦住他，那个职员甩开了尤里，继续往前走，仿佛拦住他的是托利多市（Toledo）保安公司的一名保安一样。当尤里准备动真格的时候，我把手轻轻地搭在他肩膀上，跟他解释说（他与大多数俄罗斯人一样，会讲英语）那个年轻人是总统的一个职员，他有权出入那个区域。我请求他不要正式拘留或冲撞这个年轻人。出于职业礼貌，他勉强答应了，但他用带着浓重俄语口音的英语说了句：“丹，他真是个大混蛋。”我笑了。虽然我完全同意尤里对他的评价，但我尽量克制住，不发表意见。应我的请求，这个警官才放了那个新手一马，所以待会儿等下班后，我还得请这位俄罗斯朋友喝好几杯伏特加呢。我总是很欣赏俄罗斯人的直率。

后来又碰到那个年轻职员，我婉转地告诉他，因为他的幼稚和外行，他差点就被俄罗斯特工逮捕。他瞪大了眼睛看着我，回答道，他们不可能那样对他，因为他是总统的职员。我郑重地告诉他，他是在俄罗斯，不是在美国，只要他们愿意，他们完全可以拘留他。他瞪了我一会儿，然后翻了翻白眼走开了。我真有忍不住抓住他的衣领甩他两下的冲动，但还是保持住了自己的职业风度。之后，我想起尤里说过的那句话，释然地笑了。

那个年轻职员根本就没有因为我帮他解了围，让他免受尴尬和皮肉之苦，而对我说过半句感谢的话。其实我出面干涉也并不是为了他。实际上，如果能看到俄罗斯特工给那个年轻人上一堂谦虚做人的课，那也是件很好玩的事。但我不能让这样的事情发生，因为作为一名特工，其职责不仅仅是保护总统免受伤害，也要确保总统免于任何可能的尴尬，这也是每个特工非正式的职责。总统的一个职员被俄罗斯当局带走，肯定会给克林顿总统带来难堪，还需要国务院出面来干涉解决，弄不好还会引发媒体炒作。但即便如此，从那时起，我决定不在任何事情上为这个年轻人说情。尽管他费尽力气要在这个世界上做一个男人，可是没成功，因为他根本不懂这个世界的规则。

我在特勤局碰到的另一件初级职员少不更事的例子，发生在1993年。那次，我被派往南加州希尔顿头岛为总统打前站。那次活动的地点设在一家酒店的舞厅，克林顿总统要在那里为他的一群支持者发表讲话。在总统发表讲话的舞台后面，一定要预留一个总统撤退的通道，这是特勤局多年的规矩，也许从泰迪·罗斯福时代以来就是如此。无论如何，这个规矩必须遵守，没有任何商量的余地，大家都非常清楚这一点。

这次跟我搭档的，是一个年轻的女职员。一切都按计划进行着。中途我离开了几分钟，回来时发现，她已经用一块类似电影布景的胶合板把舞台后面堵上了，那可是我们的逃生通道啊！在一小时之前，我刚刚跟她解释过，我们需要在舞台后面留一个畅通的出口，她也答应了。可能是她不懂其中的重要性。这时，我才明白年轻的搭档就像一年级小学生一样：你根本不能转身离开他们几秒钟。

我耐心地跟她解释，为什么要把那个布景拆掉。她交叉着双臂，提高嗓门告诉我，那个布景就得留在原地，她不打算拆了。这也许是她在学校学到的一种苍白无力的修辞辞令，但是她今后会懂得，大部分的处世之道要在学校之外学习，学校所教的解决方案并不适应现在的具体状况。

我又一次努力地跟她解释，为什么要把布景给拆掉，或者至少得改一下，好让我们从舞台后面出去。我的措辞是“改一下”，暗示她，我们双方都可以让点步，但是必须保障我们能出去。我再一次想耐心跟她讲道理，结果换来的却是她孩子般的任性。可能由于过去从没有过哪个上司（也许是从她的父母开始）在任何事情上对她说过“不”字，现在我面对的是一个被惯坏了的孩子，而不是总统下面的职员。这时，我一下子就失去了刚才的耐心。最后，我说道：“行，我去打电话给先遣小组的领导。”那是她的老板，人们会觉得先遣小组的领导要比现场人员的年纪稍长一点，那我就把这个问题丢给他们两个了，由他们自己去解决。

当我走开准备打电话时，我听见身后有跑步的声音。我转身看见那位固执的搭档哭了，她求我别打电话给老板。这个年轻姑娘想用她小题大做的表演，来吓唬和欺负一个职业特工，以达到她的目的。她是想考验我，也许在她的大部分生活中，这一招对大学教授、男生和父母都挺管用。可是在特勤局，这绝对行不通。我不为她的眼泪所动。虽然起初我还答应让让步，但现在已经没心情了。我扯着嗓门命令她（声音很远都能听得见）：“把那个他妈的整个布景全部拆掉，现在！马上！拆掉！”她照办了，从此以后，我们之间再没有出现任何障碍。

她开始真正对我言听计从，我说什么就是什么，我也不再请求或者建议她怎么做，而是直接吩咐她做事情。其实，我也是在教她，她也在不知不觉中学会了做事情。我想也许她人很好，但是像大多数职员一样，有点年少轻狂。他们需要一些约束，需要时不时有人对他们说不。这次，这个任务就落到了我的身上。

活动圆满结束，当总统离开后，先遣小组的领导向她表示祝贺。这个年轻姑娘拥抱我，感谢我对她的所有帮助，之后又问待会儿我们是否可以聚一聚，我拒绝了。

无巧不成书，几个月后，在比希尔顿头岛一个复杂得多的重要场所，我跟这个姑娘再次合作了。她完全变了个人——变得成熟、自信多了，也稳重多了。这一次我们是相互配合解决问题，再也不像上回那样——我要指挥她或是她想指使我。在打前站和现场工作中，没有出现任何问题。这个职员开始成长起来了，她将成为一个对总统和特勤局很有价值的人，可是像她这样的人还是太少了。

年轻职员最大的毛病就是做事完全缺乏条理性，这对特勤局是个大问题。他们在打前站的前几天甚至完全不清楚总统的行程安排或活动的先后顺序，由于他们完全没有效率，我们在打前站的头几天悠闲自在得很。可是有得必有失，大约在总统抵达的前两天，他们才会拿出一个杂乱无章的行程表，那时，我们还得把它们理出个头绪。结果是，尽管我们已经到位好几天，却只有大约 48 小时的时间来做好打前站的工作。

比如，在特工给总统车队打前站之前，他们得把当天的出行路线先走一遍，这个路线必须得有起点和终点；如果要去活动现场，那你得知道地点在哪。通常，在打前站的前几天，我们什么都不知道。除了“空军一号”的抵达日期和地点外，总统去哪、去干吗、接见谁，我们一无所知。唯一可以开始工作的人，就只有负责迎接“空军一号”的特工了。

我记忆最深的一次因缺乏条理而搞得乱七八糟的出行，是 1994 年 6 月 6 日的英国之行，那天正好是诺曼底登陆 50 周年纪念日。克林顿总统打算迅速出访欧洲，包括参观诺曼底海滩（Normandy beaches）。在那里，许多美国战士为了拯救世界而献出了生命。我的任务是为克林顿总统的英国剑桥（Cambridge）之行打前站。最后他要去参观那里的美国公墓，那里有几千个美国空军官兵的空坟墓，他们从英国机场起飞，在欧洲战场上牺牲。纪念墙上最值得一提的一个名字是小约瑟夫·肯尼迪（Joseph P.Kennedy），约瑟夫在执行使命时牺牲，当时他是要飞往法国，炸毁那里的德军潜艇码头。他的名字之所以刻在墙上，是因为他已经尸骨无存。约瑟夫和他的马丁 PB4Y 水上飞机（B-24“解放者”号重型轰炸机的海军版本）一起被炸得粉身碎骨。剑桥公墓主要是空军的墓地，大部分坟墓都是空的。

在出发日期前两个星期的一个上午，先遣小组就已经抵达美丽的剑桥镇。像往常一样，我们与总统的下属职员会面，他们说尚未制定行程。我们和以前一样信以为真，就到酒店对面的酒吧去了，在那里缓解一下坐飞机的疲倦。喝了几杯后，我用我的特勤局棒球帽和酒吧服务员换了一个瓷水壶，上面有威雀苏格兰威士忌标识。就这样，那次出行的口号就变成了这样一句来自 W.E.B.格里芬（W.E.B.Griffin）小说的台词：“要喝酒，威雀必在手。”这里的“威雀”指的就是著名的威雀苏格兰威士忌。

在等待总统的幕僚拼凑出一个行程计划之前，我无事可做，于是我决定打电话邀请妻子过来旅游，另一个特工也邀请了妻子，大家开开心心地游览了英国的乡下。我们的司机是剑桥人，一天晚上他邀请我们去他家吃晚饭，他太太的饭菜做得真可口，他的女儿竖笛也吹得很美。这些人有智慧，有教养，知足常乐，过着简单而幸福的生活，我真羡慕他们。

终于，幕僚们弄出了一个行程安排，至少可以让我们去干活了。我的妻子和另一个特工的妻子花了几天时间去参观白金汉宫和其他地方，而我们这些先遣小组特工则要在很短的时间内竭尽所能做出一个安全方案。

幕僚们缺乏目的和规划的工作方式似乎从来没有改变过，尽管特勤局和他们已经相互习惯，关系也开始改善。总统的职员也逐渐成熟了，像在希尔顿头岛遭遇的那种职员是越来越少了。这多亏了他们身边有那么多成年的特勤局专业人员。他们开始理解我们，理解我们的工作方式，有些人甚至开始对我们有了最起码的尊敬。他们意识到我们绝不是雇来的帮手，聪明的职员开始尽可能地善待我们。他们懂得，随着权力而来的还有责任。出现这样的变化，是因为总统幕僚的一把手与总统护卫处的特工主管齐心协力，在初级员工中制定了规矩，不让他们给整个特勤局添乱，同时呼吁以合作的方式开展双方工作。不管怎么说，初级职员是一群聪明人。终于，尽管有少数人不情愿，大部分人开始懂得团结协作了。

外国搭档

到国外打前站，什么样的搭档都可能碰到，包括草草组织起来的团队，但是总统的幕僚人员还是会过来协调打前站的工作。其中一次出行，即克林顿总统访问约旦的亚喀巴（Aqaba），我负责协调车队。

乘坐着载有总统座驾和先遣小组特工的 C-141 航班飞往约旦，是我职业生涯中最受罪的一次飞行。在离开安德鲁空军基地前，我和特工查理在华盛顿的一个名叫斯托尼人家的酒吧吃了中饭，查理曾和我一起经历韩国的非军事区历险。斯托尼人家酒吧不久之后就被拆除，大概是卫生条件不达标。当时我在那里吃过东西后，也开始闹肚子。之后的 48 小时，我简直就成了个废物。在 C-141 航班从安德鲁飞往西班牙的整个飞行途中，我来来回回跑厕所，我的座位又很不舒服。当抵达西班牙时，我因为拉肚子，整个人虚脱无力，连走路都费劲。从西班牙飞往亚喀巴的途中，我的境况也好不了多少。

在亚喀巴，从我们的酒店能俯瞰死海，这看起来就像 1939 年亨弗莱·鲍嘉（Humphrey Bogart）主演的电影里面的情景。一抵达，全体先遣人员和总统的职员迅速开了个会，想了解一下总统的行程安排。跟往常一样，这些总统下属职员并不清楚情况，此时他们的无能低效却对我有好处。我足足睡了24小时，才从闹肚子的不适中恢复过来（这次闹肚子是在斯托尼人家吃饭引起的）。如果在美国，我恐怕就要住院了。但这是在总统护卫处国外执勤中，一切工作还得照常进行。

在此次打前站之行中，我的主要任务是安排和熟悉总统出访时车队的路线。美国大使馆给我派来了一个他们政审过的约旦特工搭档。他长相酷似沙汉（Sirhan），那个刺杀罗伯特·肯尼迪的凶手。

在美国，通常会有一个当地的警察配合你打前站，他对大街小巷的各个角落都了如指掌。这次也不例外，只不过我的搭档是一个年轻的约旦人。他每天都刮脸，老是穿着那件脏脏的T恤和牛仔裤。他的一双眼睛乌黑发亮，锐利逼人，右脸颊上有一块5厘米长的疤痕。他那个架势好像在暗示，只要他想的话，就能轻易取人首级并掷尸让秃鹰啄食。与任何国外的同行搭档，特勤局都不得不假设他有可能是东道主国家情报部门或者甚至是恐怖组织的人。我从不完全信赖他，而且对他问那么多敏感的问题很反感。

我和约旦搭档花了整整两天时间，走完总统来访的全部路线，包括去医院、警察局和貌似安全的房子的路线在内。之后，他就消失了，取而代之的是一名约旦警察。我问美国大使馆的约旦同行，那个搭档怎么了。我提醒他，这个年轻人对总统车队的路线一清二楚，现在改变路线已经来不及了，让他逍遥法外也许不太好。

那个约旦外交官似乎很淡定，叼着一支好彩牌香烟，他告诉我，他们的政府得到有关消息，对我那个搭档的忠诚度不够放心。“但是别担心，”他说道，“他已经被看管起来了。”

我不能确定他那句话到底是什么意思，但是心里明白，在他们国家，那句话可能意味着什么。我想我的搭档可能在政审时没有被彻底审查。

访问那天，当总统的车队穿过亚喀巴古老而狭窄的街道时，我忍不住扫视沿途两边房子开着的窗户，我隐隐约约地感觉，那个消失的搭档同伙会从窗户里面冒出来，拿着火箭筒向总统的座驾发射一枚火箭弹。可是，我再也没有见过他，也许谁也不曾见过他。

天鹅绒覆盖下的武器

总统的约旦之行结束后，先遣小组在约旦和以色列边境登上了一辆巴士，连夜赶往耶路撒冷，我们要去那里协助总统再次访问该地。以色列政府为我们配备了一名出色的护送人员，是一位女性辛贝特（Shin Bet），也许是摩萨德特工（Mossad agent）。她自称蕾切尔（Rachel）。

蕾切尔与我在安全部门见过的大多数女性不一样。她一头飘逸的棕色卷发，一身在以色列太阳下晒得黝黑的皮肤。在她完美如雕塑般的右臂上有着不同寻常的疤痕，锯齿般参差不齐，那不是动手术留下的疤痕，而是由于她过去什么不为人知的经历造成的。虽然我们全副武装，在一个月光明亮的夜晚，她还是一路护送我们驱车穿过以色列沙漠。

这个国家在很多场合都要为生存而奋斗，被其他国家的仇恨所包围，在这样的国度成长起来的女性，自然与美国或者任何地方的女性都不一样：以色列的大量女孩在成长过程中就学会了使用武器，上子弹弹夹，杀死他们国家的敌人；美国的女孩子则是在玩芭比娃娃的过程中长大的。从生理上讲，以色列女性和其他国家的女性一样，可那也是她们的最大不同。

中途不知是几点，不知在何处，我们在一家乡村小店前面停了下来，蕾切尔告诉我们直接进去，想要什么就拿什么，包括啤酒。等我们回到车上时，几乎每个人都拿了一些啤酒。我们刚刚完成特工职业生涯中最危险、最有压力的打前站任务，正需要放松一下。我在斯托尼人家吃饭导致的腹泻总算好了，冰啤酒喝着真爽。那辆巴士不大，但我们只有10个人，这样每个人可以坐一排。我回想起刚刚完成的任务，那感觉真好。而经过耶稣曾经走过的地方，也觉得非常开心。

我们虽已疲倦至极，但是因刚刚完成了任务而激动不已，久久不能平静。没有一个人说话，也没有一个人睡觉，大家只是静静地坐着，思绪万千。古老而荒凉的沙漠上空，皎洁的月光亮如白昼，显得如梦如幻。

驱车数小时后，太阳已经升起，我们抵达了耶路撒冷的酒店。我们下车跟可爱的，也很可能是致命的导游蕾切尔说再见，她和我们一一握手——她的手柔软而有力——之后就消失在为国效力的途中。

媒体

《美国宪法第一修正案》保障新闻自由，开国元勋把新闻自由看得如此神圣，将其列为权利法案之首。与媒体打交道，是白宫日常事务中必不可少的部分，无论在白宫还是总统所到之处。处理媒体的工作很棘手，正如特勤局一样。尽管必须与媒体和平共处，但特勤局还是给媒体划定了在白宫或者总统旁边可以行动的范围，他们必须遵循，不得逾越。

报道总统活动的媒体有3种类型，每一种都对特勤局的工作构成了某种挑战。联合记者是报道总统活动的媒体中人数最少的。它由那些大家一眼就认得出的记者组成。这些资深记者代表他们所在的媒体，在记者招待会上向总统提问，他们包括CNN的杰克·泰伯（Jake Tapper），合众国际社的海伦·托马斯（Helen Thomas）。后者报道过自艾森豪威尔至奥巴马以来的每一位总统。这群记者随总统车队和“空军一号”出行，由于经验丰富，对特勤局工作流程和要求都很熟悉，所以他们是特勤局最容易合作的记者。这些记者都获得了白宫通行证，随时可以进入白宫的记者室。在白宫西厢，他们有指定的办公场所。

第二种报道总统活动的媒体群体庞大。这群记者主要负责报道白宫新闻，他们所在的媒体机构总部设在华盛顿。他们也可以跟随总统车队出行，但是不像联合记者那样坐小车，他们通常要坐大巴车，身旁还跟随着一大帮摄影师和音响师。这一群媒体记者乘坐商务包机飞在“空军一号”的前面，比总统先着陆，然后各自独立工作。对于特勤局而言，这一群媒体比联合记者更难对付，由于他们人数众多，所带的设备庞杂。

第三种媒体是最麻烦的群体，也就是地方媒体。这些在地方电视、电台工作的记者和技术人员，很多都是没经验的年轻人。这是最大的媒体记者群。在室外活动中，他们通常站在平板拖车上，而在室内他们一般站在最靠后面的位置。地方媒体记者不像联合记者和随行媒体那样，理解特勤局设立的媒体行为规范，他们也不习惯跟特勤局打交道，他们拿到的是临时记者通行证，只对参与报道的这次活动有效。他们不习惯听从穿着西装、戴着耳麦的人指挥。要让这帮人不东奔西走，待在一起，就像要把一群猫赶到一块一样，简直是不可能。

就个人而言，我喜欢而且相当尊敬很多媒体记者，他们大多数非常专业和周到。有一次俄罗斯之行，根据安排，克林顿总统要参观一处斯大林部队曾经杀害并掩埋了数千人的树林。那个地区一直在下大雨，要去往那样一片沼泽地区的杀戮之地，我的皮鞋确实不太合适。在“空军一号”将车队运往那片树林并着陆前，一位美国广播公司的资深记者看着我的鞋子，说："丹，你穿的鞋子肯定不行，来，穿我的。"他穿着一双防水的猎鸭靴，完全合我的脚。于是，美国广播公司的这位资深记者穿上了牛仔服和黑皮鞋，而我却穿着海军蓝西装和棕色猎鸭靴。特勤局有时也可以投桃报李的。

一天上午，在瑞士，一位年轻的记者因为头天晚上的活动把自己弄得一身虚脱，痛苦不堪。在新闻车上，他问道，实际上是在请求，是否有人愿意把多余的水分点给他，可是他的同事好像没水了。这时一个特工把自己的备用水壶给了他，让他挺了过来。既然特工习惯了在极度口渴和营养不良的状态中工作，缺水对这个特工来说，几乎不成问题。

尽管绝大多数的记者尊重特勤局制定的规则，理解他们这样做的目的，但偶尔也有一些人不好打交道。有时特工和记者之间的紧张关系可能毫无征兆就一触即发。之所以发生这样的事情，主要是双方都过分强调自己一方的目的。记者的职责是报道总统的每一次公开活动；特勤局的职责之一是让总统的活动区域尽可能"干净"，对不必要的人员和用品进行清场。因此特工和记者最主要的冲突是：记者好像总是在挡道，他们人太多，老是分散特工的注意力。

每次针对总统的暗杀企图，无论是否得逞，特勤局事后都要重新评估自己的保护程序。在欣克利击中里根总统后，特勤局制定了一个新的程序，那就是设立了一个叫作媒体特工的岗位。

这一职位的主要目的是确保没有任何刺客潜伏在媒体记者里面，像当年欣克利向里根开枪那样。当年里根总统从华盛顿的希尔顿酒店走出来时，欣克利漫不经心地加入华盛顿记者团里面，就站在他们当中，他朝总统开枪时，无人察觉。媒体特工更加实际的工作职责是，保证媒体记者蜂拥而至时，不会耽搁了车队出发的时机。

有些媒体记者为了得到新闻或拍到照片，无所不用其极。通常媒体记者违反了安保规矩，最坏的情形是受到媒体特工的一顿警告。对这些犯规的记者或者摄影师来说，只要他们能搞到新闻或拍到照片，这样的警告就像耳边风，根本不算什么。当警告的频率太高时，特勤局会向记者所在的单位投诉，但是这种情况不太常见。记者的目标是抢到有可能获得普利策奖的新闻或照片，大多数记者都像特工那样敬业，如有必要，他们宁愿坐牢也要抢到新闻。被特工呵斥几句，算是一笔很小的代价。

大部分情况下，当车队离开时，每一个人，包括总统，都已经坐到自己的车上，而那些倒霉的记者还要费力地带上相机、话筒吊杆和所有其他的设备。很多人往往漫无目的地收拾，不论特工怎样催促，他们都要花老半天时间才能上车。每个当班的特工都要轮流负责这一任务。我从来就不喜欢这一环节。因为我觉得，我的职责是保护总统，而不是催促记者，保证他们不捣乱。

白宫记者通行证

尽管没有哪位媒体记者喜欢被限制活动范围，可是他们清楚，为了保住白宫记者的资质，他们不得不遵守游戏规则。珍贵的记者通行证由特勤局颁发，这是特勤局悬在媒体头上的尚方宝剑，可以用来驾驭失控的行为。有时，这招还真的管用。

有一天，我目睹了一名特工真的从一名摄影记者的脖子上把他的通行证扯了下来，因为那个人在很多场合都做得太过分了。摄影记者失去了梦寐以求的通行证，就跟一般人没有什么两样，他被带出了记者区域。他不但不能乘坐新闻车，还不得不打车辗转于各个现场，而且只能从普通观众区域观看。

虽然这种事情会偶尔加深特工和记者之间的敌对情绪，但大部分情况下，这不是个人恩怨，特工可能一分钟之前还在训斥记者，五分钟后又和他讲起笑话来了。这完全是博弈的一部分，就像被告律师和控告方一样，他们在法庭上可能争得你死我活，当晚却又在一起喝酒。

在克林顿总统进行亲民活动时，我与一位文字记者发生了肢体冲突，结果我和记者打交道的工作生涯到此为止。克林顿总统那次出行的站点很多，我们在路上已经奔波了好几天了，大家都很累了。像往常一样，所有的工作都在考验着每个人的耐心，他们一遇到情况就大叫“我的天啦”。参加亲民活动时，总统沿着警戒线前行，座驾就在他身后跟着，我们得让他迅速离开这个区域。我跟在总统座驾的左边，负责后面的车门。如有必要，轻轻撞击一下，车门就会弹开。

所有的媒体记者非常清楚，在总统和这道车门之间，不允许任何人进入。可是这一天，一个身材非常高大的文字记者却一直这样捣乱。这会造成一个难题：如果护卫队队长李奇（Rich）不得不抓住总统，转身把他塞进座驾里，那个记者就会挡着道。我两次把手搭在他肩膀上，斩钉截铁而又彬彬有礼地让他不要挡在车门旁边，两次他都置之不理。第三次我不再提醒他，我把他的身体扭过来，用全身的力气和体重——我的体重大约比他轻 90 磅，把他摔了出去。他马上滚到了人群中。尽管那个记者明白，他已经超过界限太多，出现这种结果，就是他为自己的行为付出的代价，但是有些人就不太理解。

警戒线旁边是如此混乱，我的动作又是如此迅速，以至于似乎没有人注意到这个举动，除了克林顿总统的一位“资深”员工。我说的“资深”，是指她在行政管理上的级别，尽管她只有 30 几岁。大部分时候，她也会毫无目的地走到队伍中，挡住我们的路，带着一种傲人的神情，仿佛她具备这样的资格。

克林顿总统亲民活动结束后，大家登上“空军一号”，准备飞往下一站。飞行了大约一小时，当班的队长告诉我，那个资深员工已经向总统护卫处的特工主管投诉了我摔记者一事，她想把我从总统护卫处清除出去。据说老板当时还安抚那个员工，就像父亲安抚一个青春期的孩子那样，让她别激动，冷静下来。那件事后来就这样不了了之了。可是，老板让我的队长带给我的话是，不要再揪记者了，之后我就从未“揪”过记者，因为我再也不负责媒体特工那个岗位了。

死亡录像机：“一号相机”

1963 年 12 月 22 日，当总统车队穿过得克萨斯州达拉斯时，约翰·肯尼迪总统被枪杀。尽管很多路人拍下照片或者视频，但只有一个人真正拍到了击中总统头部的致命一枪，即使这样，这段影像也不完整。它没有拍到第一发子弹从总统背后击穿他喉咙的情景。因此，历史上并没有留下任何记录此次暗杀情形的有意义的影像。

从那一天开始，一辆特别的车子就开始出现在总统车队中，以确保不再错过这样的机会。那辆车子被称为“一号相机”，或者叫“死亡录像机”。摄影师坐在车辆的后部，打开后舱门，把头伸出来，一路上只拍总统的座驾。唯一的目的就是一旦发生针对总统座驾的袭击，它能拍下高清的影像资料。

伸进帐篷的骆驼鼻子：新闻媒体

一个寒冷的夜晚，有个阿拉伯人坐在自己的帐篷里，这时一头骆驼轻轻地把它的鼻子伸进帐篷里。“主人，”他说道，“让我把鼻子伸进帐篷里面来吧，外面又冷，风又大。”

“当然可以，”阿拉伯人说道，“欢迎欢迎。”他转身就去睡觉了。

一会儿之后，阿拉伯人醒来发现，骆驼不但把鼻子伸了进来，头和脖子也伸进来了。骆驼摇摆着脑袋说道：“我想再进来一点点，这样可以把我的前脚放到帐篷里面，站在外面太难受了。”

“行，你可以把前脚放进来。”阿拉伯人说道，他又挪动了一下，好腾出位置，因为帐篷很小。

最后，骆驼说道：“我可不可以整个身子都挪进来，我会站着，把帐篷撑开的。”

“好的，好的。”阿拉伯人答道，“整个身子都进来，这样也许对我们双方更好。”骆驼挤了进来。在狭窄的角落里，阿拉伯人好不容易又睡着了。当他再次醒来时，他已经露在外面，骆驼霸占了整个帐篷。

在我看来，这个古老的阿拉伯寓言就是对媒体和美国特勤局关系的传神写照。媒体从 20 世纪 90 年代中期开始，就把鼻子伸进了神秘而鲜为人知的特勤局。

1983 年我成为特工时，特勤局对大多数人来说，还是一个神秘的机构，实际上外界没有多少关于它的信息。在那个时候，特勤局的规矩是：特工千万不能在公开场合谈论所用武器、特工人数、特工的训练和战术；在任何情况下都不能公开谈论有关受保护人的事件，否则就违反了未成文的保持沉默的法则，甚至有可能被开除。这条沉默法则，所有特工都必须遵守。现在，在很大程度上，这一传统的做法已经过时，因为近几年有关特勤局的电视特别节目制作得太多了。

过去，除非完全必要，特勤局和媒体没有任何联系。似乎只有尽量减少跟他们的接触，才能把特勤局最强大的武器之一——神秘性保存下来。20 世纪 90 年代末期，当贝尔茨维尔的罗利培训中心向伦丁（Lunden）

的特别节目《探秘》（*Behind Closed Door*）开放时，特勤局的大部分人吓得目瞪口呆。“骆驼的鼻子”已经伸进来了。

在这期特别节目播出之前，那些免费提供给伦丁的信息，都是特工打死都不能透露出去的。得到特勤局最高层的许可，媒体被允许深入特勤局的各个角落，那期节目就成了伸进帐篷里面的“骆驼鼻子”。如今整个“骆驼”都跑进来了，媒体可以自由行动。

当伦丁的“骆驼”进入特勤局的帐篷时，她的使命是获取尽可能多的有关特勤局的信息，尽可能多地了解特勤局的工作机制。她的成功，制片人做梦都没有想到，她使出浑身解数去获取信息。从宣誓做特工那天起，我们就被灌输这样的信念：不要泄露任何有关工作的信息。如今看了她的节目，我们对目睹的一切难以置信。

伦丁的特别节目是我在罗利培训中心担任教官期间拍摄的。这期节目拍完之后，来自各种杂志、电影制作公司、作家以及任何想要拍有关特勤局的电视节目的人，都会定期出现在培训中心的训练场上。

有时训练场上来访者太多，以至于常规的训练不得不取消，甚至特工学员还要给他们的拍摄跑龙套。有时候，一个特工班的学员，要在跨越障碍训练场上站一个多小时，等着开始训练的信号，摄影师则在旁边一遍又一遍地拍摄，这也是司空见惯的事。作为教官，让我更加气愤的是，有时学员会被迫做电视采访，他们会因此耽误课程，而我要再教他们一次。

尽管公共事务办公室拒绝了大量的采访要求，可是有时这已经严重干涉到了我们正常的训练计划。譬如，为了更好地方便他们制作节目，一位培训中心的员工要额外负担起协调这些媒体活动的职责。

这期间许多特工开始觉得，没必要让特勤局这么暴露在公众视野下，这与它的使命相距甚远。许多人认为对媒体抱有这种“很高兴认识你，请进”的态度是不明智的。但在“新”特勤局，总部企图让特工给公众树立一个平易近人、与人为善的形象，而非高深莫测、咄咄逼人的印象。由于制作了这些节目，特勤局已经从幕后走到了光天化日的前台，而骆驼已占据了整个温暖舒适的帐篷。

伦丁的节目成为第一档关于特勤局的电视节目，我们多数人认为这对特勤局构成了潜在危害。我们认为，播出这种节目不但对特工，而且对被保护人来说，都是一种危险。所有的恐怖袭击和暗杀都是从收集情报开始的，这些不负责任的纪录片，只要有电脑的人都可以看得到，它们成为人们了解特勤局，以及它如何保护总统和其他人员的最好的信息来源。

中情局把这种任何人都唾手可得的情报称之为“开放资源”。对于潜在的敌人而言，任何向公众开放的海量信息，比如，报纸、杂志、因特网，对了，还有伦丁的特别节目，都是他们可以充分利用且详尽了解特勤局的信息源。

白宫圣诞晚会

一年当中，总统护卫处的特工夫妇或者其他重要人士，最盼望的，就是每年一度的白宫圣诞晚会。对于特工而言，作为总统的晚会嘉宾，是总统护卫处成员的额外礼遇。一年当中就那一个夜晚，特工不再是总统的保镖，而是他的嘉宾，除了总部的大佬，特勤局里唯一受到邀请参加晚会的就是总统护卫处的特工。邀请总统护卫处参加这种聚会，是总统对特工表示感谢的一种方式。这些特工愿意为总统及其家人免受伤害而不惜牺牲一切。这些晚会极大地振作了特工的士气，几乎能弥补一年来夜班期间为了保持清醒而喝下的所有劣质咖啡的痛苦。

每个受邀的特工可以带一名客人参加晚会，没有什么约会可以和陪同特工参加白宫的鸡尾酒会和舞会相比，因为那时还有跟总统和第一夫人合影的机会。带父母来参加这样的活动，通常还可以消除父子多年的积怨。以我为例，1992年当老布什总统经过我的家乡乔治亚州盖恩斯维尔镇时，我安排父母和总统见了一面，父母就完全原谅了我年轻时犯下的错误。尽管白宫摄影师的设备出了故障，没有留下他们的合影，但那是我父母一辈子都会珍藏的瞬间。

为了尽可能多地招待总统的好友，白宫不止举办一场圣诞晚会，而是好多场——实际上在12月份圣诞节之前的每个晚上，都会有两场晚会。白宫总共大概要举办50场晚会。

晚上，客人从东门进入白宫。在进入之前，所有人都必须向社交事务办公室的一名代表出示邀请函，接受安检后方可进入。特勤局的特工自然免于安检，因为身为特工，我们总是全副武装，应该带上武器。

然后，客人穿过白宫的东厢，进入主楼较低的地方，那里有一名现役军官迎接。这名军官可以说体型完美，而且打扮得无可挑剔。他领着客人踏上1953年铺上的光滑的大理石台阶。这里曾经有无数人走过。客人继续前行，进入白宫的联邦国家厅，晚会就在那里进行。我记得有一次晚会，负责这个岗位的是一名海豹突击队上尉，他当时一身伤残，准备退役。作为一名“海豹”队员，他26岁时全身多处骨折且韧带拉伤，经医生检查，再也不适合干他的本行。这样的人总让我无地自容，我觉得应该由他去参加总统的晚会，而不是我。

在联邦国家厅这一层楼，映入大家眼帘的是富丽堂皇的圣诞装饰品，闪闪发光的圣诞树差不多有三四米高。每棵树都点缀得美轮美奂，散发出新鲜松树的芬芳。在大家随意参观白宫这一层楼之前，客人会应邀进入一个开放的酒吧尽情享用，酒吧由一个穿白色夹克的服务员负责。这一层楼包括东厅、红厅、绿厅、蓝厅和宴会厅。

在宴会厅，一张巨大的餐桌差不多把大厅分做两半，在雪白的亚麻桌布上面摆放着的无疑是最高档的全套餐具。最引人注目的是虾，几乎有龙虾那么大，装在银色的碗里。

在东厅，有军乐队演奏的各种音乐，他们的才华堪比世界上任何一个乐队的音乐家。在这里夫妇可以只是欣赏音乐，如果参加过舞蹈培训，你也可以跳一段华尔兹、探戈、狐步舞，或者随意左右摇摆。这里是我和太太丹尼尔大显身手的地方，我们参加的舞蹈培训终于派上了用场。

一般在这时候，总统和第一夫人会从二楼的房子沿着主楼梯缓缓走下来，到联邦国家厅这层楼跟大家同乐。这时候，除了特工外，几乎所有人都马上朝总统他们涌过去，希望能与总统独处几秒钟。之后总统和第一夫人移步到拍照区，慷慨地站一个多小时与客人们一一合影，客人拍照的先后顺序由一名常驻白宫的职员宣布。

拍照通常是晚会的大结局。在最后一位客人拍完照以后，客人就开始慢慢散开，由穿制服的警察组织他们从白宫北门和门廊走出去。有幸参加一次这样的活动，就足以让人终生难忘，我和太太在职业生涯中，特别幸运地参加过 6 次这样的晚会。

总统与特工：一种特殊的关系

人们经常问我，总统和特工之间究竟是一种怎样的关系。在这里，我觉得有必要做一个简要回答，由于这个问题的答案牵涉到方方面面，有时也很复杂。

跟总统打交道的很多人都是些只顾及自身利益的人，忠诚是可以用权力买到的。鉴于总统总是和这样的一群人打交道，我想，总统应该为此感到慰藉，因为身边的特工一心一意地效忠于他们的职责，而远非个人得失。也许还有一点让总统佩服特工的，就是尽管他们自己身为总统，可是他们当中没有几个人具有可以做特工的素质。

人们误解得最多的就是总统和他贴身特工之间的关系。尽管总统和特工相互尊重，但这不是一种友谊，像大家有时候误以为的那样，最专业的特工也不会这样认为。

这种关系有时是如此复杂，以至于对多年来保护过几任总统的特工来说，都显得神秘莫测。这不仅仅是复杂，甚至会有点别扭，尤其是对新上任的总统和新的特工而言。当总统第一次对新入职的特工说话时，特工会有点像粉丝见到了自己的偶像，事后往往爱夸夸其谈。新特工应意识到这一点并避免之。当总统主动跟特工说话时，绝不表示他想要和特工交朋友。有些特工误以为总统的这一举动就是要和他发展朋友关系，这样的特工绝不会在总统护卫队待得太久。

这种保护者与被保护者的特殊关系，建立在这样一个前提上：总统行使总统的职责，特工则践行特工权力范围内的职责，竭尽全力保护总统免受任何伤害，无论总统是在执行公务还是忙着私事。虽然这么解释有点过于简单，可是事实就是如此，但在现实处境中又要复杂得多。

特工在总统的行政事务中处于一个特殊的位置，他们每天离总统那么近，总统的所见所闻几乎就是他们的所见所闻。可是与那些和总统打交道并监控他的活动的幕僚不同，特工只是默默地站着，很少就某些情况向总统给出与安全无关的建议。如果总统问及某一情况，尤其是政治方面，特工应简明扼要且彬彬有礼地回答，但不表态。

大概除了向总统主动打招呼问好，特工不会主动跟他交谈，而且只有时机允许时，才可以这么做。如果总统想要跟特工交谈，特工出于对总统的尊敬，当然必须搭理他。特工不能太啰唆。很多时候，总统只是出于礼貌，并不想长谈，对此，特工既要表现得专心，又要显得平和，而这点要极为小心。大部分情况下，总统和特工的谈话在开始交谈后的几秒钟之内就应该结束。久而久之，每个特工都能感觉得到什么时候该开口，什么时候该闭嘴。这种感觉是一种非常微妙的平衡，要在这个行业生存下去，掌握这一点至关重要。

有一次，第一夫人陪着一些女士经过玫瑰园时，问了特工一个多余的问题，那个特工的回答远远超过了他该回答的范围，俨然成了第一夫人身边的游客。一周之后，那个特工立即被换到总统护卫处以外的岗位。对于总统护卫处的普通特工来说，尤其是新特工，在表现得平易近人的同时，尽量少和总统或第一夫人说话才是上策。

总统护卫处的高层和总统的关系，完全不同于普通特工。坐在总统座驾右前方的特工，他的位置比总统任何属下都要独特。总统护卫处的主管是一名资深特工，除了负责总统护卫队，他还是总统和特勤局之间的主要联络人。在总统座驾里面，他和总统常常亲切地交谈。虽然有时我也会看见他们聊很久，正如当班的特工必须清楚自己在白宫行政等级所处的位置一样，管理特工的资深上司也是如此。这种行政级别的关系，就其本质而言，虽然拉近了总统和他的关系——肯定要比当班特工亲近得多，但是也不能误以为两者是一种友谊关系。

特工与总统和第一夫人的关系过于密切，可能会埋下安全隐患，这是应当避免的。就安全而言，尽管总统和第一夫人完全清楚特工的职责，他们的私事应该有专人负责，可是特工有时也会被置于某种困境，需要机智灵活应对。例如，我曾遇到这样一种情形，第一夫人要求特工队长派一名特工去她车上拿化妆盒，这自然是一般职员的事情。但不知什么原因，那个职员不在旁边。当然特工不能说“对不起，这不是特工的职责”。这样的话无疑会引起不必要的麻烦。特工点点头，然后通过对讲机报告给护卫队队友，叫他们去找第一夫人的那个职员，把要求转告给他。

与大家的看法相反，特勤局不是为总统服务的，至少在理论上，它是所有的政府机构中最中立的一个机构。这种中立有它的好处。如果特工与总统的关系过于亲密，遇到危机时，这种亲密关系会妨碍特工的专业判断。另外，作为执法部门，特勤局也不应该被看成总统的私人警力。与总统的职员不同，尽管特工也拿纳税人的钱，但他们是为特勤局局长和国土安全部部长工作。总统下属职员的工作与总统紧密相连，特工却最终会从总统护卫处转到特勤局别的部门。

特工属于总统护卫处而不是总统，在总统离任时，保护过他的特工并不会转到前总统的护卫队，而是继续留在总统护卫处，保护新上任总统。1992 年，我作为老布什政府总统护卫处的特工亲历了这一过程。当老布什在大选中输给克林顿总统后，他挑了一批全新的特工，而原来的特工，包括我，全都留下来保护克林顿总统。

总统护卫处的有些特工的保护对象是总统之外的人。尽管在总统护卫处之中，他们只是些小小的分支，但有一点大家都心知肚明：受保护的人都是些与总统有直接关系的人。有些犯罪分子也会毫不犹豫地利用这种关系。

在这方面，负责看管总统和第一夫人的孩子的特工，有时特别伤脑筋。在历史上，总统的孩子年龄不一，气质迥异，有年纪很小的，比如，卡罗琳·肯尼迪（Caroline Kennedy）、小约翰·肯尼迪（John Kennedy Jr.）和艾米·卡特（Amy Carter）；也有成年人，比如里根、福特、约翰逊、尼克松和布什的孩子；在两者之间，还有青少年和上大学的孩子，比如，珍娜和芭芭拉·布什（Jenna and Barbara Bush）以及娜塔莎和玛利亚·奥巴马（Natasha and Malia Obama）。这些总统的明星孩子，个个都有自己的个性，他们也许根本就不想受到特工的控制。尽管总统并不总是喜欢特工限制他的活动，可是他能理解，那是必须的，但是总统的孩子有时则很难理解这种保护措施。

这些孩子所受的大部分特勤保护，并非出自他们的意愿，而是来自当总统的老爸的指令。因此，有些人就讨厌在生活中老是看到那些威武的、形影不离的特工，这让他们不可能像正常人那样生活。威胁总统孩子的倒不是暗杀，而是绑架。不难想象，要是总统的孩子遭绑架，被劫为人质，对方提出永远也满足不了的要求，总统将会被置于何等为难的境地。从这种意义上讲，负责保护孩子的工作看来很温和，但特工也必须像保护总统一样时刻警惕。有时候这种情形很伤脑筋，孩子给他爸爸——总统打电话抱怨，特工破坏了他的私人生活。结果，总统会要求特工给他的孩子更多的空间，而太多的空间就等于没有保护，一旦出了任何意外，特工就要承担责任。

作为总统护卫处的特工，你必须身兼二职——保镖和外交官，必须做好准备，处理任何可能出现的危机，不论是枪击还是总统小孩的投诉。

跟着总统周游世界

很多人以为，跟着总统周游世界，前往欧洲这样的地方，住最好的酒店，是多么风光和激动人心的事情。可是，如果你是特工，去遥远的异国他乡，不仅有时差和睡眠不足，你还得长时间工作，你得尽量注意饮食营养，保证身体正常运转。生物钟完全紊乱，一切都很糟糕，这时，规律性的作息就起作用了。

有一次欧洲之行，班长安排我在酒店一个很大的舞厅站岗，总统要在那里开一个私人的非正式会议，也就是说没有媒体在场。那是一个很大的舞厅和酒店，历史悠久，装饰华丽，高高的吊顶，挂着珍贵的艺术品——全是欧洲风格的东西。

当我在空荡荡的大厅等候总统时，肚子开始咕噜咕噜作响，这下麻烦可大了，我知道我得找个男厕所，哪怕是女厕所也行。在我的特勤生涯中，这是第一次，也是唯一一次擅离职守。我穿过大厅跑到厕所里面，而总统可能随时要来。在接下来的两分钟内，出现暗杀的可能性大概为零，而当时我需要解决内急的概率是百分之百。

我冲进富丽堂皇的男厕所，找了一个漂亮的马桶。两分钟后，恢复正常，我迅速佩带好装备，整好仪容，跑到男厕所门口，准备回到我的岗位。我把门猛地一推开，正和克林顿总统撞了个满怀，差点把他给撞倒了。似乎总统的生物钟跟我的一样，也是停留在华盛顿时间。我闪到一边，让他进了男厕所，并且马上以最专业的口气编出了一个理由："解除警报，总统。"他答道："谢谢，丹。"然后进去解决他的个人问题。我的班长向我点点头，我们就把"自由世界的领袖"独自留在卫生间里。

当我穿过大厅回到岗位，突然想起，班长肯定以为我是给总统检查厕所去了。这个解释真是天衣无缝，我要让他永远这么认为。

我很快了解到，特工的国外之行，很少能让你领略到异域风情，或者让你激动不已。有几次我们到了世界上最漂亮的城市之一，却从来没有好好地欣赏那个城市，这全看我们值的是什么班。有一次去布达佩斯（Budapest），我值的是下午4点到夜晚零点的班，抵达时天已经黑了，当班期间，我们从未离开过酒店。这就和我们一下子到了克利夫兰（Cleveland）一样，没任何区别。

我曾兴致勃勃地期待去国外某个漂亮的地方执行任务，但当一切变为现实后，我常发现，下了飞机，再工作12个小时或者更长的时间后，我只想在欧洲狭小的酒店房间里小小的床上好好睡一觉。有一次，我不得不把包包存放在酒店走廊里，因为那狭小的房间实在没有地方放包。

特勤局流传着这么一句话：无论去哪里，到了那里，你就待在那里。一般而言，这就是我对国外之行的总结。

蝎式冲锋枪

特勤局的特工时时刻刻都清楚这一现实：他们随时都可以为了总统的生命而牺牲自己。这一信念永远藏在特工的内心深处，不是停留而是永驻。

然而，在特工的职业生涯当中，有些事情会让你更加深刻地体会到这一点。1993年瑞士之行，我就遇到这样一件事情，克林顿总统要和许多国家的元首见面，包括某位独裁总统。

美国总统出行时只带一定数量能有效保护他的特工，而那位独裁总统似乎把该国所有全副武装的特工都带上了。其中大部分大概都是他自己的人。

这个总统出国访问时，也会带上几乎所有的军队领导。这些人穿着制服，看起来像卡通人物一样，佩戴的勋章和奖章比奥迪·墨菲（Audie Murphy，美国史上获颁勋章最多的士兵）还多——尽管与穿着不是很配。他的理念是这样的，如果所有的军队领袖都和他在一起，他不在国内的时候，就没有谁去推翻他的政权了。1983年我在保护苏丹总统时，苏丹国内就发生过类似的政变。

在克林顿总统和这位总统见面时，特勤局担心：在一个相对较小的房间里，有如此之多全副武装的保镖，他们离我们总统只有几步之遥。基于这种担心，美方与该国的安全长官达成了一个协议，见面时他们的护卫队不能佩带武器。这一要求出于两点考虑：其一，通常我们不信任这个国家的人；其二，在任何可能发生枪战的场合，他们的常规做法是不管三七二十一，朝四面八方开枪，直到把子弹打光。如果他们的保镖不带武器，这两点都不成问题了。

问题是这个国家的人表面上什么都能答应，说“没问题，没问题”，但实际上，他们根本无意实施。大部分时间，他们甚至对提议充耳不闻。

了解到他们这样的行事特点，当班的队长命令我提前进入克林顿和该国总统见面的房间，目的讲得清清楚楚——化解针对总统的任何威胁，无论来自哪一方。直白地讲，就是说如有必要，就干掉他们的保镖。当我要他明示这个指令时，他只是点点头。我想能被选中执行这一任务，是我的荣幸，但是我同时也意识到，如果我真的得开枪打死对方保镖，就像他们要干掉我们一样，那么这就是我活着的最后一天了。

按指令，我提前进入会议室站岗，该国总统进来了，他的护卫队紧随其后也走了进来。他们全都带着武器，甚至不想掩盖这一点。就在我慢慢地走到他们身后，去占据一个最佳射击位置时，我注意到他们背着蝎式冲锋枪。

蝎式冲锋枪是一种 0.32 英寸口径的全自动武器，弧形的弹夹能装 10—20 发子弹，无论在什么场合，它的准确性都很差，在挤满人的房间里尤其如此。它有一个小小的可折叠的枪托，展开搭在前臂上可以增加稳定性。这种武器本身就容易出故障，真可算是一个废物。可是在这样一个场合，那可是致命的，会打死很多人，也许包括美国总统在内。

克林顿总统和该国总统并排坐在房子的前部，我站在该国特工的后面，全神贯注，高度警惕。他们的一举一动让我极度紧张。如果我要对该国特工采取行动，那可是典型的外科手术式的精准射击：在这样一个房间里，不但有“自由世界”的总统，还挤满了无辜的人员，我需要精准地把对方保镖一个个干掉。在反袭击小组中，这种训练进行过很多次。为了应对这种挑战，我练习射击过好几千发子弹。

我稍微移动了一下位置，以确保如果不得不开枪，美国总统和该国总统都不在我的射击范围内，以防失手。真要在这么狭小的房间里开火，最糟糕的结果就是，特勤局特工的子弹击中克林顿或者该国总统，那后果不堪设想。

由于在海军陆战队和特勤局接受过多年训练，我很自信。我碰到很多类似的情况，已竭尽所能地准备，以应对一切可能。当我做好保护美国总统生命的一切准备时，我感到很平静。

经过一段仿佛漫无止境的时间，会议终于顺利结束。我站在自己的岗位上，直至对方所有特工都离开房间。然后我回到我们的指挥所，看见一把椅子就坐了下去。这次经历让我懂得，有两件事情是肯定的：这个国家的人不可靠；另外，要是他们拔出蝎式冲锋枪，那可真不好收场。

“空军一号”

总统护卫处的出行方式，甚至是最富有的人都难以祈求的：我们乘坐“空军一号”出行，由美国空军特殊飞行中队负责。

将总统的座机称为“空军一号”，是从 1953 年艾森豪威尔总统开始的。这缘于当年的一次事件。有一次，一架拥有与总统飞机同样代号的商用飞机，正好与总统专机一起飞入同一个空域。此后，“空军一号”

这个名称就仅限于称呼载着总统的飞机，不管这架飞机是专为总统制造的波音747s，还是更小的格鲁门“湾流”商务型喷气式飞机。当乘坐大的波音747不实用时，总统短距离出行，偶尔也坐坐这种小型飞机。从理论上讲，“空军一号”这种称呼还可以用在赛斯纳“鸟狗”双座引擎飞机身上，如果总统坐在上面的话。如果总统坐在一架军用飞机上面，那它就是“空军一号”。如果总统不在上面，那架飞机就要另使用一个普通的名字。

总统坐飞机正式出访，是一个相对新鲜的现象。罗斯福总统是第一位在任期间坐飞机出访的总统。起初并没有专属总统的飞机，有一次出国访问，他乘坐的是泛美“飞剪船”商务飞机。之后有两架美国空军军用飞机供总统专用。但是特勤局认为，其中一架因为安全性能的原因不能用，而另一架也只用过一次。杜鲁门总统在任期间有两架专用飞机，但是不怎么用。最值得一提的是，1947年，杜鲁门总统就是在其中一架飞机上签署了一项法案，在该法案的提倡下，政府创建了美国空军，使其成为一个独立的军种。

虽然艾森豪威尔总统在任期内乘坐过一两次喷气式飞机，但实际上，肯尼迪才是第一位乘坐喷气式飞机定期出访的总统。从某种意义上讲，这确实很有象征性。上了年纪行动迟缓的总统如罗斯福、杜鲁门和艾森豪威尔，乘坐的是飞得较慢的螺旋桨飞机，而约翰·肯尼迪更像波音707，飞机和总统都很年轻、帅气，能很快地把事情搞定。

用作标准的“空军一号”的第一架喷气式飞机是一架波音707，尾翼号为26000。刚开始，这些飞机的颜色不是像大家今天所熟悉的“空军一号”那样，有蓝色、白色和金黄色，机身上也没印“美国总统”几个大字。当时，飞机的颜色是橘黄色和白色，机身上的字母表明它属于美国空军。1961年肯尼迪总统上任后不久，尾翼号26000给涂上了新颜色，且一直沿用至今，成为总统专机的标准涂色方案。

这架尾翼号为26000的飞机载着肯尼迪总统进行过很多著名的访问，包括到过柏林，在那里他做了“我是一名柏林人”的演讲。也是这架飞机，在1963年11月22日最后一次带他回家，这次他是在飞机的尾部，躺在棺材里，杰克守在他旁边。

1972年，尼克松提取了一架新的“空军一号”，另一架波音707，尾翼号为27000，这样它就成了“空军一号”的主力，而26000留作备用，但是26000的性能跟27000一样。这两架飞机一直作为“空军一号”交替使用，直到1990年布什总统提取了两架新的波音747s，尾翼号为28000和29000，两架飞机一模一样，至今还在服役。

有了新波音747s之后，波音707飞机就转作备用机，直到20世纪90年代中期，它们才完全退役。这两架飞机现在都停在博物馆，其中26000为7位总统服务过，27000为5位总统服务过。

新“空军一号”，挡风玻璃不翼而飞

老波音707系列和新的、大得多的波音747系列，真可谓有天壤之别。747飞机除了更大和更舒服外，其引擎也比波音707有力得多。一开始，这个优点还给反袭击小组造成了一些麻烦。这得从某天发生的一幕说起，这件事完全出乎意料，充满了戏剧性。

保护“空军一号”的着陆和起飞，是反袭击小组的主要职责之一。每当这架大喷气式飞机滑行起飞停在跑道尽头之前，或者当它着陆完全停在跑道上时，飞机就成了一个装满燃料的庞大目标。反袭击小组的使命就是在“空军一号”完全没有防护的情况下，保护它免于遭受各种袭击：从形形色色的有组织的攻击到从树林里有人跑出来在起落架上放炸弹。为了提供这样的保护，反袭击小组的卡车必须离机场滑行的飞机非常近，而且必须在跑道上跟得上起飞和着陆的飞机。由于反袭击小组的卡车就在飞机后面几码的地方，此时，卡车的噪音以及飞机引擎的震动声非常巨大。随着更庞大的747飞机的到来，我们很偶然地发觉，这种保护方法必须改进。

波音747系列的28000第一次起飞是在1990年，从安德鲁空军基地起飞。从反袭击小组卡车上看过去，新飞机似乎有老“空军一号”的两倍那么大。当“空军一号”开始滑行时，反袭击小组卡车就出现了一阵震动颠簸。此时，卡车受到的冲击力，仿佛与老“空军一号”开足马力的冲击力一样强烈。

28000起飞时，布什坐在上面。像往常一样，飞机一起飞，反袭击小组的雪佛兰车就开始跟在后面，为“空军一号”提供保护。我们的车子进入了喷气式飞机喷出的强大气流中。飞机上4个巨大的涡轮发动机产生了强大的力量——每个发动机能提供将近2万千克的推动力。这股强大的力量居然把反袭击小组车上的前挡风玻璃吹掉了，碎玻璃落在司机和队长的大腿上。

在这种时候，大多数头脑清醒的人，包括特工在内，就会停下来，但是反袭击小组不属于这一类人。按照反袭击小组的优秀传统（一定要完成使命的信念），车子沿着跑道继续跟在“空军一号”后面，滚滚的热浪、灰尘和碎片像风暴一样袭来，飞机燃料燃烧后产生的刺鼻气味弥漫在整个车子里面。5个特工一起尖叫和大笑，但由于飞机发动机震耳欲聋的轰鸣声，彼此的声音完全听不见。

当飞机升上天空，反袭击小组的卡车驶离了起飞跑道。我们开着没有前挡风玻璃的车子进入滑行跑道，准备返回匝道。之后，反袭击小组进行了一个情况通报会，决定改进机场保护策略：反袭击小组继续跟在

"空军一号"后面，但是得距离飞机更远一些。

"海军一号"

像"空军一号"一样，海军直升飞机只有在总统乘坐时，才可以称之为"海军一号"，否则，就保留其在海军陆战队里的标准称号。陆军和海军曾经共同负责为总统提供直升飞机专机服务，但是在 1976 年，海军独自接管了这一任务。大量的老电影中都有艾森豪威尔和约翰·肯尼迪乘坐西科斯基 H-34 直升飞机的镜头，机身上印有"陆军"两个字。在这种情形下，这架直升飞机的代号应该称为"陆军一号"。

海军陆战队中队有幸搭载总统的直升飞机是 HMX-1，其基地位于匡蒂科海军陆战队机场外面。"H"代表直升飞机，"M"是指海军，而"X"代表实验，这表明该中队最初的使命是测试新的实验性直升飞机。尽管这个中队有许多不同型号的直升飞机，但用于搭载总统的主要是西科斯基 VH-3"海王"直升机。

第一次乘坐"空军一号"

在特工的职业生涯中，总会有些事情让人记忆犹新，甚至终身难忘。最让我难忘的，是第一次乘坐"空军一号"。

因为种种原因，乘坐"空军一号"总给人一种特别的感觉，这架宏伟的飞机就是美国及其总统权力与威望的象征。还有一个原因就是，乘坐"空军一号"的特工仅仅是极少数人。特勤局的特工要想坐上这架飞机，必须是总统护卫处的人。相对于整个特勤局的特工，总统护卫处特工为数极少。

我第一次乘坐“空军一号”，是在1993年夏天的一个夜晚，我和我的特工搭档开始了这次历险。我们从白宫驱车到了一个偏远的着陆区，在那里我们登上了飞往安德鲁空军基地的HMX-1直升飞机，到了安德鲁再坐“空军一号”。

我们抵达了着陆区，往一道大门开去。这道门通往HMX-1大楼，有海军重兵把守。海军检查了我们的证件，挥手放行。我们找了个停车位，下车后步入作战大楼。之后不久，我们的直升飞机到了，在着陆区停稳后，飞行员关掉了螺旋桨，让它们停了下来，但是并没有关闭发动机，它还在发出低沉的响声。经过HMX-1作战大楼的海军批准，我们走出了大楼，坐上了那架绿色带白边的，机尾上印有“美国”两个字的西科斯基VH-3直升飞机。

我和搭档走近待命的飞机时，马上被这架独特的飞机所打动，它的造型美观，声音悦耳。我还记得飞机燃料扑鼻的香气，发动机发出的悦耳响声，还有站在飞机底部楼梯口那个帅气的海军陆战队中士。楼梯上铺着地毯，用大大的字母写着“欢迎乘坐‘海军一号’”的醒目标语，就如同驾驶这架飞机的海军那样引人注目。

当我们登上飞机，站在楼梯口的海军中士向我们敬礼，在海军人员看来，这是对任何登上飞机的人的一种标准礼节。我作为一个前任海军军官，本能地向这个中士回敬了一个军礼，尽管这不是我们特勤局的规矩。但不管是什么规矩，作为一个前任海军军官，这个习惯我永远也改不掉。

我们刚一坐下，那个帅气的中士就进来了，关上舱门，拴上门栓，然后进入驾驶舱，跟飞行员简单地聊了几句后，系上安全带坐好。飞行员启动了螺旋桨，开始加大马力，直到螺旋桨在我们头上飞转，发出舒心而低沉的响声。由于螺旋桨旋转起来的拉力，飞机开始晃动，机组人员迅速完成起飞前的检查。飞行员把油门一踩，操纵杆一拉，飞机开始飞起来。

我们飞入了紫色的夜空，开始在华盛顿上空盘旋。飞机处于一种待命飞行的模式，因为我们要等待载着总统的“海军一号”从白宫起飞，再列队一起飞往安德鲁空军基地。

太阳刚刚落下，夜空晴朗，华盛顿灯火通明，高耸的纪念碑像巨大的白色雕刻，摆放在童话般的风景中。VH-3 发动机的噪音经过隔音材料的吸收，变得很低沉，因此机内出奇地安静。实际上，安静得你可以和旁边的人交谈，而不需要大喊大叫。我最近一次坐海军直升机是在 1981 年，那是西科斯基的另一款产品，一架 CH-53“海上种马”直升机，里面噪声太大，根本无法交谈，地板上面还明显有一摊某种液体的痕迹。这种 53 直升机用来运载海军及其装备，把他们送到战场或任何别的需要去的地方，没必要那么干净、安静和漂亮。可是，总统的专机 VH-3 是用来搭载总统及其随从人员的，不但要舒适，还要好看。

在盘旋了大约 20 分钟后，底下的风景我们来回欣赏了好几次，我觉得飞机开始改变航线了。我朝窗外望去，只见“海军一号”上的红灯和绿灯从白宫方向升起，它要来跟我们会合了。两架飞机靠近，它飞到了我们的前面，我能清楚地看见总统直升机的外形和轮廓。我们跟在它后面飞行。一路上，出于安全考虑，我们不止一次飞到总统直升机的前面。

在进入安德鲁空军基地领域时，我发现螺旋桨和发动机发出的声音变了。我们是从西边进来的，之后飞得越来越低，在离建筑物仅仅几英尺的上空盘旋，然后在海军飞行员操作下，在不知不觉中飞机就着陆了。我们滑行到指定的位置，飞行员关闭了发动机。那个帅气的中士打开舱门，转身向我们点头，示意我们可以下飞机，开始下一站的历险。

我们迅速地走下了西科斯基，当我们离开时，飞行员还坐在飞机上，挥手向我们告别。

5分钟后，“海军一号”在飞机坪的上空盘旋，像我们的直升机一样，轻轻地着陆，飞行员放下了螺旋桨，关闭了发动机。前门打开，这时又一个帅气的中士，穿着同样帅气的海军制服，从梯子上走了下来。他走到“海军一号”的尾部，放下一模一样的楼梯，让直升机后面的乘客下来。

从后面下来的是特勤局护卫队的队长和一名特工，他们在停机坪指定的地方集合。接着，克林顿总统从前面的楼梯走下来，一名海军向他敬礼。总统走了一小段路，到了“空军一号”，从前面的楼梯登上飞机，他停了一下，挥挥手，就走进了飞机。

这时候该我们上“空军一号”了，但不是马上登机，特工总是从后面的楼梯上去。在楼梯底部的飞机坪上站着一位空军中士，手里拿着乘坐人员的名单，你向他报上姓名，他就在名单上划掉你的名字，接着你就要跑上楼梯进入飞机，因为一会儿飞机就要起飞了。

我朝中士走上去，报上了我的名字，然后走上楼梯，来到特勤局的包厢。它靠近飞机的尾部，就在白宫随行记者团用过的包厢前面。我就要开始第一次“空军一号”之行了。

我脱下外套，挂在洗手间旁边的壁柜里，枪支和对讲机则带在身上。即使在“空军一号”上面，我们仍然在工作，需要应对任何危机。总统坐在靠前面的区域，由护卫队队长照看着，那个区域有两个专属于特勤局的座位。

我在一个特大号的头等舱座位上坐下，整个飞机上都是这种标准配置。我的当班同事也坐下了。接下来我们的当班组长，把通向记者包厢的门关了。我们包厢有电影屏幕，我们开始翻阅电影节目单，看看有什么电影，我们只需选一部自己想看的电影，按下相应的按钮，它就会自动播放。

我刚刚坐好，一名空军士兵走了过来，乐呵呵地送来汽水、咖啡和零食。我很开心，果不其然，这就是“空军一号”的待遇。如果到了就餐时间，他们还会送来三明治，味道总是比最好的餐馆里面的所有美食还要好。空军提供的这项服务备受欢迎，尤其是在漫长的工作之后。我们在一大群人当中护卫着总统，而且有些人还没有经过金属探测仪的检查。保护总统的工作，压力巨大。我们常常一回到飞机上，就已筋疲力尽，还会感到一点点紧张。像现在，为了保护美国总统的安全，我们又工作了漫长的一天。我们刚脱下外套，空军乘务人员就给我们送来了饮料、零食、午饭或者晚饭。

正当我坐着喝着可乐，欣赏组长挑选的电影时，飞机的引擎开始加速，我们也开始动了起来。“空军一号”沿着滑行跑道滑行，仿佛用了很长的时间。我从窗外望去，看见反袭击小组的汽车跟在后面，保护我们免于来自地面的袭击。我希望他们与我们的距离保持得更远一些，不要再弄碎汽车的挡风玻璃。

在塔台给出允许起飞的指令后，飞机径直朝跑道冲去，引擎开足马力，在沿着跑道加速时，一股巨大的力量把我们往座位后面推。飞机提速很快，仍旧在跑道上吃力地滑行，也只有这样的庞然大物才会那么吃力。一达到起飞所需的速度，机头往上一抬，我们就进入了夜空。由于坐在靠近飞机尾部的位置，我们好像是垂直飞起来一样。我们听见给飞机副翼提供动力的马达的响声，还有起落架收上来的声音，之后听见“啷”的一声，放起落架的门关上了。我们已经升上了天空。现在，我的首次“空军一号”之旅正式开始了。

“空军一号”尽管很舒适，但是特工仍处于工作状态，要应对各种紧急情况。特勤局的规矩是，特工坐在“空军一号”上时应该和身处白宫一样，保持高度警惕，要同样训练有素。因此，在飞行途中，你永远不可能真正放松。在看电影时，我打量了一下，发现克林顿总统站在我们的包厢中，准备去隔壁的记者包厢进行一个临时的媒体发布会，这样的事以前也经常发生。我们的组长打开了把我们和记者包厢隔开的那道门，总统走了进去，组长尾随其后。回答了白宫随行记者的一些问题后，克林顿总统来到我们的包厢，稍稍停了一会儿，与当班特工礼节性地说了几句，就返回了他的包厢。

不久，引擎的声音低了下去，机头开始俯冲，飞机准备着陆，我们开始做各种准备工作。出于安全的原因，比如避免肩扛式热追踪导弹的袭击，“空军一号”总是以急剧降落的方式着陆。我是第一次乘坐“空军一号”，飞机的主着陆架降落在跑道上时，我还在穿自己的夹克。外面很黑，着陆时我有点害怕，不知道我们离地面有多高。

当班的特工们站了起来，四处走动。飞行员按下制动刹车，飞机往回一缓冲，此时，就像坐火车经过一段很不平坦的轨道一样，大家都跳了起来，一个个东倒西歪。飞机刚一停稳，一名机组人员打开了后门，我们跑下楼梯，在夜色中各就各位。作为总统护卫处一名成熟的特工，我完成了首次乘坐 HMX-1 直升机和“空军一号”的使命。

虔诚的俄罗斯人

我前面提过，给总统出行准备的是两架一模一样的 VX-25s，或者 747s 飞机。在美国，我们通常只用一架。出国访问时，总是两架都用，一架作为主要飞行工具，另一架作为备用。之所以要动用两架飞机，是因为我们需要运送额外的人员。而且，万一飞机出现机械故障，总统也可以轻易地转到备用飞机上。虽然这种情况几乎不可能发生。

1993年前往俄罗斯的那次旅行，就是我让尤里放过了那个年轻职员的那次，我们完成任务后，就幸运地坐上了总统的备用飞机，而不是乘坐商务飞机回国。我们在莫斯科、基辅以及前苏联的其他城市街上保护克林顿总统，一个星期以后，我们累得半死。在那里，克林顿常常让车队停下，下车走到俄罗斯人中间去。俄罗斯人惊呆了，他们想不到美国总统竟然那么开放，居然像我们这些特工一样，直接出现在人群中。不过，在这个刚刚从社会主义制度走出来的国家，有一个显著的优势——在那个时代，安保人员让俄罗斯人走开的时候，人们会毫不犹豫地走开。

我们开车经过莫斯科的街道前往机场。途中，我们要与另一班的特工轮换，他们将随总统坐“空军一号”飞回美国。尽管很累，但我们很开心，终于快跑到马拉松的终点了。突然，总统命令司机停车，当时我们紧跟在总统的车后，看见总统座驾的刹车灯一亮，那辆庞大的车开始减速了，然后听见护卫队队长喊话：“驿站马车的中卫呼叫，‘鹰’要跟市民见面!”——“鹰”指的是克林顿总统。

护卫队队长从总统座驾右前方下来，我们则迅速各就各位。队长打开右边的后车门，克林顿总统走了出来，站在莫斯科严寒的空气中。我们按指定的队列，紧紧跟在总统身边。

当我们向人群走去时，人们已经把车队团团围住，我们还以为他们会一拥而上。然而，莫斯科街道上忙碌的每个人，开始静悄悄地退到了人行道上一动不动地站着。这是怎么回事?

原来，我们的车队一停下，一大帮凶神恶煞般的男子就出现在我们面前，很多人就像电影《洛奇4》里的道夫·龙格尔。他们是典型的俄罗斯人，身穿厚厚的外套，头戴传统的毛茸茸的大帽子，脚蹬大大的靴子。他们配着SKS卡宾枪和AK47突击步枪。这些人看起来面无表情。

他们根本不用开口就可以管住市民。

克林顿总统和虔诚地站在人行道上的人握手。我们知道，把我们和这些群众隔开的唯一力量就是这些俄罗斯警察。

最后，克林顿总统好像跟俄罗斯公民握手握烦了，或者是他意识到美国总统选举时，俄罗斯人又不能投票，他就回到自己的车上。在我们返回时，我从一个俄罗斯护卫者身旁经过。这个人并没有道夫·龙格尔的面孔，而是长得很像电影《亚当斯一家》里的乐奇。他犹犹豫豫地伸出了戴着大手套的手，准备跟我握手，我毫不犹豫地予以回应。

我们返回到了机场，把车停靠在“空军一号”旁边，在那里与另一班特工交接。我们朝备用飞机走去，它停在我们前面50步开外。登机之前，我看见一个熟悉的身影，此人穿着靴子，一身长外套。原来是我的妻子，她是此次访问的随行翻译。在登上飞机前，我和她简短地说了几句话。我想我问过她，来俄罗斯之前，家里洗衣间的熨斗是否拔下了插头。我们迅速吻别，迅速进入各自的工作状态。她将乘坐商务飞机回美国，一两天后我就可以再见到她。娶了一个特工，你的生活永远不会枯燥乏味。

我们向楼梯旁边的空军中士报上姓名后，摇摇晃晃地上了飞机。此时，我们已经冻得一身麻木，人也累得像散了架似的。我们一屁股坐下，一向乐呵呵的空军乘务员和我们打招呼，端上了啤酒和可乐。既然我们已经下班了，总统也不在飞机上，我们就完全放松了，就像坐在英国航空公司的头等舱里一样。在这里，我们也通告纳税人：此次所有吃喝费用都是我们自己买单。

空运总统的出行车辆

总统坐“空军一号”离开华盛顿时，他的出行车辆也要通过空军运输机运送过去。尽管都是由空军运送，运送方式却有天壤之别。

在20世纪80年代和90年代，空军使用洛克希德C-5“银河”运输机和C-141“运输星”运输机运送总统的车辆。这两种巨型的运输机能迅速地把整个部队及其装备运往世界各地。它们也是运送总统的座驾、后勤车以及大量人员的最佳选择。C-141运输机用于运载基本的装备如总统座驾、备用座驾和总统护卫车，C-5运输机能运载6—8辆车，常常用于出国访问的场合。

C-5运输机除了运载大宗的货物，也可以搭载乘客。它的甲板层有90多个座位。除了把总统的车子运送到目的地，总统出访时配备的大量特工，用C-5运输机运载也是最经济的运送方式。C-5或者C-141运送车辆自然不错，但对于特工来说，乘坐这种飞机，那可真是痛苦不堪的经历。你得亲自体验才能学会如何适应。

C-141运输机又老又旧，首先是在越战中使用，随后在“沙漠风暴”中不停使用。好多年前它们就该退役，存放到亚利桑那州的沙漠储存区去。但是用C-17代替C-141运输机，还要经过足够多的实验性飞行，才能帮助我们执行使命。结果是，疲惫的C-141运输机不得不继续为总统效力。

C-141运输机噪音大，速度又慢，室内的温度无法控制。身处其中，你可能从脚到膝盖冻得失去知觉，但膝盖以上又好像着火般灼热。为了避免终身失聪，我们必须戴上耳塞。由于巨大的噪音，我的听力免不了受损，但主要原因还是我烦人的妻子——她在嘈杂的环境下，为了让我听得见她的话，常常对我大声吼叫。

C-141运输机的另一个缺陷是老出故障。幸好从来没发生在天上，而是出现在你匆忙赶往某个地方的时刻。这时，特勤局经常要从最近的基地派出另一架飞机，把车子和人员从抛锚的飞机上转移到新的飞机上。

有一次着陆的经历，令人难忘。那时，飞机重重地落在跑道上，飞机上还有 3 辆用链条紧紧栓住的装甲车，大家都在想，万一其中一辆的链条松了，后果会怎么样。即使我们没有可以往外看的窗户，却可以感觉到，飞机此时的速度要比正常的着陆速度明显快很多，刹车时发出刺耳的声音，我们甚至能闻到烧焦的气味。谢天谢地，飞机终于停了下来，从跑道转入了滑行道。

下飞机后，把车辆从飞机尾部卸下来时，我跟机长聊了起来，他高兴地说起了刚才发生的事。很明显，他非常得意，因为是他让飞机免于坠毁。着陆时，飞机好像已经冲到了跑道的尽头，因为控制飞机副翼的电源开关失灵了。在着陆的最后阶段，因为没有副翼给飞机减速，飞机着陆的速度特别快。这位年轻能干的机长就在这个庞然大物即将冲向野草丛之际，成功地把它停了下来。

我们还有一些侥幸脱险的经历，但是搭载了特勤局人员或者车辆的 C-141 运输机从没有坠毁过。尽管由于飞机年久老化而出现过各种机械小故障，但在整个服役期间，285 架飞机中只有 22 架因意外事故而坠毁。对飞行时间那么长的飞机而言，这已经是令人难以置信的安全记录。

把车辆装上飞机飞上天空，有一套标准化的操作程序。提车那天，总统护卫处运输部门的几位特勤人员一起来到特勤局的主车库。用于保护总统的所有车辆都在那里存放和保养。20 世纪 90 年代，这些设备存放在华盛顿海军工厂，现在保存这些最先进设备的库房则位于一个对外保密的地方，尽管伦丁和她的“骆驼”曾经到过那里。

我们把 3 辆车（总统座驾、备用座驾和总统护卫车）一起拉出来。在离开车库前，每辆车上配备的每样东西都要一一核查，比如黑克勒-科赫 MP5 冲锋枪、对讲机、急救包的数量等等。在确认所有的设备都在车上后，我们就可以离开车库，前往安德鲁空军基地，将其装上飞机。

空军理货员总是能够用链条把车子牢牢固定，完美得不会出任何差错。但是特工还是要开动一下总统座驾，以确保它已经完全固定，这是特工的职责。特工的固定检查通常只是一种形式，把车辆正确固定好才至关重要。要是在飞行途中，一辆车什么时候松了，尤其是起飞或者着陆的时候，这些庞然大物就会把人碾碎，甚至有可能把飞机弄毁。

空运过程中，车辆油箱的燃料不能超过油箱的一半，因为在强烈震动时油箱的燃料会晃动，在高空中油箱的空气还会膨胀，这样燃料容易溢出来。偶尔，油箱里面的燃料填装不正确，离车子太近的人会因为受不了溢出的汽油气味而呕吐。

特勤局人员在搭乘运输机时，空军人员对他们格外殷勤。出国访问通常要飞行十多个小时，乘坐 C-141 运输机或者哪怕更新的 C-5 运输机，其实并不舒服。空运部门却服务得彬彬有礼、殷勤周道，对此，我们非常感激。

起飞后，我们在飞机上四处走动，互相打打招呼，而那些偷偷把酒带上飞机的人，会不慌不忙地尽情喝酒以助睡眠。由于飞机引擎的噪音，我们不想大喊大叫地讲话，就回到自己的座位上。这些座位不是标准的航空座位，不能根据需要伸进伸出，也不是——我的老天——从飞机纵轴线上安装的可折叠的恐怖的尼龙吊带座椅。最后大家都想尽量睡一会儿，直到到达下一站。

在奔赴目的地时，大家都不容易睡着，但飞回美国时肯定能睡着。返程途中，大家总是倒头就睡。这让我回想起在海军陆战队的日子，那时，我总是什么地方都能入睡，不管是坐着还是躺着。然而，在运送车辆的飞机地板上，你是不可能躺下睡觉的，那可是有致命的危险。

飞机上靠近地板的地方，温度非常低，实际上，在薄薄的机身和机外零度以下的环境之间，根本就没有保暖层。一次从海外返回，一名特工在飞机过道的地板上躺着睡了一会儿，他真的睡着了，结果差点长眠不醒。睡在冰冷的地板上时，这位特工的身体丧失了大量热量，导致体温过低。我们发现他在不停地发抖，为了及时地把他送往医院，飞机不得不尽快着陆。要不是空军找到了一个备降机场，让他得到及时救助，那名特工就可能真的活不下来了。

会飞的“宝船”

乘坐运送车辆的飞机出国有两个好处，一个是你不必办理烦琐的出入境手续，因为美国大使馆已经为你安排好了一切。另一个是你可以方便地把采购的全部物品（不管它们有多大）带回美国。只要你把物品带到了飞机旁边，空军就会把它们全部装到飞机上，只要不是活体动物、非法物品，或者对飞机、机组人员和乘客造成危害的东西就行。

我们去过世界上很多地方，当地的东西物美价廉。比如在韩国、菲律宾和欧洲，你几乎想买啥就能买啥。在一些国家，从机关枪到人，你什么都可以买。当然，我们只购买在美国可以合法买卖的物品。毕竟，我们是联邦执法官员，很看重自己体面的职业。没有人会冒着丢掉工作的风险，走私违禁品回国。

一次，一个特工带回了一张黄铜床。还有一个特工把好多的酒拉回家，让他有好长一段时间都不用出门买酒。大部分人还是挑一些小东西，方便在飞机上存放，或者是挑一些可以放进车辆的东西。在反袭击小组时，我们常常带着我们自己的雪佛兰出国，回国时，车上就会装满购买的各种宝贝。

这时，反袭击小组马上就成了众人眼中的香饽饽，因为个个都想用我们的车来装东西。在能不能存放其他特工的东西这点上，反袭击小组的兄弟们一向声气相投。我们通常总是允许其他特工在车上放东西，但也有例外，譬如大家一致表决，某个特工因为种种原因，不允许他放东西。最重要的一条是，那个人究竟是反袭击小组的拥护者还是反对者。如果这时候那个人被我们表决为反对者，我们就会告诉他，车上没有放东西的地方了。一旦做出决定，大家都不能反悔，除非反袭击小组再次投票。

有一次，在我们表达完自己的意见后，一个被拒绝的特工勃然大怒，声称车子又不是我们的，它是政府的东西，只要他想在车子上放东西，他就可以放。接下来，我们提醒这个年轻的 7 级公务员，他手中的特工学校毕业证上的印章墨水都没干透。虽然车子名义上是政府的，但已经分给了反袭击小组。他骂骂咧咧地走开了，不知说了些什么反袭击小组特工的坏话，把东西放到了别处。

一返回安德鲁空军基地，我们带着所有的东西通关，就像其他出国的游客一样。然后奔回家去，把东西送给亲人，但他们对某些东西的反应，并不总是与我们的期待相符。

华而不实的宝贝

几乎每个出过国的特工家里，都会有些从国外买回的面目可憎的东西，那是通过空运车辆的飞机带回家的。在买这些东西时，它们大部分看起来好极了，新奇极了，可是一离开那个国家，回到家里，很多东西立马就失去了原有的光泽。

有一次，在土耳其，我买了一个极其漂亮的铜花瓶，我想妻子会很喜欢的。拿回家后，我得意地送给她，表明虽然远在大半个地球之外我还是想着她。她看了一眼，马上就把它放到车库里，直到被慈善组织拿走。

就是那次出国，我买了一个巨大的水烟筒，这个大家伙在我们楼下电视房的地板上放了大约一天，也马上加入车库存放铜花瓶的行列里。另外还有一大堆各式各样俗气的东西，比如最近搬家才发现的沙特阿拉伯宝剑。那两个给我们家干了一些活的人，如今很自豪地成了宝剑的主人。这些看起来致命的宝剑，现在可能正挂在他们的家里，或者放在他们的床下面，以防入室抢劫。（那可是好极了，如果一帮流窜的杀人犯破门而入，要抢你的女人。）这些物件如果没有碰到这两个人，它们也很有可能待在车库里等着慈善组织的卡车来装走。

来自中国的礼物

并非所有的纪念品都是通过空运车辆的飞机带回来的。1998 年，我的妻子去中国执行了 3 周的任务，带回家的东西让我大吃一惊。丹尼尔经过马拉松式漫长的飞行后，下飞机到家，我问她从无神论的中国给我带了什么礼物。她说太忙了，没多少时间购物，然后掏出几个边上印有毛泽东头像的红色金属打火机。在点燃时，打火机会播放中国国歌。随后她又拿出一顶前面有颗红色五角星的帽子，这个还不错，但印象不深。

大约一个星期后，电话响了，是巴尔的摩航运公司打来的，通知我们从中国订购的货品已抵达巴尔的摩港，马上要送货上门。从中国订购的货品？我逼问妻子到底是怎么回事，但是她就是不开口。

大约两个小时后，一辆卡车开了过来，停在我们家门口。两个员工打开车子后门，费劲地卸下一个又大又重的货箱，当他们拔掉钉子，拆掉估计至少重 50 磅的泡沫包装材料时，一个棕色泥土一样的东西开始出现在我眼前。拿掉最后一层包装后，我看见了一个兵马俑。那个东西肯定有 1 米 8，重好几百磅。

丹尼尔给克林顿总统打前站的地方正好发现了兵马俑（指的是 1998 年克林顿总统访问西安。——译者注），那里已经建成了一个博物馆。送到我们家里的那个兵马俑就是按实际尺寸做成的复制品，中国人把他们卖给任何出得起价钱的人。

直到今天，我们也不知道当时为什么会给这个兵马俑取名弗兰克。我对他有点不习惯。有时我在黑暗之中穿过屋子时，会忘了他在那，就撞上他。哦，天啦，我差点晕了过去。

近几年弗兰克给我们看过 3 个家，不幸的是，由于搬了这么多次，包括从中国过来的那次长途跋涉，他的底部已经开裂。他倒下来砸到旁边的人，那是早晚的事情。当时，我们的儿子才 5 岁，我们担心弗兰克哪天会意外地把他给砸死，因此，我们做了一个痛苦而明智的决定，让弗兰克退役，给他找个新家。

既然决定让弗兰克退役，把他弄到哪里去，这让我们左右为难。我们想要他去个好人家，希望人家会珍惜他，就像在我们这里一样。

我们的邻居是可爱的南美洲人，他们一直很喜欢弗兰克，每次过来，都会称赞弗兰克是多么地帅，他们是多么地希望自己也有这么个兵马俑。当我们把弗兰克送给他们时，他们惊得目瞪口呆。他们坚持要出钱买，但是要卖给他们好像又不太好。我们解释道，收了钱我们会觉得不舒服。最终，他们还是免费收下了弗兰克，那是 2003 年的秋天。

2008 年，我妻子去了我们的老房子一趟，让她开心的是，弗兰克仍旧高高地站在我们以前邻居家的大厅里。当时随兵马俑雕塑送过来的，还有一个缩小版的弗兰克，如今还立在我们的壁炉前面。他时时让我们想起，在我们俩共计 42 年的特工生涯中，那是从国外买回来的最不寻常的一件东西。

陪着总统跑步

除了常规的保护职责外，从 1992 年到 1997 年，特勤局面临的一个挑战是：如何在华盛顿以及世界各地空旷的不安全的街上，保证总统候选人及后来的美国总统克林顿的人身安全，因为他常常喜欢到街上跑步锻炼身体。陪克林顿总统跑步的特工，他们所从事的可能是特勤局里面最危险的一项任务——为总统挡子弹、飞快的轿车或者城市巴士。

1992 年克林顿成为美国总统候选人，那时，在生活中，他还没有养成花大量时间锻炼身体的习惯。在 1992 年竞选期间，他开始把跑步当作一种锻炼和认识选民的方式。要做到这一点，作为竞选人，你得在公共场合跑步，那里人多。久而久之，他的跑步习惯给特勤局带来了一个巨大的、非同寻常的挑战。

当候选人克林顿在这些公共场所跑步时，为了保护好他，至少得有两名特工跟他一起跑，而且距离要近得足以处理任何可能出现的威胁。他们还得带上手枪和对讲机跑。起初，这不算太困难，因为那时克林顿还只是个候选人，只需要两名特工就可以了，他的护卫队也比在任总统的小得多。这两名特工也不需要特别强壮，因为克林顿跑得并不是很远或者很快。

克林顿跑步，整个就是为了媒体宣传和健身，重要的是，要让人们看见当时的克林顿州长强壮、健康和充满活力的形象，这些都是理想中的总统应当具有的特质。慢慢地，他瘦下来了，也真正开始养成了初步的健身习惯。他开始跑得越来越远、越来越快了，特勤局有点担心了。不久，特勤局就需要找到真正体格强壮的特工陪他跑步。

1993年1月20日，威廉·杰斐逊·克林顿，前阿肯色州州长，宣誓就任美国第42任总统。如今慢跑成习惯的他，好像无意放弃跑步。在克林顿总统之前，美国历史上没有哪位总统从事过任何正儿八经的健身活动。他们的特工也不需要格外地身强体壮，只需要身体健康就行。

在克林顿总统之前，总统护卫处的大多数特工一般都很健康，体重和身高比例相称，但是很多人并没有进行过大量的锻炼。直到克林顿时代和相对较新的恐怖袭击的威胁出现之前，总统护卫处基本上就是绅士们的天下，你只需要看上去直觉敏锐、反应迅速，就可以去那里工作。在总统护卫处，只要穿得帅气，有漂亮的衬衫和完美的领结就可以任职的想法改变了，特工的职责也在增加，身强体壮也被包括进去了。现在，特工需要和总统一起跑长达3到4英里的路程，还要承受枪和对讲机的额外重量。

特勤局管理层希望克林顿总统在就职后放弃跑步，至少不在公共场合跑步。然而，让直接负责他安全的人更担心的是，克林顿不但没有放弃跑步，相反他跑得更勤快了。更为雪上加霜的是，克林顿坚持要在光天化日下，在华盛顿的大街上跑步，他不愿意在白宫院子的安全范围之内跑步。这个安全的院子，杜鲁门曾把它描述成“一个监狱”。问题现在已经变得非常严重了。总统通常在早上上班高峰期间，跑过华盛顿最繁华的也可能是最危险的街道。当克林顿跑过去时，任何想要靠近总统的人都可以来到他的身旁，离他只有几步之遥。

总统出行总会有某种程度的风险，哪怕是坐在严严实实的装甲车里离开白宫。陪着总统在上班高峰期跑过宾夕法尼亚大道，绕过林肯纪念堂前的倒影池，或者穿过岩溪公园（那里谁都可以进行伏击），真是危险之极。从安全角度讲，那就是近乎疯子的举动。

关于早上跑步，最令人担心的就是，克林顿总统这么有规律地跑步，注意观察的人可以完全清楚他的跑步路线。每年特勤局花费好几百万美元来保护总统，他们用上了金属探测仪、K9 炸药探测警犬、反袭击小组、反狙击手、防弹盾牌、装甲车，以及小心翼翼地对各位来宾进行安检。可是，此时，任何想要伤害总统的人，他们根本不必应付这些复杂的措施，他们只需坐在椅子上喝咖啡，等着总统跑过来。此时，是总统最易受到袭击的时刻。可能总会有什么人在那等着。

总统不想改变早上的健身之道。在充分认识到这一严峻现实后，特勤局着手制定了一个安全方案，该方案会给总爱冒险在路人和车辆当中跑步的总统提供一定程度的保护。即使在最理想的情况下，特勤局也不可能保证总统 100%安全。而在跑步的情形中，安全系数则急剧下降。

如果总统坚持要跑步，或许至少可以劝他在更安全、更可控的环境中跑步。一个提高总统安全性的办法，是绕着白宫南院下面的道路修上一条跑道。一圈恰好有 1/4 英里，希望这会满足总统的需要。如果他能在那里跑，只需要一两个特工陪着他。最多在关键地方再安排几个特工就行了。可是克林顿总统不喜欢那个跑道，很少用它。

修跑道的办法失败以后，为了给总统提供更安全的跑步场所，我们又想出了下一个办法——尽量引导克林顿总统去军事基地附近的地方跑步。可是，他跑步的一半目的是要走进民间和逃避白宫的限制。尽管麦克奈尔堡（Fort McNair）这样的军事基地，离华盛顿几英里，去那里跑行得通，这也确实是个跑步的好地方，可是克林顿总统就是不买账。他就想像其他人一样，想要在街上跑，绕着纪念碑跑，当然，问题在于他不是其他人，他是美国的总统，而且，像所有的总统一样，世界各地有成千上万的人希望他倒霉。

特勤局最后拿出的方案是，从华盛顿各个部门借调一大批特工过来，在早上跑步地点的周围提前安排好，然后把总统围在中间，让那些可以和他一起跑的特工跟他跑，同时希望一切顺利。

许多市民想要和克林顿一起跑步，被选为陪跑嘉宾是非常风光的事情，而且在下次乔治城鸡尾酒聚会时可以大肆吹嘘一番。受邀陪跑的人通常是些在社会上名声不太好的人，或者为了得到邀请而向民主党全国委员会捐了足够多的钱的人。一些有政治目的的健身爱好者，很明显花在买跑步运动服上面的时间，远比实际跑步的时间还多。尽管大多数人花了大量的钱买了极其合身的服装、最新式的高科技跑鞋，很多人还是因为中暑或者第一次跑步引发的不适，被带上了总统护卫车或者尾随的车辆，由白宫的医生照看着，他们就这样在车上“跑完”了步。虽然如此，可特勤局还是很高兴看到这些陪跑嘉宾。实际上，越多越好，因为他们在总统周围形成了一个很好的防弹保护层。

每一组当班的特工当中，都有一些特工在配带武器装备的情况下，可以按照克林顿总统通常 9 分钟 1 英里的节奏跑完 3 英里。可问题是，这样的特工人数不够。每次跑步，至少需要 4 名特工和 1 名上司，他们不但需要有耐力跑完，而且需要在跑步过程当中或者跑到终点时还要保留有足够的体力以应对紧急情况。

也就是在这个时候，反袭击小组的使命，从能够针对总统的袭击做出迅速、出其不意和猛烈的反应，拓展到陪总统跑步。尽管总统护卫处的很多领导，似乎对于如何充分发挥反袭击小组的作用还一头雾水，但他们也明显意识到，如今有反袭击小组组员这些身强体壮的武器专家在身边有一个明显的好处，即每个组员在配带武器和对讲机的情况下可以永远地跑个不停。特勤局决定反袭击小组每天早上得派特工去陪总统跑步，增强总统护卫班的陪跑阵容，直到每个总统护卫班都有了足够数量的跑步者。

因为反袭击小组的特工在跑步的同时，还可以监控那一区域内可能出现伏击的地点，而不仅仅是跟上克林顿总统的步伐。在克林顿执政的第一年，反袭击小组救了总统护卫处，也有可能是救了总统的命。

可是，反袭击小组用于陪着总统早上跑步，这仅仅是个权宜之计，陪总统跑步应当是值班特工的职责。这一时期，反袭击小组总共才有 30 到 36 名特工，每天早上还要抽调 2 到 4 名特工去陪总统跑步，这给反袭击小组的备战状态造成了一定的压力。而且，在有足够的当班特工能跟得上速度之前，反袭击小组必须身兼双重职责。

好多个早上，在白宫上零点班，已经整夜没合眼的反袭击小组特工，早上下班后还得再撑 4 个小时去陪总统跑步。筋疲力尽的反袭击小组特工看着他们的同事离开白宫回家睡觉，但他们还要毫无怨言地坚持下去。

一天，总统护卫处的特工主管，在老行政办公楼的礼堂，开了一个总统护卫处全体特工会议。这次会议的目的，是给特工定下规矩，即总统几乎每天都要跑步，陪他跑步是每个特工的职责。今后，每个人都需要轮流陪着总统跑步，而不仅仅只是反袭击小组和几个身强体壮的当班特工。

不久，为了执行总统护卫处这个新的职责，每个跑得动的特工都参加了跑步训练。几个星期后，许多特工都加入了跑步的行列，其他一些上了年纪的特工发现自己的膝盖和踝关节受不了，经医生同意，免于跑步。

陪克林顿总统跑步从来就没有一帆风顺过，几乎每次跑步都会遇到某种情况。这让大多数人更加觉得，总统在公共场合跑步不是什么好主意，不但对总统不安全，有时候，对公众也不安全。

有一次在早班高峰期，总统车队在第 17 街停下来，我们从林肯纪念堂前面的倒影池那里开始跑步。这次跑步因为种种原因，让人尤其难忘，甚至在跑步还没开始之前，就发生了一个小插曲。17 街上，一个骑摩托车的人正往南行驶，他往右边一看，惊讶地发现穿着运动服的总统站在那里。他盯着总统看，好久没回过神来，直到和他前面的小车追尾了。

那天早上，我们的路线是绕着林肯纪念堂前面的倒影池跑圈，像往常一样，总统以他通常 9 到 10 分钟 1 英里的节奏跑步。克林顿总统跑完一圈后，让所有人大吃一惊且毛骨悚然的是，他没有走斑马线就横穿了 17 街，朝华盛顿纪念碑跑去。穿过了 17 街之后，他继续沿着去华盛顿纪念碑的山坡往上跑，那个坡一开始比较平坦，但是后面越来越陡，旁边还有大量的游客。幸好他过马路时没被车碾死。通常他都是绕着倒影池跑两三次，然后就回去的，这次他可不按常规的路线啊！

那天早上，有两个特工跟跑，我是其中之一。当克林顿总统沿着山坡朝纪念碑跑去时，跑在他旁边的上司开始慢下来了，然后转身向我示意，让我和总统并肩跑。这需要我以百米冲刺的速度往山上跑，才能赶得上足足在我前面 75 米的总统，当时他身边已经没有特工，他似乎也不在意。我用尽全身的力气跑到上司前面，我要尽量在总统到达山顶且消失得无影无踪之前赶上他。这时候，我的脑海里突然无意识地出现了我在匡蒂科时代的麦克林中士，他提醒我，只要还有一口气，就不能休息，现在马上跑到这该死的山顶上去。

就在总统到达山顶时，我赶上了他，我们和纪念碑下面站着的大约 30 名游客面面相觑，接下来，他们每个人都开始去摸什么东西时，但愿是相机，我就在他们和总统之间来回走动，同时我把右手伸进运动夹克里面紧紧握住我的手枪。当我们下山时，周围看不见任何别的特工，我只能边跑边留意后面纪念碑处的游客。

到山顶后不久，克林顿总统对我说："好啦，丹，我们回去吧。"

"行，总统。"我答道，尽量不让他看出我已经上气不接下气了。他又转过身来，朝山顶走回去，朝那些等在那里的游客走去，现在他们都举着相机拍照了，我最担心的是他要停下来和他们去握手。然而，今天，他只是挥挥手，就继续沿着山坡往回走下山了，然后回到17街停车的地方。

回到停在17街的车队后，克林顿总统像往常一样，在他的座驾旁边做伸展运动，这是跑步当中最危险的时刻，我们在这个地区待了大约35分钟，人们都知道总统在这里。警察刚刚处理完跑步前那个摩托车追尾的事故，17街上的车辆则开始排起了长龙，许多人开始向我们所在那个区域围过来，此时，总统终于上车了，准备返回白宫。正常来说，这种跑步每周大概会有3到4天。

总统哪天早上跑步，总是让人捉摸不定的。他的手下好像也没有谁有那么大的勇气，在总统晚上睡觉前问他第二天要不要跑步。我总是搞不明白他们为什么不敢问，最糟糕的结果也不过是克林顿总统说他不知道，或者现在别烦我。下班后，大部分资深的职员都已经回家了，只有些年轻的职员还留在白宫，而他们是不会去问总统第二天要不要跑步的。

这种不确定性让总统护卫处的工作变得不必要地复杂了起来。我们只得假定总统每天都要跑步。每天早上，我们在白宫的南院备好车队，准备把总统带到他指定的跑步场所，车队就停在外交门的外面，这扇门可通向这样一个地方，在那里，罗斯福总统曾经在广播里发表过"炉边谈话"。被安排陪跑的特工需要每天早上穿好运动服到这里换班，同时，他们还需要用袋子装好他们的西装以及当天要用的所有物品：套装、衬衫、皮带、袜子、鞋子、领带、毛巾、洗漱用品等等。

尽管用于送总统去跑步场所的车队的规模比常规的车队要小得多，但还是很大的，除了特勤局的总统座驾和总统护卫车外，这个车队还需要两个著名部门的车，一辆来自哥伦比亚特区大都会警察局，另一辆来自特勤局制服特警处，它们分别在车队最前面和最后面。很多早上，这些警官和车辆要等好几个小时，也不知道他们是否还要继续等下去。车队还需要其他一些车辆给记者、跑步嘉宾和总统的职员坐。

通常陪跑是由上白班的特工负责的，跑完步后，特工穿着一身运动服就去白宫站岗了。有一个岗位是设在靠近白宫前门的一个主要楼层上的，当时还是在“9·11”之前，大部分早上，白宫都向公众开放。有些游客很纳闷，会盯着一些特勤局最优秀的特工看，不明白他们为什么都穿着运动服站岗。有一个特别好奇的中年妇女侧过警戒线问我，为什么我们要穿运动服？因为不想理她，我答道：“抱歉，是机密。”她好像对这个回答很满意，她的丈夫推着她朝北门廊走出去了。

一到早上，大家就开始琢磨克林顿总统会不会去跑步，上司也左右为难，因为在过了一定时间之后，他们要电话通知特工，到底是穿上运动服还是让他们换上西装离开白宫。

当家属楼外面的电梯指示灯亮起来，大家知道总统就要下来了。电梯门一开，在那里站岗的特工马上呼叫“鹰”，通知大家总统是要去总统办公室还是去跑步。如果是去总统办公室，那么总统就不跑步了，我们就立马冲回我们的指挥所——白宫西厢16号，迅速脱掉运动服换上西装，换衣速度比走T台的超模换服装还快。在我们快速换工作正装时，运动短裤和T恤衫被扔得满天飞。如果总统穿着运动服从电梯里面走出来，我们则都离开岗位朝车队奔去，坐上停在总统座驾后面的总统护卫车，前往跑步地点。什么时候做出让特工换上西装的决定，还真是需要把握时机，同时还要有一点运气，但我们时机和运气常常都不佳。

有这么一个早晨，跟往常一样，我们穿着运动服站岗。时候已经不早了，几乎9点了，还不见克林顿总统的人影，当班的班长觉得让我们换上日常的工作装应该没问题了，我们换好了衣服，刚刚赶到我们的岗位，克林顿总统坐电梯下来了，穿着一身运动服。像往常一样，他向车队走去，可问题是，那里根本没有车队。车队已经解散，都开到外面车库去了，不能及时召回到位。而我们这些陪跑的特工也正在把西装换成运动服，这时在指挥所里面，外套、裤子、皮带以及所有的男士用品被丢得满天飞，仿佛我们遭遇了风暴袭击。

没看见待命的车队，总统很不高兴，他通知当班的班长，他要去外面跑步，而且马上就去。一脸通红的班长建议总统先在白宫里面很少用的跑道上跑一下，我们就去备好车队。克林顿一脸沮丧，一声不吭，开始在跑道上跑起来。克林顿绕着1/4英里长的跑道还没有跑完两圈，车队和特工就安排到位了，我们启用了停在院子里的紧急车队，特工也创造了换服装的最快纪录。我们驱车前往倒影池，那里离白宫不到1/4英里，这样克林顿总统就开始跑步了。

跑步回来，陪跑的特工只有几分钟的时间用于洗澡，他们抓起自己的西装和袋子就往老行政办公楼的浴室跑去。

在33度的高温下和华盛顿100%的湿度中，跑完3英里，有时4英里之后，身体不能马上就不出汗，而是要在一个甚至一个多小时后才能不冒汗。我们往往冷水淋浴后，就要再穿上西装，快步赶回白宫站岗了。因此，我们站岗时身上还在冒汗，好像我们是穿着西装跑了3英里，一身湿透了，实际上我们的衣服都被汗水浸透了。这真是苦不堪言，但这全是为了“自由世界的领袖”，而且我们也是拿了工资的，那还能怎样呢。问题是，在我们去洗澡换衣服的时候，那些不去跑步的特工得延长站岗的时间，因此他们要等我们回来交班后才能下班休息。

起初，我们都尽快洗澡返回岗位，但那些不去跑步的特工开始抱怨我们回来交班太晚了后，我开始拖得更久了。我跑完步回到白宫后，先喝一杯冰水，接着再到空调房里待到我已经凉快下来了，再去洗澡上班，这已经成了我的个人习惯。这也让一些特工抱怨得更凶了，我提醒他们，当我们不要命地跑步时，何尝抱怨过半句，而他们却只是站着或者坐在那里，他们真他妈的不该抱怨。此后，他们大部分人便不再抱怨了。

克林顿总统总喜欢在夏天快结束的时候，到马萨诸塞州的马撒葡萄园岛小住一两个星期，打打高尔夫球，跟朋友和富豪支持者们散散心，比如弗农·乔丹（Vernon Jordan）、詹姆斯·泰勒（James Taylor）、卡莉·西蒙（Carly Simon），以及娱乐圈的美女帅哥们。那里真是个让人流连忘返的好地方，奢华之极，如果要自己掏钱的话，大部分特工是去不起的。我去过两次，开心极了。在葡萄园岛，克林顿悠闲自在，特工也很轻松，不过他还是喜欢跑步。

在马撒葡萄园岛，我是上下午班，从下午4点到晚上零点。上下午班的特工早上去跑步总是很保险的，因为克林顿总统很少在下午跑步。上早班的特工总是能应付得了。当然，大部分时候是这样，但也并非总是如此。

一天早上，因为头一天晚上熬夜太久，我9点左右才起床，起来后为了缓解脱水的状况，我喝了大量的水，然后又去跑了5英里。下午，我走出酒店，坐进车里，这辆车将带我们去总统的住地换班。车里，班长明显有点心烦意乱，“怎么啦？”我问道，他差不多大叫道：“总统今天早上没跑步，今天下午他要跑步，得要人去拿运动服！”车内顿时沉寂下来，尴尬不已，谁也没有主动站出来。我说道:“行，搞什么鬼，我去!”

那天早上我已经跑过步了，但是总统需要一个特工陪他跑步，我估计以我目前的状态，我还是可以和在场的任何一个人那样，胜任此任务。当我跳出车门回房间拿我的运动服时，另一个特工跟了上来，他曾经也是一名反袭击小组的特工。当其他特工在抱怨时，反袭击小组又一次展现了男人雄起的本色，帮助大家渡过了那天的难关。那一次，我们很开心。

伺机刺杀总统

有时，除了没有足够的特工陪总统跑步外，克林顿总统的健身活动面临的最大问题是，他喜欢跑步的地方是刺客极易隐藏之地，随便一个手里有枪的疯子都可以躲在那里。我们从人群中跑过，穿过街道，克林顿每次跑步前后都要做伸展运动，在大庭广众之下，我们要在总统座驾旁站好几分钟，旁边车来车往。在这些事情上面，我们违反了安全规则，这本来是严禁违反的。我们每天在同一时间从白宫出发，从同一道门出去，很少变换地点或路线。我们有 4 个跑步的场所，但没有很好地协调应用起来。我们好像是坐以待毙一样，要不是出国访问，十有八九会发生暗杀事件。

1993 年 12 月份，克林顿总统离开华盛顿，去俄罗斯访问了两个星期，就是我坐总统备用飞机飞回美国的那次。临行前，我还和一个俄罗斯的安全官员握过手。在这期间，佛罗里达有一个人威胁要杀害总统。他的初步计划是从奥兰多开车到华盛顿，在我们经常跑步的一条路线旁边等着，当总统跑过去时，伺机下手。我们猜测，他是想在袭击时死于特勤局的枪林弹雨之中。

尽管刺客基本上想不出，更不用说实施有效的刺杀方案，但是特勤局总是要不断总结，以求有所收获。幸运的是，这个刺客的方案没什么不一样。据说这个人从佛罗里达到华盛顿以后，确实在我们经常跑步的一条路线旁边，等了一个多星期。但刺客没想到的是，总统已经出国，一时半会回不来。最终，在严寒之中他耐不住了，就返回了佛罗里达，并向朋友透露了自己的所作所为。他的朋友向当局举报了他。嫌疑犯被逮捕，1994 年 5 月，在美国地方法院，根据《美国法典》第 18 条第 871 款，以威胁总统生命安全的罪名，被判在联邦监狱服刑 4 年。

由于这次事件以及其他没有公开的事件，特勤局终于成功说服克林顿总统，放弃在公共场所跑步这个不明智的做法。总统的运气已经够好，躲过了一劫，但是大家很清楚，他的运气不会永远那么好。

在来自奥兰多的威胁事件发生后不久，跑步的难题一夜之间就解决了。在佛罗里达职业高尔夫运动员格雷格·诺曼（Greg Norman）家里，克林顿总统上台阶时崴了一下脚，摔倒了，把膝盖摔裂了。他跑步的日子基本结束。此后，他的健身活动局限于白宫，借助于跑步机和阶梯踩踏器。

下一任总统布什，不是一个慢跑者，而是一个真正的跑步健将，通常以 6 分钟 1 英里的节奏跑完 3 英里。和克林顿总统相比，能跟上布什总统节奏跑步的特工就更少了。幸运的是，布什总统从不在公共场所跑步，而是在戴维营或者在贝尔茨维尔的特勤局培训中心运动，在那里保护他就容易得多。可是天下并没有完全安全的场所，尽管在更为安全的地方跑步，可以少使用一些特工，但是陪布什总统的特工，得和他保持同样的节奏。这些人大部分来自反袭击小组。

给总统开车

1993 年 12 月，克林顿总统在南加州希尔顿头岛度几天假，大部分日子是打高尔夫和在沙滩上跑步。我主动要求打前站，因为我对那个岛的情况很熟悉。3 年前，我和妻子在那里度蜜月，而且小时候我与家人到那里度过很多次假。我很喜欢那里，但是好奇怪，从安全的角度看，突然之间，一切好像都变得不一样了。我发现这次到了那里，无论走到哪，工作就是工作，没有机会享受它的风景和游乐设施。

打前站的任务是在海滩上租好总统的住处和特工指挥所，后者位于总统房子隔壁。这些房子位于一条很短的街道上，这是一个富人区。街道只有一个出口，安保工作比较容易进行。这段时间天气很好，一切按计划进行。最烦人的问题是，这条街上的人都觉得，总统住在他们旁边，他们应该有机会见见总统和第一夫人，但大部分人并未如愿。

执行任务的最后一天，我正坐在指挥所阅读下一周的工作安排，突然班长把我拉到一边，说想要和我单独聊聊，这不会是什么好事。我们来到指挥所一间没人的房子，他开门见山地问我，想去总统护卫处的哪个部门，意思是第一夫人卫队或者运输处。自 1992 年以来，反袭击小组就已是总统护卫处的一个部门。我把话挑明了，我是最近才从反袭击小组过来的，我在这里的表现还算令人满意的。班长同意我的分析，但是又说他们对于自己班里的特工的去留问题不能做主，他们的职责只是安排特工值班、组建护卫队伍而已。班长接着又说，总统护卫处的人力资源主管才是直接发出指令的人，他是 15 级的公务员，是联邦公务员系统里级别最高的人。我有点糊涂了，我跟班长说，那就把我派到最适合我去的部门吧。

在完成希尔顿头岛任务后的那个周末，我休息。星期一我去白宫上班。那是平常的一天。我正在主楼前面站岗，这时人力资源的上司过来通知我，因为我学过特勤局护卫行动的驾驶课程，下星期一就把我从当班特工调到运输处。在那里，我就成了少数几个百里挑一的司机，专职为总统驾驶防弹高级轿车，我也可以开载着当班特工的护卫车，并且可以安排总统的车队。

我肩负着双重使命：第一，自然是保证总统座驾的安全，将总统平安地从出发地 A 送到目的地 B；另一个就是，万一总统车队遇袭，我要运用护卫行动驾驶课程中所学的精湛驾驶技术，采取一切必要措施，带着总统离开射击区域。给总统开车的人，绝不只是一名私人司机。我们是训练有素的高级特工，为总统提供安全保护，这包括陪总统散步和跑步，以及给总统安全开车。我们的车也是特制的，增加了总统遇袭时逃生的概率。

我驾驶的那辆豪华轿车特别大，特别重。尽管配备了 450 立方英寸的大马力引擎，但是在车辆启动和踩油门之间还是有时差，因此，你得在停车之前老早就准备刹车。在那个年代，防弹玻璃常常使物体扭曲，因此很难准确判断距离，即便是一个有敏锐立体感知能力的司机也是如此。克林顿总统很少系安全带，为了避免意外，司机得事先考虑车辆的状态。

1994 年的情人节，华盛顿冷得要死，而且雨下个不停。我刚到运输处上班没几天，值的是下午 2 点到晚上 10 点的班。搭档叫迈克，在运输处上班好几个月了。晚上总统没什么活动，按常规分析，那天晚上应当没多少事情，只要写写东西，打打电话就行了。可结果并非如此。

晚上 8 点左右，运输处办公室的电话响了，是总统护卫队的班长，他说总统要去安德鲁空军基地，给希拉里一个惊喜。希拉里的飞机 2 小时后就到，他安排我给总统开车。

这本应是一个非常轻松的任务，我只需开一辆小车，体积像一只中等的船就可以，毕竟乘客只有克林顿一人。因为迈克资历较老，我让他去通知相关的后勤部门，比如哥伦比亚特区大都会警察局，我则跑到楼下停放总统车辆的地方，准备总统的座驾，确保一切准备就绪。

迈克开过这辆车好多次，在到达白宫之前，他给了我一些好建议。到达白宫后，迈克去接他的警察搭档，我独自坐在黑乎乎的车里，车上有一股好像刚刚洗过的味道，所有的护卫车辆都是如此。

我在想，在这么一个下着暴雨的夜晚，给总统开车，没有用车记录，也没有交通管制。也只有这样，总统才能在情人节给他太太一个惊喜。显然，总统对我们非常信任。

右后门打开，打断了我的思路。总统的女儿切尔西坐了进来，然后是总统，他们简单地向我打招呼，说了声“嗨”。由于过去一年我陪总统跑步，又在他身边上了半年班，他对我很熟。实际上，他能叫出很多特工的名字，我不能说他完全过目不忘，但差不多可以做到那样。“总统先生，晚上好。”我说道，并向切尔西点点头。这时我想到的是，如果我没有和前面带路的小车追尾，顺利开到安德鲁的话，那回来时第一夫人也会坐在车后面。

关了右后门，护卫队队长打开右前门，坐了进来，向我打招呼：“嗨，丹。”这位上司很凶，动不动就会大骂毫无准备的特工，直到现在我还躲着他。但是不可能总是躲得开的。考虑到今晚的情形，我觉得我不但躲不开，也不能这样做。

通过连接在车上的耳机，我听见班长在呼叫特工，让他们坐上我们后面的那辆总统护卫车。那部醒目的警车开始发动，队长看着我说道：“咱们走。”我们开进了漆黑的夜里。

离开白宫南院遇到的第一个障碍是一系列弯弯曲曲的关卡，即使经过训练（何况我从没经过这种训练），也不太可能避得开，但是我成功做到了。我的想法是不要让总统觉得太晃，尽管我更加担心的是，不要把美国总统的豪华轿车给撞毁了。白宫的灯光和保安被我们抛在身后，车子驶进了墨黑的夜色中。

我们的车与前面带路的警车距离不到一辆车的长度，盯着大雨中前车的尾灯，透过带着雨刷看起来像鱼缸一样的车窗往外看，我的注意力高度集中。除了高度集中视觉外，我还得留意迈克发出的变换车道的要求，他坐在前面带路的车里面。当迈克觉得需要变换车道时，会向后面的车子发出指令。一旦我听见跟在后面的车辆说“明白”，就会自动地更换车道。我的目光始终没有离开前面车子的尾灯，总统座驾的司机得完全信任他后面的总统护卫车。我真的做到了。

没有交通管制，我们就得和其他车辆一起行驶，情况非常拥堵。在前往安德鲁空军基地的路上，我们看到了好几起交通事故。在这种天气下，我们大约要开 35 分钟，现场急救车的警灯闪个不停，把我们车窗上的雨水折射成五颜六色，让外面的物体看起来更加变形。我得不停地看带路车子的尾灯和车上的仪表（我一路上把变阻器都关了），然后把身子往后靠以免灯光直射眼睛，造成方位感错乱。你得不停地盯着前面车的尾灯和自己车的仪表，这点至关重要。否则，你就会很容易和带路的车子追尾，因为它和其他的车辆一样，时而加速，时而减速。在经过惊险刺激的 30 分钟后，我们抵达了安德鲁基地。我开着车沿着一个入口进去，经过一扇由特工看守的大门，出门后，就到了飞机坪，把车停好，等着第一夫人希拉里乘坐的 C-9 飞机。

我们 4 个人坐在车上，总统、切尔西、护卫队队长和我。我们等着的时候，总统和队长在亲切交谈。总统给太太带来了一束花，好像很激动，想给妻子一个惊喜。我想，毕竟总统和其他的丈夫、父亲一样，没多大区别。

耳机里一传来希拉里飞机着陆的消息，我们就启动车子，准备开往飞机坪。机身上印着“美利坚合众国”的蓝白相间的道格拉斯 C-9 飞机，滑行进入灯火通明的媒体采访区，记者们拿着采访笔严阵以待。

空军飞行机长按住了刹车，直到把这架美国航空业的骄子完全停下来。我接着朝飞机开了过去，把总统右边的车门面向飞机停下，飞机舱门打开了，一个自动的梯子放了下来。希拉里走了出来，一边下楼梯一边向记者招手，还没意识到在那里等着她的小车是总统的专车，当希拉里楼梯下到一半的时候，克林顿总统和切尔西下了车，克林顿手捧鲜花，一脸幸福，站在那里。希拉里对于克林顿的出现着实惊讶不已，记者们“啪啪”一顿拍照。一切都那么美好，就像电视剧《反斗小宝贝》里的情景一样，不过加入了总统的风格。

克林顿夫人和总统坐进车后面，切尔西坐在他们俩中间，关上车门，我们朝白宫出发。一路上，希拉里跟她丈夫说，见到他她有多意外，我关掉了倾听模式，不听他们之间的谈话，一心一意开车。把他们安全送到白宫是我的唯一目的。

最后一个主要障碍是，再次开着庞大的车子绕过那些曲曲折折的关卡，重新开进白宫南院，不过这次和来时的方向相反，我还要确保不能把总统、第一夫人和切尔西抛到前面的座位上。

我们开到了南门廊入口的前面，我把这个庞然大物轻轻地停了下来，好像没有感觉到车子停顿。护卫队队长低声说了一句“谢谢，丹”，下了车，给克林顿一家人打开车右边的后门。我听见总统和切尔西说了声“谢谢”，我发现这是他们的习惯。我答道“不客气”，之后，松了口长气，总算把总统一家人平安送到家了。迈克和我把总统的座驾及总统护卫车发动起来，开回车库。不过还得先给汽车加油。

如果车油箱里的车油只剩 3/4，就要把油箱加满，这是标准的做法，因为在出行时，车队可能会有紧急情况发生，被迫连续驾驶好几百英里。这些防弹豪华轿车大约能装 4 升油，只能跑 8—10 英里，你一离开加油站，汽油差不多就是最关键的东西。你一踩油门，仪表上的油量几乎就要掉下去。

在华盛顿，我们通常去第 14 街上的一个加油站加油，它位于很萧条的区域，离我们的车库不太远。我们到那里的时候，总是搞得像演出一样，这个街坊的人都知道我们是谁，我们是给谁的汽车加油。等下我就要去那里加油，站在自助加油泵旁边，为总统的车加 93 号汽油。

当地的居民喜欢围观，虽然我不会为自己的家庭小车沃尔沃选这么一个加油站来加油，但在这里，我们总是觉得很安全。大家都知道我们带有武器，毫无疑问很危险，为了保护车我们会无所不用其极。我给总统的汽车加油时，迈克站在旁边掩护。

在那个年代，总统的车辆保存在华盛顿左街 1310 号的一栋不起眼的屋子里，特勤局如今不再在那里租房。但 40 多年来，“左街 1310 号”几乎就是特勤局的代名词。那里曾经是培训处的所在地，特工、制服特警处警察和行政人员，他们所有的专业训练，80%都是在那里进行的。

也还有些办事处设在那里，比如总统护卫处的运输处和许多别的部门，在 1975 年联邦执法培训中心开办之前，特勤局所有特工的大部分培训都是在这里进行的，对于我们这些在那里进进出出那么久的人而言，那里曾经有那么多让人恐怖的教官。2000 年，特勤局不再使用这栋楼后，把所有的家具都留给了美国总务署。可是，这种家具根本就不是现在政府办公室所见的那种现代家具。有些办公桌是橡木做的庞然大物，有好几百磅重，配着豪华的高背皮椅，还有配套的大书柜，如今还放在空空的办公室里。这些办公室以前是特勤局一些高层所有的。它们真的非常漂亮，也见证过一切重大事件，包括肯尼迪遇刺、水门事件和整个越战。

大楼的外面，白天就和平常的街道一样，人来人往，各自忙着自己的事情。夜幕降临，这里就变成了一条妓女街，大楼前面站满了妓女，有时走进大楼，你还得从她们中间挤过去。

当我们开着总统的备用座驾、座驾和总统护卫车，从这些姑娘身边经过，前往白宫时，她们真的会欢呼雀跃，不停地问我们，可不可以搭乘总统的豪华轿车，我们一口拒绝，因为我们太看重自己的工作了。

新总统入主白宫的头几个月，往往很少出行，先要花一部分时间熟悉很多例行的常规事务，一旦事情稍微安顿下来，新总统发现了称之为“空军一号”的宝贝，就会开始大肆乘坐。每个总统似乎都觉得有必要比他的前任做更多的出行，无论是国内还是国外。当克林顿总统发现自己可以乘坐“空军一号”随时想去哪就去哪时，他开始毫无节制地行使这种特权。

在克林顿执政初期，我们几乎没有足够的特工来满足他没完没了的出行安排，总统护卫处的大部分特工一开始工作，就是长达 30 天。像我一样，连续工作好几个月，没有一天休息。就我而言，如果再算上给布什总统服务的时间的话，这种状态已经持续 5 年多。最终，我开始觉得保护总统的兴奋劲已经过去，人开始变得麻木，有时变成了完成任务的感觉，在这种疲倦的工作状态下，我甚至都不知道哪天是星期几。

1989 年，我怀抱着保护美国总统的使命来到反袭击小组。尽管当时我认为保护总统是世界上最重要的工作之一，我也从中得到很大的满足。但是到了 1994 年，我却感到这个工作的重任，比以往任何时候都难以承受。现在我已经到了这样一个阶段，尽管状态还行，但不像以前那么利索。在连续工作大约4年之后，这种现象在总统护卫处的特工当中很常见，而我还多干了一年。

一天上午，我好不容易待在家里休息，突然电话响了，是行动协调特工，通知我马上准备出发。参加工作以来，我第一次把那个告诉我这个坏消息的特工骂得狗血喷头。在为我的不当言语道歉之后，我挂了电话，开始准备另外一次任务。我在反袭击小组的4年里，也曾在那个岗位待过，我做过几个月的行动协调特工，深知给待在家里休息的特工打电话，通知他们有意想不到的出行任务时，是多么不爽的一件事。

作为一名总统护卫处特工，你的生活计划经常被打乱。执行各类紧急任务，这是生活常态，直到现在，我还是会爽快地接受指令，开始准备出行。然而，这一次不同。除了5年以来我被这样的电话搞得身心疲惫以外，这次，我刚刚从国外完成一次时间久、压力特别大的任务回来。在得知这次出行任务的内容后，我更加气愤，在我看来，这种花费纳税人一大笔钱的出行，只不过是总统的一次消遣而已。

这一时期，护卫队的每一个人因为接连不断的出行，开始变得烦躁，很多人都在要求调走。特工开始向管理层发泄怒气，领导好像却并不觉得护卫队需要更多的人员，似乎对那种很不现实的工作安排也漠不关心。特勤局"加油干"的口号开始失去号召力。

作为一名全职特工，到现在我已经保护总统5年多了。随着运输处的工作接近尾声，我又要回到当班特工的岗位上。因此，我请求从总统护卫处调到亚特兰大地方办事处。当初我来到华盛顿需要完成的使命，我已完成，现在该翻开新的一页了。

接下来那个星期，人力资源的助理主管通知我，按照我的意愿，我将被调走。但是，这次是去华盛顿办事处而不是去亚特兰大。我接替了妻子的工作。她原来在那里做特工，现在则来到总统护卫处。也许除了纽约办事处，华盛顿办事处是我最不想去的地方，我宁愿继续待在总统护卫处，直到可以调到亚特兰大。

我回家后打电话给总统护卫处特工主管，告诉他，我想继续留在总统护卫处，直到可以在亚特兰大找到一个职位。他告诉我，已经太迟了，我的调动已成定局。我说，如果我必须离开护卫队，又不能去亚特兰大，那除了华盛顿办事处外，我宁愿换一个工作。他说他可以把我分派到培训教育处去做教官。经过一番讨论，我接受了那个工作。

在干了11年特工后，我意识到，尽管保护总统仍旧是特勤局最重要的事情，但并不是唯一重要的事情。我还意识到，一个人不可能永远地保护总统，即便是最强壮的人也有其局限。还有很多重要的工作可做，培训新的一批想当特工的年轻人也至关重要。我在反袭击小组和总统护卫处的那些年，过得很开心，这点无法用言语准确形容。尽管我去不了亚特兰大，但是我要去做一份非常有价值的工作。在那里，也许我可以把我一些来之不易的经验传授给其他人。

在某个星期五，我去总统护卫处办理退役手续，我的妻子接替了我的工作，她在接下来的那个星期一去报到。她把她的东西放在我的那个小房子里，它位于白宫指挥所的西厢16号。而我就要去当时位于左街1310号的特工培训教育处报到。在接下来的9年里，我参与了2000多名特勤局特工的培训。

我最喜欢的总统是谁

退休以来，很多很多人——朋友、家人和记者——问我，“在总统护卫处你保护过的3位总统当中，你最喜欢谁?”在这种情境中，他们的意思是，就个人而言，你最喜欢谁?

我直接保护过3位总统——乔治·赫伯特·沃克·布什，威廉·杰斐逊·克林顿和乔治·沃克·布什，他们都有自己的个性、好恶和习惯。从我的职业角度来说，他们都很好相处，每个人似乎都能够理解并感激特勤局在他们生活当中所起的作用。他们每个人都相当清楚，没有特勤局，不但他们自己，还有他们的家人，都不会活得那么平安。他们也很清楚，如有必要，这些人是可以为了保护他们的生命而牺牲自己。我也相信他们明白这一事实，我们大部分人也有家室，为了总统，我们与家人聚少离多。

有些人写过有关总统的故事，他们把总统写得很难相处，并声称连特勤局都讨厌他们。但就我的职业生涯而言，这不是真的。实际上，大部分特工永远不会跟总统或他们的家人关系近到可以喜欢或者讨厌他们的程度，至少就我个人而言是这样。

我保护过的总统，在他们的工作和生活中，既有阳光灿烂的日子，也有乌云密布的日子。但即使是在最不顺心的日子里，他们也没有对我认识的任何特工失礼过。如果总统或者家人碰巧从一个特工身边走过，而忘了跟他打招呼或者说声谢谢，我们并不觉得受到侮辱，或者感到气愤。与此相反，我们根本没有什么感觉，因为竭尽所能保护他们的安全，正是我们的本职工作，我们并没有想得到感谢。但我所保护的3位总统及其家人却常常对我说谢谢。我们不是去那里跟他们交朋友，或者要与他们平起平坐，而是保护他们的生命。每个月给我们发工资时，特勤局已经感谢过我们两次了。

我保护过的每一位总统，他们各有千秋，让我非常喜欢和钦佩。我发现他们每个人，哪怕是在最困难的情形，都会竭尽所能地去解决问题。作为一个亲历过3位总统政府内幕的人，我完全肯定地说，美国总统是天底下最难的职业。

第十三章

培养下一代特工

1994年深秋，我离开了总统护卫处，到特工培训教育处报到。我在那儿任教官，负责训练特工学生，并对护卫队的主要人员进行继续教育培训。

特工培训教育处主要分为保护和侦查两个部门。大部分侦查课程，是由并未在总统护卫处工作过的特工来教授，而保护课程则留给拥有总统护卫处工作经验的特工来教。由于我在总统护卫处工作过，在轮班特工班、反袭击小组和运输处三个岗位都干过，因此我被分派教授保护课程。

教授课程、培训学生的老师，大部分和我一样，都是一些疲倦不堪需要休息的特工。我们大多数人根本就没有任何教学经验，也没办法知道自己到底会不会教学生，但现在木已成舟，为时已晚。结果，许多人完全靠PPT上课，讲得极其枯燥乏味。一开始我也是如此。

直到我接受了一个星期的教育基础课程培训，才真正开始上课。之前，我并不被允许单独教一个班级。头几个星期，我都是坐在同事的教室后面听课。由于班上人数较少，对我来说，这是一个学习课堂教学的大好机会，我还参加了几次实地练习。一切风平浪静，培训处是一个能让我恢复健康和智慧的好地方，因为5年以来特别是最近3个月的一线护卫工作把我的健康和智力都损害了。尽管一开始不上课，让我觉得无聊，不过很快出现了转机。特勤局刚刚得到授权，允许增加特工人数，从2000增加到2500人，这就意味着，在不远的将来，我们就要大干一场。

我终于完成了教育基础课程的培训，并获得一个高级课程教师的证书。我从来就不明白这个头衔是什么意思，因为根本就没有初级课程教师的说法。在学习教育基础课程期间，我们学习如何备课、上课和激发学生的兴趣。教育规划专家给我们上这门课程，他们不是特工，而是专业的教育家。他们培训特工如何上课、写教案和制定课程大纲。他们中很多人已经在培训处工作多年，都是行家里手。但要把毫无经验的特工在一周之内培训成一个合格的老师，绝非易事。他们的理念是，特工在自己的领域都是专家，他们只需要训练特工如何把自己的经验讲出来，传授给其他人。

作为老师，主要是对所教的内容要有实际经验，我发现，只要你对所教科目拥有实战经验，那些新学员自然会认真听课，对你肃然起敬。这些人不是三岁娃娃，而是成年人，而且多数人在执法部门和部队有着相当丰富的从业经历。如果老师没有实际经历，只是照本宣科念PPT，学生们会一眼看穿的。我总是能够信手拈来地穿插一些故事，比如给克林顿总统开车、驾驶总统护卫车，或见证总统现场的亲民活动，或者为总统打前站。大部分学员都想了解反袭击小组的情况，以及如何才能加入其中。

在每门课程的一开场，我都会告诉他们，有两个理由他们必须听我上课：首先，我只讲他们真正需要掌握的内容，绝不胡说八道；其次，他们必须认真听讲，否则这门课他们就要挂科，会被退学回家。如今我在大学教书，还是讲这个开场白，学生似乎很喜欢这种开门见山的方式，通常也配合得很好。

这里每个班有24名学生，配备2名课程辅导员。学生在华盛顿参加特工培训课程要持续整整10周，课程辅导员必须与学生住在一起。如果是在联邦执法培训中心学习的10周，他们还要亲自听课。这些辅导员起到导师、榜样和监督员的作用。就像很多事情一样，这是一份非常有弹性的工作，责任可大可小，完全取决于辅导员的意愿。有些辅导员很认真，也有一些人觉得这项工作很烦人，因为太费时间。

只有在培训处工作过一段时间的人，才可以担任班级辅导员。虽然我很想带一个班，但还得等一段时间才够资格。我一边等待做辅导员的机会，一边教授所有的保护课程。由于班级越来越多，老师太少，我很快就带一个班了，这比我预想的要快得多。1995年春，我到培训处之后才几个月，就成为了一名课程辅导员。

据我观察，其他班级及其辅导员，实在太懒散，几乎毫无纪律可言。许多辅导员没有领导和导师的样儿，他们只想和自己的学生做哥们。结果是，老师失去尊严，学生纪律涣散、不成体统。这些学生行为懒散、邋遢，好像他们已经毕业。最明显的是上体能训练课时，辅导员根本未能以身作则，也就是说，当体能训练教官给学生上课时，这些辅导员却坐在办公室里。天气不好时，一些辅导员甚至取消了体能训练。

这一切都不允许出现在我的班上，我要疏远一些人，但是我会赢得多数学生的尊敬，这也让一些同事不得不对我佩服，他们意识到，这才是培训的正道。

与大多数培训教育处的人的指责和提醒相反，我知道我是在特勤局，而不是海军陆战队。绝大部分日子里，我都痛苦地意识到了这一点。那时，很少会有一天，那些怪异的培训天才会忘记提醒我："丹，这里不是海军陆战队。"我感谢他们的真知灼见，我承认自己知道这一点，但还是我行我素。因为我相信，培养海军军官的许多原则，也可以用于培养优秀特工。在进行极端训练的部队和特勤局之间，可以有一个为人接受的平衡点，我会找到的。

无论我们是在谈论海军陆战队、IBM，还是特勤局，其中的管理原则和特点都是一样的。在我看来，它们都是相当简单且直截了当。正如海军陆战队的训练一样，我认为一开始应当尽量把学生的个性和自我意识磨去，然后在适当的时候，把他们塑造成一个服从纪律的新人，最后他们会组成一个极其优秀的特工团队，能够应对他们碰到的任何事情。我觉得这是对特勤局、学生和美国纳税人应负的责任。纳税人希望特勤局有最好的表现，这也是他们的权利。

我被派去担任第 138 期特工培训的课程辅导员，该课程于 1995 年暮春开始。助理辅导员约翰是我的好友，也是我刚到反袭击小组时的助理组长。像我一样，他也是一名老兵。不同的是，他还是一名了不起的运动员。

我们俩配合得很好，一致认为要把学生培养成反应迅速、遵守纪律和身体强壮的特工。我们要按照警察学院和部队的要求训练学生。我们也坚决同意，不强求学生参加体能训练，除非亲自带领他们训练。

第 138 期特工培训

1995 年 6 月，参加特工入门培训课程的第 138 期新学员开学了。入门培训课程将持续一周，在此期间，学员接受入学教育，熟悉武器装备。之后在联邦执法培训中心进行 10 周的培训。然后，他们返回华盛顿，由我和约翰培训 10 周，就可以毕业了。

入门培训课程是我和约翰向新学员介绍自己的好机会。我们还要告诉他们，我们对学员有哪些要求。这也是初步了解他们的好机会。我把上课的要求讲得非常清楚：不管上什么课，自始至终都要全身心地投入。任何项目，只要没有100%的投入，就会被打发回家。我们也承诺带领他们参加所有的体能活动。

第一天结束时，我和约翰给新学员进行体能测试，内容包括引体向上、仰卧起坐、俯卧撑、柔韧性和1.5英里跑步。大部分学员表现得还不错，跑完步后，他们以为万事大吉了。错！我和约翰又把他们集合起来，让他们跑了好几英里。

跑完额外的几英里后，我们告诉他们要有心理准备，今天是最轻松的一天。如果有谁觉得吃不消，现在就大胆讲出来，然后打道回府。这时没有一个人作声。

完成了一周的入门培训课程后，他们前往联邦执法培训中心，进行刑事侦查项目的训练。他们也许以为，暂时不会见到我们了。

一天，我和约翰飞往乔治亚州的布伦斯威克（Brunswick），给他们一个突然袭击，让他们知道我们总是在他们附近，同时也想看看他们过得好不好，以确保联邦执法培训中心没有亏待任何人。我们还带着他们进行了一次突击体能训练。

在联邦执法培训中心培训时，特勤局的学生是由培训中心管理，而不是特勤局，所以我和约翰一到那里，就得和培训中心的负责人联系，这个人就是我们学生所在班级的体能辅导员。我和约翰发现，上课前他在体能训练大楼外面吸烟，我们俩表明了自己的身份，告诉他我们想把特勤局的学生带出去自主训练一次，我们没有问他行不行，只是说我们打算这么做。他吸着烟，犹豫不决，但我们还是说服了他。

班上48名学生（包括特勤局的24名学生）集合好以后，我和约翰走上去，带领特勤局的学生“参观一下培训大院”。我们大约从下午3

点半开始跑步，到4点半时，我们还在跑。

在33度的高温中跑了一个多小时后，我们在体能训练主楼停了下来，让学生喝口水休息一下，我和约翰则滴水未沾。他们为自己能不间断跑了一小时而感到自豪，许多人从未跑过那么远，简直不相信自己能做到。只是有一个问题让大家难以置信：跑步还没有结束。

全班学生从配有空调和冷饮的舒舒服服的体能训练大楼回到停车场集合。我们简短地向他们说了一下内心坚强的重要性，告诉他们，他们身体的潜能要比多数人想象的强大得多，然后宣布热身活动结束，开始体能训练。大部分人发出惊慌失措的尖叫声，我请任何不想继续训练的人收拾行李回家。大家都选择了继续训练。

我们并没有跑很远，第二部分训练实际上是一个心理考验，看看是否有人会犹豫或者放弃。结果一个也没有。但是确实发生过一件事，直到今天说起来还是很好笑，我一有机会就会讲给以前的第138期的学员听。

喝水休息后，我们大概跑了10多分钟。突然一个学生开始哭起来，我问那个痛苦的年轻人怎么回事，他向我大喊道："我累了，疼死了！"你能想象，那并不是正确的回答。实际上，任何"没事"之外的回答都是错误的。我告诉班上其他人，我们还要继续训练，以体验累的滋味，直到这个年轻人没有痛苦的表情并开始表现出一个特工的样子为止。

由于担心有些人可能快撑不住了，为避免对他们造成终身伤害，我和约翰把学员带回停车场，再一次让他们喝水休息，约翰和我还是滴水不沾。大家一站好队形，我们就告诉他们，我们要再跑一次，有谁不想继续，现在可以放弃培训。现在到了关键时刻，因为我们知道已经把他们的体力逼到极限。我们不敢再加码了，否则他们都得住院。学员像战俘集中营的幸存者一样，一脸茫然地盯着我们，但是没有一个人放弃。

对他们的表现我们很满意，这是一个相当了不起的班级。我们宣布解散，不再跑步。他们喜出望外，如释重负。

然而，那天我和约翰并没有表扬他们。我们要让他们知道，跑步是他们的职责，直到我们决定不跑为止。他们只是做了自己的本职工作，没有人会感谢他们。

就是在这一天，这个班级开始表现出团结一致的团队精神，为他们一起完成了很多不可能完成的任务而自豪。在经过共同的艰苦磨炼之后，他们之间也开始形成一种纽带。这就是这种野蛮训练要达到的目的：并不是我们喜欢在酷暑当中跑几英里，而是为了培养他们的信心，打造一个团队。

这些练习也向学生证明，我和约翰是说话算话的。我们总是以身作则，无论让他们进行什么体能活动，我们总是参与其中。我和约翰给他们制造麻烦，就是想让他们成为一个紧密团结的集体。

几个星期后，138 期的学员从联邦执法培训中心返回华盛顿和贝尔茨维尔，开始为期 10 周的特工训练。学员一回来，我和约翰招待他们的就是围着大院跑 60 分钟，包括在 100 英尺高的塔楼楼梯上来回跑，直到有人身体受不了。

这件事成了班上的一个笑话，同时也表示我们跑塔楼次数已经足够了。跑了几次塔楼后，学生明白，只要有人呕吐，我们就会不跑塔楼了。自那时起，他们就会事先决定每次跑步由谁来呕吐，那个人还真的就会呕吐，通过这种方法来减少跑塔楼的次数。他们对此乐此不疲，都很开心。

尽管在一些人看来，这有点奇怪，可是，这种训练有助于培养友情和黑色幽默感，这种黑色幽默对于高危行业的人来说是必不可少的。其实，这也是培训的一部分。虽然关心别人的幸福很重要，但在前行的路上，教会人们在面对不幸和困难时大笑，也会让他们适当地减轻痛苦和压力。

我们在特工培训的第一周就告诫他们，他们可以随时解除痛苦，只需说一句“我放弃”就行了。这时候，很明显没有一个人想放弃，现在这个班级真的在心理和身体上都准备好了，可以开始正式的特工训练。

学员要从乔治亚城的酒店坐车到左街 1310 号，在那里他们要爬上 10 楼的教室。当然有电梯，12 年前就是在那个电梯，我被人铐着手铐、短裤扒到膝盖以下后扔了进去。但是对学员、约翰和我而言，在这 10 周时间里，这个电梯不能使用。我们要求学生带着他们的全部装备跑 10 层楼的楼梯，我和约翰在教室等他们。等大家到齐后再向他们大致讲一下当天的跑步路线。这些楼梯也是惩罚表现不好或者记性不好的学生的有效手段。比如，如果一个男生早上忘了刮胡子，就要罚他跑 10 层楼梯，一直跑到我认为他已经不会忘记仪容标准为止。

尽管学员心里清楚我和约翰是管他们的，不是跟他们做哥们，但是我们的情谊却在同甘共苦中日渐增长。在这里，辅导员和学生的关系，就像海军陆战队的教官和他们的士兵一样。我们处处以身作则，而不是高高在上地管理，这种差别显而易见。这个班级开始小有名气。在大家的印象当中，这是学员身体最强壮、成绩最优秀的班级。同时这也是最讲礼貌的班级，学员会真诚地向所有的员工打招呼。总而言之，到目前为止，他们确实是参加培训以来最优秀的班级。这也没什么神奇的，道理很简单：教师以身作则，恪尽职守，凡事不找借口，人们就会对你一呼百应。这真的不过是第 101 种领导艺术而已。这种领导艺术，我是在海军陆战队学到的，约翰也是在部队学会的，但是很多人觉得不可思议。

我们每天 6 点开始沿着华盛顿广场、国会大厦、林肯纪念堂跑步，然后又跑回来，这大约要一个小时。看见太阳从国会大厦和纪念碑上空缓缓升起，学员们非常开心。至少，他们从没有抱怨过，不过话又说回来，抱怨不被允许。

我和约翰都是住在离华盛顿市区大约30英里外的地方，我们得比学生起得更早，而且每天要等学员都走了后，我们才离开。学生都知道这一点，以身作则的领导让抱怨无从抬头，至少在我们班上是如此。而其他辅导员可就不是那么回事了。

有些辅导员向我们抱怨说，我们班的学员在上他们的课时提不起精神，他们要我们放松一点，给学员更多的休息时间。我跟这些辅导员讲，如果他们的课上得有趣，学员是不会提不起精神的。有些人向上级投诉，但让我们吃惊的是，领导还挺支持我们。这也表明至少有些管理层人员开始认可这一做法，虽然许多人私底下还在不以为然地观望。

我和约翰是故意让学员处于睡眠不足状态，因为特勤局的特工通常总是睡眠不足，无论是执勤还是在现场。我们要训练他们与疲倦为伍，从心理和身体上去战胜它，之后才可以委以使命。

在现实生活中，特工不可能跟总统说，自己累了，需要休息。他也不可能对总统抱怨，天气太热或太冷，不能跑步。我和约翰对学生们讲，我们曾经陪克林顿总统在38度的高温和接近零下18度的低温中跑步，我们的所有训练都是有目的的。

现在是11月，在华盛顿，很多早上气温都在冰点之下，太阳要在一小时之后才升起。有一天早上，下雪了，但是我们还是照常跑步。如果是计划中的跑步，无论如何，永远不会取消。

尽管训练方式很苛刻，但我和约翰还是密切留意学员，不让他们受到伤害。我们会不失时机地让他们放松一下，时不时多给他们点休息时间。当我们观察到学生已经到了崩溃边缘时，星期五就安排休息一天，不进行体能训练。这样，他们周末就可以连续休息 3 天。如果他们某一科目表现特别出色，我们会奖励他们一天假，不用体能训练，或者让他们在体能训练的时候，想干什么就干什么。我们没有“不错，不错”之类的口头奖励，而是以自己的方式对他们的良好表现进行奖励，而且很有效。学生也开始接受这一事实：在特勤局的世界里，大家不会仅仅因为参加了就得到奖杯。他们明白，努力工作的真正回报是完成任务后的满足感，而不是别人的表扬。

这个班级的学员各个科目都学得很好，尤其是体能训练科目。接下来我们要开始进行标准锻炼，这个项目会把学生和我们自己累得半死。该更上一层楼了。

跨越障碍训练场

在 20 世纪 80 年代到 1997 年期间，罗利培训中心修建了自己的跨越障碍训练场，反袭击小组的部分训练，包括跨越障碍的训练，都是在罗利培训中心北部大约 10 英里的马里兰米德堡（Fort Meade）进行。这个面目可憎的训练场由钢筋混凝土和管道组合而成，修建于二战期间。它有好几百码长，但好像永远走不到头，因为它设计成了马蹄形。虽然特工培训课程大纲没有包括这一内容，我和约翰还是认为，这是提高第 138 期学员士气的好办法，也是很好的锻炼方式。1988 年在反袭击小组学校期间，这个项目差点要了我的命。约翰有时跨越这个只是为了好玩。跨越障碍训练需要得到助理特工主管的许可，他是一名前海军士兵，在越战时获得了美国银星和紫心勋章。在获得同意后，我们来到米德堡的跨越障碍训练场。

1995 年 11 月，一个凉爽的下午，巴尔的摩华盛顿公园道两旁树木的树叶呈现出一片红色和金黄色。我和约翰带领第138期学员到达米德堡。我们开始向学员解释这次训练的目的，并强调除了锻炼体能以外，还有一个与工作相关的理由：作为地方办事处的刑事侦查员，特工往往需要追赶嫌疑犯。由于体力不支或者翻不过墙、栅栏而放过嫌疑犯，是不能接受的。然后，我和约翰现身说法，一起跨越障碍。我们把最好、最有效的跨越方法演示给大家，接着让学员轮流练习。

我们让他们每次两个一组练习，指导他们和搭档配合以跨越障碍。在经受住考验后，让他们再次跨越，这次是一个一个来。有些人表现很好，而另一些人，正如我们指出的那样，看起来就像猴子和橄榄球交配一样。但练习还算成功。实际上，这甚至让老板下令，今后所有的班级都要去米德堡进行跨越障碍训练。

这个命令存在一个问题，就是除了我和约翰，没有几个辅导员愿意进行这样的训练，许多人觉得他们不可能像学员那样，弄得一身脏兮兮的，还有很多人不敢去，因为担心如果自己跨不过去，会在学员面前出丑。尽管我和约翰给辅导员进行过无数次的跨越技巧示范，但这还是个问题。

久而久之，我带领着所有的班级进行跨越障碍训练，给他们做动作示范。有些课程负责人则袖手旁观，露出一丝不悦。疲倦会让所有的人成为胆小鬼。但由于有坚定的支持者，他们是约翰、迈克、司各特、托德等，在我担任辅导员期间，没有哪个班级不想参加跨越障碍训练。

在临近毕业的那个星期——很明显大家都能毕业，学员很快就要成为特工，我们进行了最后一次正式的体能训练。像往常一样，在跑塔楼时有人呕吐。我对学员讲，他们现在可以对我们直呼其名。学员一脸惊讶和怀疑的表情，突然鸦雀无声。即使我们这么表态后，仍没人想第一个开口叫丹和约翰。培训差不多结束了，特勤局又将迎来一批出色的新特工。

第138期特工培训的学员终于毕业了。毕业典礼上，学员就像招聘海报上的模特一样帅气。他们穿着西装，脸瘦削而有型，因为大量的高强度训练，他们脸上多余的赘肉已经减了下去。之后，我们向成绩优异的学员颁发各个科目的奖状，如文化成绩、射击技能和体能训练。当宣布最佳体能训练奖的同学分数时，观众报以热烈的掌声。大家对这个学生以及所在班级的学员能有那么高水平的体能素质，惊讶不已。

毕业典礼之后，学员和我们握手，感谢我们的培训和指导。我和约翰告诉他们不必感谢，我们发出了最后一道指令：成为特勤局历史上最优秀的特工！19年之后的现在，我可以自豪地说，那个班上大多数人都没有辜负我们的期望。

课程辅导员的经历让我大有收获，事实上也让我非常着迷。我准备再次开始教标准课程。在大家都散去后，老板把我拉到一边说，他希望我能再带一个班——第141期学员，他们几个月后就开学。他希望我能像教第138期一样，把第141期也培养成为明星班级。我答道："好的，长官。"这个目标将会达成。

那天下午，我在家里喝了几瓶啤酒，美美地睡了一大觉。把班级带得那么好，我心满意足。其实我并不想再带一个班。我原来的目标是竭尽全力把一个班变成最优秀的班级，然后回到保护课程的教学中去。可是事情并不总是尽如人意，正如人们所说的，做好不得好。

第141期特工培训

既然所有的班级都是由经过层层选拔的人员所组成，我相信大部分班级都是一样的，在素质和行为上的唯一区别就在于谁来带。我坚信散漫的辅导员带出散漫的班级，严于律己的辅导员则带出最优秀的班级。尽管在多年的教官职业生涯中，我一直是这么认为的，可是我慢慢意识到，每个班级还是有其自身特点。我开始认识到，由于特勤局总部管理人员新近出现的不为人知的政治敏感性，只要有一个学生以莫须有的虐待投诉你，你的一世英名就可能在一年之间被毁尽，你多年来的培训理念和成果也将毁于一旦。

总部以外的人不明白，特勤局像美国其他政府部门一样，正迈入一个性别敏感的新阶段。在这一阶段，老特勤局和新特勤局之间形成了真空地带，老特勤局对寥寥无几的学生投诉不感兴趣，新特勤局则马上会对被指控者评价再三——只要有一个学生对此进行无中生有的指控。我和新助手司各特就被这个真空吸了进去，我们两个都被卷入其中。20 世纪 90 年代出现的“政治正确性”狂热漩涡，尤其是那起臭名昭著的海军“尾钩丑闻”（Tailhook Scandal），惊动了整个政府。

第 141 期学员临近毕业时，有一个女生周末去另一个城市玩，返回时因粗心大意错过了航班，没能按时归队。像任何违纪的学生一样，她受到了相应的惩罚。她对惩罚不服气，指控我和司各特不仅故意整她，而且向全班学生提出了不可理喻的体能训练要求。

尽管这个学员扬言，我们提出的惩罚是故意针对她的，但了解情况的每一个人都知道，因为一个女生的投诉，我们被指控为性骚扰，这完全是无中生有！她错过了航班，没能按时或者在尽可能早的时间归队，这一事实似乎被有意忽略。很明显，她要么感觉到了，要么有人唆使，特勤局对特工的行为规范的要求已经不一样了。她继续扮演着受害者的角色。

一开始她太天真了，没有意识到，她是一个受害者，可是这与我和我的助手完全不相干。最后，她弄巧成拙，成了一个轻率的投诉者。此后，特勤局的高层管理者把她作为反面教材，宣扬特勤局的新秩序。

调查

由于学生的控告，培训处助理主管下令对我和司各特进行正式调查。在监察办公室的特工对班上所有的学生，还有我和司各特，进行过无数的面谈后，调查结论交到了培训处助理主管那里。监察办公室经过半年的调查，得出了正式结论："这名学生的骚扰指控和进行过分体能训练的指控，查无实据。"这件事就算过去了。第 141 期学员，包括那名投诉的学生都已毕业，走上了工作岗位。

整个半年的是非总算无疾而终。但这件事对于特勤局而言，意义非同小可。从"政治正确性"的角度看，它标志着一个新时代的开始，它默许一部分人对不适合的项目进行投诉，并可能因此被另眼相待。

在调查结束、第 141 期学员毕业之后，我继续给特工培训班级上体能训练和保护课程。像往常一样，我竭尽全力想把他们培养成这样一个特工，一个能够在毫无"政治正确性"可言的现实世界中生存下来的特工，那里不存在性别差异的问题。在那个世界里，那些人要杀一个人，仅仅因为那个人佩戴着特工的标识，这些杀手根本不管佩戴标识的人是男是女。我指导和培养的学生，不会因为我没有竭尽全力地教学，而遭遇如此的厄运，对此我矢志不渝。

美国进入战争状态

2001 年 9 月 11 日，星期二，我正在上一节实地操练课。这时一个教官告诉我，一架飞机撞上了世贸中心。我有一种不祥的感觉，那不是意外，尽管我还不知道任何细节。当年我在纽约上班，住在新泽西的时候，我好多次租飞机从哈德逊走廊上空飞过世贸中心。那天东海岸的天气那么好，哪怕是一个蹩脚的飞行员，也不可能意外地撞到任何一座大楼。

我继续上课。另一个教官传来消息说，又有一架飞机撞上了世贸中心的另一栋大楼。现在我知道我们已经处于战争状态。我猜对了，是本·拉登和基地组织幕后主使的。

美国在"9·11"事件中受到重创，我知道培训处也要跟着遭罪。美国政府在重大危机时刻的自动反应是招更多的人。特勤局为了填补新的岗位空缺，开始大量招特工，人数打破了历史纪录。这意味着在不久的将来，我们一周要训练6天。

我意识到，由于学员人数激增，教官人手不足，可能又要让我去做课程辅导员，虽然我希望不要这样。自上次的调查事件起，根据我的请求，我已经不再担任班级辅导员，只需教授普通课程，对此我心满意足。

2002年的一天，我的担心变成了现实。我刚带一个班级跑步回来，就发现老板在办公室等着。他告诉我，由于班级增多，我必须担任下一个班级的课程辅导员。他同时告诉我，特勤局局长的儿子也在这个班。培训不是什么新鲜事，大多数学生都很不错。局长的儿子是第一个参加培训的长官的孩子。幸运的是，一切总算很顺利地结束了。

我从事特工工作已经19年，再干一年，就可以退休了。我和往常一样，用粗鲁、不计后果的方式管理着这个班级。我对局长的儿子和所有学生一样，严苛地训练他们，我不怕他们出事，只要不出人命就行。

这个班有一些娇气的"姐妹"，我不是指女人。好几个男生由于缺乏动力和努力，我得反反复复给他们打气。大约在"9·11"后的一年里，在招聘特工的过程中，特勤局出现了一些普遍的错误，招进了许多动机不纯的学员。在任何时候，一个小小的精英组织迅速扩张时，都会降低门槛和牺牲质量。

一个特别可怕的例子就是：有个特工主管被人从办公室叫到总部，亲自向局长解释，他为什么招了一个问题特别多的学员。之后，培训处助理主管就这个学生征求我的意见，是留还是开除？我建议开除，并解释说，在我当教官的8年当中，那是我见过的最差的学生，并给出了确凿的证据。可是那个学生照样毕业了。

从2002年到2003年，每个班大约有三分之一（也就是8个学生）成为热爱训练的种子选手并成为优秀的特工，有三分之一是意志薄弱的类型，另外三分之一根本就不适合在执法部门工作。当我和其他教官竭尽全力地纠正他们的问题时，一天，老板对我说："丹，烂泥是扶不上墙的。"但我还是像魔术师那样，希望努力创造奇迹，我要对得起每个月领的两次工资。幸运的是，由于主管的有力领导，到2003年我离开培训处时，特勤局历史上不幸的一页差不多翻过去了。

作为课程辅导员，我带的最后一个班级培训结束时，除了有些人抱怨体能训练项目的强度太大，没有出现任何重大事故。他们毕业之后，我履行着普通教官的职责，把他们全忘了。在8年的教官时间里，我前后训练过两千多名学员，学员一出门，我很容易就把他们忘记了，所有学员在我的眼里变得完全一样。

特工，拿出勇气来

特勤局的一大特点就是勇气，多年来特工无数次地表现出这点，出现了许多勇气可嘉的例子，比如蒂姆为里根总统挡子弹。可是，还有许多每天都在发生的勇气可嘉的事情，是特勤局之外的人无从知晓的。

特工在他的职业生涯中，在精神及肉体上都要具备巨大的勇气，才有可能面对不计其数的挑战和危险。对特工身上这种勇气的需求，在特勤局的一次毕业典礼上被清楚地总结了出来。

毕业典礼上的主讲嘉宾常常是退休的特工，他们中很多人住在华盛顿特区，所以很容易请到场。演讲往往搞得很长，很难听下去，他们喜欢大讲特讲自己当年的功绩，内容枯燥无味。对那些即将成为特工的学员来说，他们连续训练了半年，根本无心听嘉宾说些什么，他们只想马上回家，好好休息，放松放松。

在担任教官期间，我参加过很多这样的毕业典礼，但有一次我终身难忘，所有参加的人都有同感。主讲嘉宾是雷德·奥尔巴克（Red Auerbach，现在已经过世），他是伟大的波士顿凯尔特人队（Boston Celtics）的前教练。

当我们坐着，期待聆听这位美国体育界的偶像演讲时，我们闻到了一股雪茄的香味，香味来自附近的某个地方。当然这是不可能的，因为政府大楼里早就严禁吸烟。在那些循规蹈矩、几乎背得出禁烟条例的人看来，在政府机构里点燃任何香烟制品，都可能导致某些受不了烟味的人意外死亡。

雷德登上了讲台，烟味的来源也就清楚了。他站在那里，上半身靠在讲台和麦克风前面，手拿一支点燃的雪茄，准备开始演讲。他开始讲自己担任凯尔特人队教练的趣闻轶事，大家听得津津有味。他突然语速放缓，变得一本正经起来，并特意停顿了一下，紧紧地盯着那些毕业生，用低沉而洪亮的声音说，在他们整个事业生涯中，最应该具备的品质是“有种”。对于那些不太熟悉这个说法的人而言，这是一个比喻，表示在生理和道德上都要具备勇气——无论付出什么代价，总要主动面对危险，坚持自己的信仰。

我一边听一边想，我从未听谁说过这么发自肺腑的话。这真是我听过的最令人难忘的演讲。雷德说完这段话，又开始肆无忌惮地抽那支大雪茄，蓝色的烟雾在贴着“严禁吸烟”标语的礼堂里萦绕。他根本不怕得罪人，对“严禁吸烟”的标语视而不见。他是被邀请过来的演讲嘉宾，高兴怎么说就怎么说，愿意怎么做就怎么做。在雷德·奥尔巴克生活的那个时代，男人喝威士忌和啤酒，吃大大的汉堡和牛排，他们不喝鸡尾酒和白葡萄酒，不吃蔬菜沙拉。如果想吸烟，他们也会在公共场所抽雪茄。

台上坐着坚信“政治正确性”的总部管理人员。人们几乎能听见他们在座位上局促不安的耳语，他们担心，有那么多市民在场，演讲嘉宾吸烟会有损特勤局的形象。据我所知，没有一个观众抱怨。雷德·奥尔巴克的话提醒在场的每一个人，要回到“有种”的初始意思上去。对于雷德而言，“有种”很重要，人人都要“有种”，尤其是在特勤局这样的地方。“有种”真是个好建议，他真是个伟大的教练。顺便说一句，现场没有一个人敢“有种”地告诉或要求雷德灭了雪茄烟。

提拔，返回总统护卫处

2002年，一个平淡无奇的日子，我正在上课，这时老板走进教室，宣布我晋升为14级公务员，担任培训处助理主管。然后他走了出去，让我继续上课。我终于被提拔，感到非常开心。这个好消息我真的没料到。因为这件事情，在那天接下来的课上，我有点恍惚，一整天都是恍恍惚惚的。

第二天下午，我接到特勤局局长布莱恩·斯坦福特（Brian Stafford）

的电话，祝贺我晋升。我感谢他抽时间打电话，感谢他对我的栽培。之后，我坐在桌子边，尽管此处严禁吸烟，我还是打开窗户，点燃了一支雪茄。

一年以后，我就要退休了，我决定争取回到总统护卫处，做最后一次管理协调工作。我做教官的时间太长了，好像扮演一个角色太久的演员，已经定型了。许多人认为我离开这个部门这么久，就只会教书。也许他们是对的，不过我仍想找机会证明自己。

2003 年 8 月，特勤局同意我回到总统护卫处，让我担任反袭击小组的负责人，当时有两个人负责反袭击小组。在离开护卫处 9 年后，我又回来了。

第十四章

退休，加入中情局

在离开第一线很久之后，2003 年 11 月，我又回到了总统护卫处的反袭击小组。9 年以来，我一直在培训别人如何保护总统、如何运动和保持体形。如今我又回到总统护卫处，帮助他们完成特勤局最重要的使命：保护美国总统。

我回到护卫处的第一天，特工主管就召开了一个管理层会议。我走进会议室，很多老朋友向我打招呼，现在他们都成了护卫队的高层。他们头发少了，脸上皱纹多了，可是身材依旧很棒。除了两三个人以外，他们都是反袭击小组的前特工，在我看来，他们是特勤局护卫处最优秀的特工。从 1983 年开始，我就和他们一起工作，一起满世界跑，我非常钦佩他们。他们中大部分人是我在反袭击小组和总统护卫处的队友。我看得出，特勤局挑选了最优秀的人员来保护总统。回来了真好。

然而，回到总统护卫处后的几个月，我面临着一个重要的抉择，这对我的家庭和我本人都影响深远。一年前，2003 年，当我的服务年限达到 20 年时，我就可以退休了。我开始在联邦政府里找一个退休岗位，为从特勤局退休做好准备。要想在政府里面找一份新工作，需要花费很长时间，虽然我还没有准备退休，至少该开始寻找了。

尽管很多退休的特勤局特工去了新成立的美国运输安全管理局或者

财政部，可是我对这些工作毫无兴趣。有朋友去了这些机构，他们告诉我，这些工作没有什么真正的挑战性，也无趣得很，只不过是领工资等着退休而已。我不能接受这样的想法，上班对我来说，不仅仅是为了钱和轻松悠闲，而现实中大部分的退休岗位却是这样的。我是一个不可救药的理想主义者，只有从事的工作与我相关，能实现自己的价值，我才会开心。现在与我相关的，似乎就是直接去参战。

自“9·11”以来，我就一直想为反恐战争出一份力。虽然年龄是个问题，我开始时也这么想。尽管我身体非常健康，2001年，我还只有46岁，不过可能对于任何实质性的作战来说，年纪还是大了一点。抱着不管怎么样都要直接参战的目标，我把目光转向了美国主要的情报机构——中央情报局。从各种报道来看，中情局在我们面临的这场反恐战争中很活跃，我觉得这就是自己最好的去处。

尽管在很多方面，中情局像所有其他的政府机构一样，是一个庞大的官僚机构，但它的历史丰富多彩，其源头可追溯到二战时期。而且幸运的是，它的风采如今在很多年轻密探身上还可见一斑。

二战前，美国没有任何真正意义上的情报机构，联邦调查局和国务院是独有的两个情报机构，那时它们仅仅在必要时处理一下类似间谍和反间谍的事务。随着二战的开始，在轴心国掌控的领域，这两个机构都插不上手，美国因此决定成立一个机构，以专门负责间谍事务。

为了填补这一空白，1942年，罗斯福总统授权成立战略情报局，即中情局的前身。他任命哥伦比亚法学院的老朋友——“野性比尔”，威廉·约瑟夫·多诺万（William “Wild Bill” Donovan）为局长。多诺万是一战时国会荣誉勋章的获得者，在被任命为战略情报局的头头之前，他是一名成功的律师。多诺万担任战略情报局局长一职，只向总统负责，并得到了总统的全力支持。这就避开了爱窥探消息的J.埃德加·胡佛

(J.Edgar Hoover）的耳目。胡佛曾经强烈要求授予联邦调查局在国内外反间谍事务中完全的自主权，可是失败了。

战略情报局基本上是在部队的掩护下行动，特工身穿军队制服，这样他们行动时才不会引起敌方特工的注意。他们常常在美国的军事设施周围行动。

美国第一批间谍训练场地有如今的国会乡村俱乐部，位于马里兰州波托马克（Potomac），还有该州的瑟蒙特地区（Thurmont）以及海外的英国。在乡村俱乐部，现在每年都会举行美国职业高尔夫球赛。很少人会意识到，这样古朴的国会乡村俱乐部度假村曾经有过射击训练场、跨越障碍训练场、爆破训练场以及跳伞着陆场。俱乐部会所、酒吧和就餐区曾经是兵营，有一侧专门用于制造武器装备和训练学员，来反击希特勒和裕仁天皇的军队。

战略情报局的主要作用，是为在欧洲和太平洋整个敌占区的抵抗力量提供培训、装备和帮助。另外，他们还负责破坏轴心国的通信，暗杀敌军高级军官，牵制敌军的一般作战能力。战略情报局的特工是一群勇猛之士，以聪明、勇敢和愿意冒险而著称。许多特工都是常春藤（Ivy League）大学的毕业生，比如哈佛、耶鲁和普林斯顿等。这部分是由于多诺万是哈佛毕业生，他从那里挑选了不少的人。这些人又从那些院校挑选自己的下属。

只有最优秀和最聪明的人才能被战略情报局选上，并不是你申请了就可以加入。战略情报局锁定和选拔它需要的人，他们兼容并蓄，各色人员都被囊括其中。比如，大牌演员斯特林·海登（Sterling Hayden）就直接从匡蒂科的海军候补军官学校进了战略情报局。他在候补军官学校有很多壮举，包括空降到被占领的克罗地亚，炸毁了德国的铁路，帮助秘密抵抗组织打击德国。要是他被抓住，肯定会被盖世太保

（Gestapo）折磨，然后处死。勇敢的战略情报局的成员，有男有女，很多人惨遭敌人杀害。

战略情报局尽管功绩可圈可点，可是存在的时间非常短。二战结束后，随着罗斯福总统的去世，新总统杜鲁门觉得，在他的政府里有一个间谍机构让他很不爽，便废除了战略情报局。政府感谢“野性比尔”和他的战略情报局特工为国效力，赠予战略情报局徽章之后，就打发他们回家了。几十年来，他们只能彼此谈谈往日的功绩。

随着与苏联的冷战开始，杜鲁门重新考虑成立一个间谍机构的必要性。在他看来，该机构得像战略情报局，但是必须更复杂，这是一场与苏联的冷战而不是热战。为了不变成热战，需要收集情报，让美国更好地对付苏联的任何侵略意图。

1947 年 7 月 26 日，在机场，杜鲁门总统坐在他的总统专机里，签署了《国家安全法》。根据该项法案的部分条款，政府组建了中央情报局。这就是我雄心勃勃的职业目标。

申请加入中情局

2003 年，一个星期六的晚上，在我的家庭办公室里，我打开中情局的网站，填好第一份网上求职申请。几小时后就发送了出去，我觉得可能没人会看。加入中情局似乎不大可能，我觉得最后一个雄心勃勃的职业目标只是个愿望罢了。

因为中情局属于情报部门，不是执法部门，在那里谋取一个职位，需要经过完整的申请过程，不是星期五从特勤局退休后，下周一就到运输管理安全局或者财政部去上班那么简单。这需要你各个方面从头开始申请。

申请加入中情局时，我已经48岁，但我发现这里的工作实际上根本没有年龄限制，他们唯一关心的就是为大量的职位招到最优秀的人。只要身体条件符合职位的要求，任何人都可以申请。自两年前发生了“9·11事件”后，中情局就在全面招人，它吸引了大批不同背景的人。表面上看，申请者从自行车运动员到华尔街高管，不同背景的都有，每个人都有自己的一技之长。

提交申请3周后，我的电话留言机收到中情局招聘官员的留言。接下来的那个星期，在弗吉尼亚的某个地方，我坐在中情局的一栋不起眼的大楼里参加笔试，考察我是否适合做情报人员。在之后的几个月里，我又进行了一系列的测试，包括面试、心理测试和不近人情的测谎仪测试。

为确保中情局的安全，中情局对新员工的审查，以及在工作期间对情报人员进行的安全检查，显得至关重要。这是为了防止敌对情报组织的人员渗透到中情局。这个原因加上其他一些原因，审查过程漫长而痛苦。可是，如果你想加入，这种痛苦必须忍受。

从上班第一天起，中情局的每一个人几乎都可以接触到机密的信息。这些机密一旦泄露出去，必将危害国家安全。中情局的所有人员都有可能接触它的信息系统，他们有进入该系统的钥匙，安全官员不断地强调这一点。即便是办公室打扫卫生的人员，都必须进行彻底的背景调查，他们离机密信息太近，也会听到一些绝密的谈话内容。

在所有的审查环节中，令大家感到最恐怖的，就是测谎仪的问答。由于担心可疑的人员渗透到机构，因此在测谎仪提问环节，会涉及一系列反间谍的问题，还会问到生活方式的细节。中情局完全相信测谎仪，以至于在情报人员的整个工作期间，所有的人员都要随时接受测试。

我曾经是特勤局的一名优秀特工，在总统身边工作过很多年，但这一点对我通过审查一点帮助也没有，他们把我当作一名22岁刚刚毕业的大学生那样对待。

2004年3月，一个星期一的上午，我坐在测谎仪办公室里面，以为这一关会很快结束。在过去21年里，政府已经对我进行过最高级别的安全审查，而且每隔5年审查一次。除了爱喝上好的苏格兰威士忌酒和偶尔抽抽雪茄，我的生活相当无聊，我只是担心一点，由于自己生活的单调与无趣，这种测试会很快结束。负责给我测试的考官是一位刚从测谎学校毕业的学生，23岁左右，他对此有着完全不同的看法。

我想可能是我出师不利，这个年轻人走到我身边，做自我介绍，他询问该如何称呼我。很显然，他是在问我的名字，是丹尼还是丹？他看上去很像以前教过的特工培训课程的学生，所以我告诉他，像他这个年龄的人通常都叫我艾美特先生。他把我的回答当作对其权威和职位的冒犯，明显有点不高兴。从那时起，情况就急转直下。

接下来的4个小时，这个年轻人对我进行了一系列的测谎仪测试。他对我全面开火，把我当成企图进入中情局的俄罗斯间谍。很明显他是按照测谎学校的课本来考我，希望掏出点值得报告的信息。一会儿，他把自己的椅子放到离我很近的位置，问我："你是丹，还是伊万？"我放声大笑，以为他不可能是认真的。可是他年轻而通红的脸上浮现的表情告诉我，他是认真的。然后他问我，如果测试没通过，进不了中情局，我会怎么办。我答道，我会继续留在特勤局的总统护卫处做主管。听到这个答复，他有点不知所措，就结束了测试，告诉我第二天要进行更多的测谎仪测试。

安排他负责测试我，很有可能是他们以为这个测试会很容易进行，而且能给他提供很好的经验。因为我成年以来的档案，他全部拿在手上，而且我已经通过了最高级别的安全调查。也许有人告诉过他，对我不要太费心，因为我是特勤局的人。但也许是矫枉过正，也许他是一个狠角色，不愿轻易相信这点。我能理解他对我进行彻底审查的必要。但是让我严肃地面对一个比我小 26 岁的人对我的审查，确实很困难。我加入特勤局时，他才 5 岁；而我当上海军陆战队军官时，他还没出生呢。我觉得至少应该派一个年龄和我相当、经验丰富的考官来测试我，中情局里这样的人多得很。尽管如此，我还是尽量配合，尽我所能对他的职务表示尊敬。我提醒自己，在全新的情报部门，我是从头开始，要想进去，就得跟他们玩下去。

回家后，我吃了两片阿司匹林，喝了一瓶啤酒。我想来想去，打算不回去进行第二部分的测试了，但是妻子说服了我。“这对你有什么损失吗?”她问道。像往常一样，她说得对。第二天上午，我回到了测谎区，做好了心理准备，以应对又一轮的马拉松式问答。这些问题就是要把你的灵魂赤裸裸地展示出来，然后才能确信能把机密信息托付给你。在过去 25 年来，包括我在海军陆战队的日子，我一直就是从事这方面的工作。

第一部分的测试搞得一塌糊涂，这让中情局明白，需要派一个经验更丰富的测谎考官过来。第二天，他们给我换了一个考官，三十几岁，成熟稳重，以前是一名街上的巡警。我进去以后不到 1 小时就出来了。我通过了测谎仪的测试，没有问题。这证明我是值得信赖和保守机密的人，至少理论上是这样。

同一天，我又进行了第二次测谎仪的测试。一名来自一家专业机构的精神病科医生对我进行了全面的心理测试，就是要看看我神智是否正常，是否足以成为一名中情局的成员。那个医生至少八十好几了，自 1947 年以来，他就在那家机构工作。关于他，有许多传奇的故事。他在一家海外服务站工作时，曾经和一些美国人打过一场高尔夫球，那没有什么不寻常的。不同寻常的是他到达高尔夫球场的方式。那时，4 个同事在等着他，突然他们听见高尔夫球场上空有飞机发出嗡嗡的声音。大家一抬头，就看见那个医生，身着高尔夫服装，脚穿高尔夫鞋，高尔夫球杆放在一个工具箱里，慢慢地随着降落伞降落。在我申请中情局职位的时候，该机构还流传着许多前辈的传奇故事，有些前辈甚至是二战时战略情报局的人。人们总是会爱上一种鼓励在行业以外冒险的文化。

一天下午，我坐在办公室里，电话响了，是中情局的招聘官打来的，几个月前他负责我的申请材料。他通知我已经被录用。这一幕，整个感觉似曾相识。他说我有 6 个月的时间考虑，是接受还是拒绝这个职位。我对他表示感谢，然后坐在桌子旁边，细细地体会着那种期待的感觉，这和我 20 年前的感觉几乎一样！当时是亚特兰大的特工主管打电话通知我，说我被特勤局录取。

现在，做了 21 年特勤局的特工后，又有一个新的职业摆在我面前，需要我继续奋斗。我得做一个重大的决定：是留在特勤局做主管，过轻松的生活，悠闲地吃午餐，让下属去多多跑腿；还是退休后到中情局来上班，在那里我就是新上场的队员，哪怕是做一名世界上最老的新手？

这个决定很大程度取决于我的妻子，看看她是怎么想的。毕竟，离开特勤局转到中情局不仅仅是职业上的冒险，也是一个真正有生命危险的决定。在阿富汗第一个被杀的美国人就是一名中情局官员，他是海军陆战队的前队长约翰尼·斯潘（Johnny Spann）。作为丈夫和父亲，在人到中年以后，我没有把握，自己是否还有权利去冒这种风险。但是，丹尼尔的态度与往常一样，在我整个职业生涯中从来没有变过。如果我想进入中情局，她就会支持。如果她反对，她绝不会那么说。

那天傍晚，在我的小房子里，我穿着海军陆战队的运动衫和体能训练短裤，那个季节的最后一波热浪还是酷热难耐。我坐在那里思绪万千，哦，对了，还有我 12 年的威士忌酒。凝视着落日的余晖，我回想起自己的职业生涯，从最开始梦想成为特勤局特工一直到现在。在过去的21年里，我一直做特工，一旦离职退休，我就再也回不去那里了。一直到很晚，我脑海里全是这些事情。我很难入睡，天一亮，头一天晚上的感觉还牢牢地占据我的心头。尽管这一切似乎不合情理，但我还是决定，尽快从特勤局退休，加入中情局。

这些年来，我听人们说，什么时候该退休，特工自己会知道。我总是纳闷，情况是不是这样。2004年4月底的这个上午，正如前人所说，你会知道的，我突然明白了。想到特勤局里这些年风生水起的变革，看着桌上的这份中情局给我的令人难以置信的工作机会，我知道该行动了。

中情局的一些人认为，我的一身本领能派上用场。成为中情局的人，有可能为反恐战争做出贡献，哪怕只是贡献绵薄之力，对我来说就是很有吸引力。我觉得自己有这种天赋和能力从事这样的工作，而且经过海军陆战队和特勤局的磨炼，我的本领更加炉火纯青。如果我还能在打击当前的敌人方面为美国效力，那我觉得，挺身而出就是我的职责。我给招聘官打了电话，告诉他我接受这个职位。

现在最让我头痛的，是该如何对总统护卫处的特工主管开口。他是我多年的好友。当我走过贴着防水瓷砖的老行政办公大楼，穿过总统护卫处办公室走廊去找主管时，我看见许多老同事。我心中一阵伤感，也许这就是见他们的最后一面了。（实际上，在中情局总部的大厅里，我看到了不止一个特勤局前特工。看来特勤局特工中，不止我想参加这场反恐的战争。）

我来到贴有总统护卫处特工主管指示牌的办公室。我走进了等候区，这时老板马上向我打招呼。我坐下后，告诉他我退休的计划和去处，虽然这违反了中情局的保密条例，但我觉得临走时还是跟他解释一下好，我知道他是个可以信赖、能够保密的人。他说舍不得我退休，问我是不是真的想好了要退休，接着又说他和特勤局都会想我的。虽然他职位比我高两级，但我总是首先把他当成朋友，其次才是老板。他很体贴人，祝我在中情局好运，和他握手告别之后，我就回家了。

之后我得知，特工主管确实泄露了我新的工作单位的秘密。他告诉了小布什总统。听说我一退休要去中情局，总统也很高兴。

当初我是秘密进入中情局的，也就是说，实际上我不可以告诉任何人这个消息。秘密进入中情局，让我离开特勤局有点麻烦——当特工宣布退休时，大家都想知道他去哪儿了。

在你能应付自如之前，中情局的隐蔽生活不是那么好对付的，你必须做出很大的努力。中情局的便衣官员必须能够在一些场合，伪装从事另一种实际上子乌虚有的职业，详细地与人交谈，让人信以为真。总之，中情局招聘的是一些最正直、诚实的人，但必要时也要教他们在一些特定的场合撒谎，让人信以为真。中情局的隐蔽生活普遍就是这样，中情局官员的大部分生活就是在撒谎。过去 25 年来，我总是可以诚实地告诉人们我是做什么工作的。如今，我对朋友、家人和陌生人都得撒谎。

就在我退休之前，一天我和一个特工及其妻子吃中饭，他的妻子想知道我将来的新工作是什么。我还没在中情局接受过详细的掩饰指导，当时我使出浑身解数，结结巴巴地回答了她的问题，但是也许没能骗过她。后来，我得知她曾经当过间谍，尽管她猜得到我要去哪里，但出于职业礼貌，她没有对我质疑。

白宫的最后一夜

我在特勤局的最后两个星期里，担任白宫零点班的代理班长，周末还要去总统在马里兰州的度假地戴维营上班。这是我结束特勤局生涯的最理想的方式。

15 年前，作为一名反袭击小组特工，我第一次进入白宫。现在我在负责总统和第一夫人的安全，他们就睡在住宅楼的二楼。在晚上 10 点到早上 6 点之间，如果出现什么意外，譬如针对白宫的袭击、紧急医疗事故等，则由我负责指挥工作人员立即采取行动，把总统和第一夫人转移到安全地点。

在作为特勤局特工上零点班的最后一个晚上，我把所有事情布置妥当后，在大楼四处来回走了一圈，周围寂静而昏暗，我回想着在这里度过的日日夜夜。对我而言，在很多方面，白宫有种家的感觉。在我职业的不同阶段，我在白宫待的时间比在家里还多。我想起来了，在这里我直接保护过 3 位总统。我在反袭击小组的时候，在这里站岗值班，陪克林顿总统跑步，给克林顿总统开车，还有我和丹尼尔参加过的圣诞晚会。我也想起在这里结交的所有朋友，有些人已经不在世。天就这样亮了，简直难以想象，这是我最后一次从这里走出去了。我早就知道，我会很难过的。

老爱比特烧烤店的告别晚会

几天后，我的告别晚会在老爱比特烧烤店举行。老爱比特是华盛顿白宫附近一个喝酒和吃饭的地方，无论是过去还是现在，这里都是一个很有品位的地方，那里的男人西装笔挺，女人则一袭长裙，很少见她们穿长裤套装。那儿的主要特色是有一个长长的红木酒吧。我的晚会在烧烤店左边更新一点的区域进行。从某种意义上讲，老爱比特和白宫一样，已经成为我在华盛顿职业生涯中的一部分。它是华盛顿地区所有特工，尤其是总统护卫处特工的非正式的总部和聚会场所。

那天晚上我是打车参加晚会，并打车回家的，因为我知道，我可能会碰到很多老朋友，晚会也可能要搞到很晚。那天也确实来了很多老朋友，晚会真的搞到很晚。至少有 100 来个特工到场，大部分人都是我过去 21 年来一起共事过的人。其他有些人我不认识，他们来这儿，只是因为特勤局的退休晚会常常都很好玩。

有许多我以前训练过的学生也来了，他们似乎很喜欢跟我讲，体能训练是多么辛苦，但也非常感激我对他们进行的各种训练。每回忆一个故事，就干一杯，跑步的距离一英里一英里地增加，气温或升或降到难以忍受的程度，我喝得分不清真假。

凌晨两点左右，我穿过几乎空荡荡的酒吧朝前门走去，到那儿打车。就要离开特勤局了，我想起多年来在这里度过的所有快乐时光。我走过酒吧的那条高脚椅，就是在那里，14 年前我向妻子求婚。还有那张桌子，一天晚上我和父母一起吃晚饭。我最后环顾了一圈，朝等着我的出租车走去。

第二天，在老行政办公大楼举行了一个小小的退休仪式，我的妻子和儿子也在场。我正式从特勤局退休。时间是 2004 年 5 月 16 日。21 年前的那一天，我在北卡罗来纳的夏洛特宣誓入职。总统护卫处的许多朋友都来了，我训练和指导过的反袭击小组特工也过来了。我的好友约翰给我颁发了特工在退休时应有的奖品和牌匾，退休奖品就是一块代表特勤局的金表，上面的部分文字如下：

在此真诚感谢您 21 年来为完成美国特勤局的使命和目标所做出的贡献。您是一位值得信赖和信任的人。

我和家人离开了仪式现场，朝停在白宫外面西行政大街的车子走去。特勤局在我身后，已成为历史。中情局等着我的，将是新的冒险和挑战，这让我激动不已。

在中情局宣誓

2004 年 6 月 27 日，我和一批新入职警官，站在兰利的中情局总部餐饮区旁边的一间房子里。一位副主管叫我们举起右手，让我们跟着他宣誓。这是 1977 年我成为海军陆战队军官和 1983 年成为特勤局特工用过的同一篇誓言。

我在中情局的头 20 个月，主要在行动处上班，一开始是在反间谍中心，在那儿，我主要是帮助筛查那些进入中情局动机可疑的人，后来转到反恐怖主义中心，在那里，我的工作就是专门负责目前的反恐战争。

中情局的间谍培训之道很独特，绝对不属于绅士的风格。尽管我永远也成不了间谍高手，但在这 20 个月里，我起码学会了一些间谍入门知识、情报技术、武器装备知识，以及如何不择手段，让敌人束手无策。

在特勤局这样的执法机构，特工进行的训练是所谓的防御战术训练，换句话说，不战而屈人之兵效果最好。而在中情局，我们进行的是攻击战术训练，就是说训练我们如何不择手段、迅速而有效地置人于死地。我们知道这根本就没有交战规则可言，在国外杀了敌人，不用担心法律的后果。在过去 21 年里，你必须对滥用武力负责，这曾经让不止一名特工付出了生命的代价。如今中情局这个宁可杀人而不是制服敌人的信条，的确让人耳目一新。

上战场

在接受完培训、学习了一些基本的业务知识后，我被任命为反恐怖主义中心某个部门的副主管。我所在的那个部门在反恐战争中非常活跃，我知道自己会“冲锋陷阵”，只是时间早晚的问题。这是中情局的人喜欢说的一句话，也是我来到这里的初衷。

在马里兰州波多马克（Potomac）的一个宁静的早晨，丹尼尔去特勤局总部上班了，我把儿子送到托儿所，我看见所有的邻居都在忙自己的事情，过着特勤局或中情局之外的普通人那种自由自在的生活。我又坐在那同一把椅子上（在那里，我曾经做出了决定，从特勤局退休进入中情局），听着客厅里落地式大摆钟滴答滴答响着。我给妻子和儿子写了一封信，我是这么全神贯注，以至没有注意到出租车已经开到了家门口。司机按喇叭的声音使我回过神来，我拿了包朝前门走去。我将前往阿富汗，中情局的战场就在那里。

2006 年，在阿富汗冲锋陷阵

2006 年深冬，一个阴冷的早晨，寒气逼人。在貌似广袤无垠的阿富汗某地中情局的一个大本营里，我和国家秘密行动处（即以前的行动处）的两名成员站着喝世界上最难喝的咖啡。

作为部门副主管，我到阿富汗是帮助特工完成部门的使命，同时评估部门的需求。为此我得不怕脏，不怕累，与部门成员同甘共苦。来到这里不久，我们还在遭受倒时差的痛苦（我们比华盛顿时间晚了 9 个半小时），我尽量想要让脑子清醒一下，在办公室里准备开始工作，这些工作与我平常所做的完全不一样。

尽管春天临近，这片古老土地的气温开始回升，但是在东北部山脉的山顶上还有大量积雪，山脉的另一边就是巴基斯坦。这些山脉参差不齐，有一种世界其他地方见不到的美丽，我一边继续为当天的工作做准备，一边感叹那鬼斧神工般的壮美。由数百万年风雨的侵蚀所形成的犬牙交错的山峰，峰顶白雪皑皑，这一切美得让人心悸。谁曾想到这些古老的山脉就是塔利班和基地组织的老巢？这片地区有无数的山洞，就像是为恐怖分子量身定做的一样，能让他们轻易地伏击他们的敌人，这种地形便于他们使用轻武器、火箭攻击和简易爆炸装置。然后他们就在这些山洞中消失得无影无踪。

今天，他们的敌人是美国和中情局。从 1979 年到 1989 年，在阿富汗和苏联交战期间，美国曾帮助这些人打过苏联人。但是这已经时过境迁。这也是一个典型的恩将仇报的例子。25 年前，当他们艰苦卓绝地反击苏联时，这些人非常欢迎我和我的同事。可是如今只要有机会，他们就要砍掉我们的脑袋。

这可不是绅士们的中情局，只要参加鸡尾酒聚会，喝着马丁尼酒，穿着燕尾服就可以。在那样的中情局里，如果间谍被敌方逮捕，他就会被遣送回美国。但阿富汗是中情局卖苦力的地方，那里又脏、又冷、又热，吃得又差，而且危机四伏，危险与你形影不离。在这里，如果被俘，我们就会受刑，被当作宣传工具，之后就像牛羊一样被屠杀。

我把最后一点冰冷的咖啡泼在冰冷的地上，披上防弹衣，耸耸肩膀，感觉马甲沉甸甸的，那里面装有备用的子弹弹夹、刀子、对讲机和一把格洛克手枪。为了保持体能，我进行了长达几十年超负荷的锻炼，这让我的关节和韧带受到损害。在阿富汗寒冷的黎明中，我一拿起装备，腿就开始抗议。我确认在防弹衣口袋里装好了同样重要的士力架，之后，我又把柯尔特 M14 卡宾枪放在越野车的司机座位和右前方的座位之间。卡宾枪里装了 30 发子弹的弹夹，枪托卸掉了，并装上了消音器。越野车也具有一定的防弹功能。我进入驾驶室，发动了车子，带上我们小组的成员前往某地，进行一项生死攸关的任务。默默祈祷后，我们出发了。

我们驶离了相对安全的隐蔽基地，在其后的路途中，我尽量避开迫击炮炸成的大坑，其中有些还是苏军占领时期留下的。我查看了地形，特别留意是否有潜在的伏击地点，还要执行常规的程序——侦查从基地出发后有没有人跟踪我们。这点很重要，因为对我们的住址保密，是让我们每天能活下来的唯一措施。我回忆起在环境安全的中情局总部，小组的领导所做的最后一次前期部署吹风会。

在奔赴这个最危险的国家之前，领导提醒我们，我们主要的使命不是寻找敌人打仗，而是收集情报，以避免再次发生类似“9·11”的事件。他们进一步提醒，我们的第二个使命是，如果时机合适，就去俘获或者杀死基地组织的任何高层人员。在执行任务期间，我们小组成功完成了上述两个使命。

老板离开吹风会时，他转过身说：“最后一件事，千万别让敌人抓到。”在看过被捕人员的录像和照片后，我想这是一条很好的建议。

基地组织最近开始使用古老的战术，在美国人及其盟友经过的路上，沿途设立假的检查站，一旦车停下来，就用武器开火把车烧了，要么把车上的人绑架、处死。尽管那片区域的检查站由阿富汗安保部队的合法人员所掌控，但是根本无法判断是否存在陷阱。因此，我们从不在检查站停下，除非清楚地知道那是由美国人或者联合国部队控制的检查站。

几个小时后，我们完成了当天的使命。夜幕降临，我们返回基地。

在阿富汗，哪怕在白天，你最好还是别走偏僻的小路，日落后更加走不得，因此我们加快了速度。像往常一样，我们非常小心地留意是否被人跟踪。当我们转过一个弯道时，看见前面不到100码处有一个检查站，那肯定不是美国人把守的。

我开始给越野车加速，同时迅速判断到底如何应对：是直接冲过关卡，还是冒着压地雷的危险离开这条道路以避免可能的伏击。检查站的左右两边，下面都是下水道，我知道该怎么做了：我们决定直接冲过关卡。当我继续朝那个不堪一击的临时路障加速时，一个穿着军装、胸前挂着一把卡拉什尼科夫步枪的阿富汗人，摆出架势站在检查站，像交警一样伸出一只手。我已经决定怎么行动，现在他得做出决定。在阿富汗的这个傍晚，他要做出决定：要么活，要么死亡。

当晚回到基地，我回顾当天发生的一幕幕事情，想着第二天的使命，以及我目前的处境。与此同时，在华盛顿反袭击小组的办公室里，接替我位置的一个密友（他是由我提拔的）正坐在我舒适的旧椅子上一边签文件，一边看福克斯新闻台关于反恐战争的新闻。这时，我想起了一句老话：慎重许愿，因为愿望有可能实现。

尾 声

1984年11月的某一天，我独自站在海恩尼斯港肯尼迪总统家里，看着他的袖扣沉思。从那天起，到2004年我从特勤局退休，已经过去了整整20年。20年间，无论是我的生活还是事业，都发生了许多重大事件：我实现了儿时保护总统的梦想，还保护过三位总统；其次，我非常幸运地找到了可遇不可求的贤惠妻子。能当上特勤局特工，我深觉幸运。

最终，我实现了所有的职业目标。这主要归结为三方面的因素：一是我与生俱来就有追求成功的决心；二是父母教给我一些职业道德；另外，海军陆战队的生活磨炼了我的性格。我在事业上也曾遭遇过不如意，为此，我也有过沮丧，但更多的还是心怀感激，对那些幸运实现的事情。我选择了一条人们不常走的道路，因此不必遗憾。

49岁时，我有幸进入中情局，与来自世界各地的最聪明、最勇敢的人一起，为保护国家免受恐怖分子的袭击而贡献绵薄之力。

如今我已退休，安享着自由自在的幸福生活，这是伟大祖国对我的眷顾。我常常想起，与我在国内和半个地球以外共事过的特勤局特工和中情局的人员。很遗憾，一些人在战斗中牺牲，许多人仍在冲锋陷阵。愿上帝保佑那些情同手足的战友们。

遗憾和心愿

每个人在事业结束或者人生暮年时，都会有一些遗憾。有些人对自己所选择的事业表示怀疑，或者后悔没能晋升到更高的职位。另一些人则希望，他们要是选择了完全不一样的职业道路就好了。但我对自己的职业选择和过往的经历，只有一个愿望：但愿还能全部再来一次。

附录 I

特勤局简介

特勤局不是联邦调查局或者中央情报局。记不得有多少次了，我在社交场合告诉人家，我在特勤局工作。结果他们向别人介绍我时，总把我说成联邦调查局或者中情局的特工。

联邦调查局是美国最大的执法机构，隶属于司法部。其现代历史可追溯到 1924 年任命埃德加·胡佛为局长的时候。联邦调查局的调查活动范围比特勤局大得多，但是它与保护总统无关，与特勤局也根本没有任何正式联系。有趣的是，在联邦调查局成立时，好几个特勤局特工都提供过帮助。在胡佛之前，威廉·弗林（William J.Flynn），特勤局的局长，曾被任命为联邦调查局的负责人。

中央情报局是美国最重要的情报机构，但它并无逮捕权，也无执法权。其首要的职责就是收集国外的情报并向总统报告，以便总统做出更加明智的外交决策。像联邦调查局一样，它与特勤局也没有任何直接的关联。用“中情局特工”来称呼一个在中情局上班的美国人是不正确的。中情局的美国人都是军官，不是特工。中情局特工是指外国的公民，他们代表中情局去监视自己的国家，这些人也被称之为“资产”。显然，他们也是叛徒。如果他们被发现为中情局从事间谍活动，他们及其家人就要受刑、被处死或者判无期徒刑，这种惩罚力度取决于他们的国家。这就是为什么中情局要这么严密地保护它的资源及获取情报的方法。

特勤局是一个独立的执法机构，有逮捕权。1865 年到 2002 年，它隶属于财政部。在“9・11 袭击事件”之后，美国执法部门重组，特勤局被置于美国国土安全部下面，现在还是如此。它是独一无二的联邦机构，具有双重使命——调查和保护。绝大多数人认为特勤局是保护美国总统的机构，这种认识肯定是对的，但不可忽视的是，它也是一个调查机构，帮助保护美国的金融核心安全。

如今，美国所有的纸钞都是在华盛顿特区的印铸局印制。1865 年，内战结束时，民间银行开始发行纸钞，那时候市面上流通的大部分纸钞都是伪钞。人们觉得有必要成立一个联邦机构来打击伪钞的肆虐。这个机构就是美国特勤局。

1865 年 4 月 14 日，林肯总统被暗杀。就在那一天，他签署了成立特勤局的法案，这个机构将为总统提供保护。即便当时特勤局已然成立，但它并未为林肯总统带来一点好处。因为过了 37 年，特勤局才开始保护总统，那是在 1901 年，当时麦金莱总统在纽约的布法罗（Buffalo）被暗杀。

因此，最初特勤局是为打击伪钞而成立的。如今，打击伪钞仍旧是特勤局的主要使命。这主要由地方办事处办理，这些办事处遍及美国 50 个州和世界大部分地区。除了调查伪钞，特勤局对主要的金融法规拥有联邦管辖权，比如伪造信用卡、各种金融犯罪以及伪造政府支票等。特勤局也对任何针对受保护对象的威胁因素进行调查，当然主要还是保护美国总统。

特勤局招聘一个新特工后，可能先派他到一个地方办事处，在那里开始他的职业生涯。新特工要调查以上提及的各种违法行为，他并不在常驻的护卫队服务。尽管这些调查媒体不甚关注，但是极为危险。在调查中，新特工可能会意想不到地牺牲。特工在地方办事处进行调查工作大概6年之后，就有可能升为全职的保护人员，比如到总统护卫队工作。因此，在地方办事处的工作经历确实就是对特工的考验，考察他到底适不适合从事保护总统的工作。如果在这期间，特工被证明不值得信任、不聪明、枪法不行、吃不起苦，很有可能他就永远去不了总统护卫处。

法律规定以下人员接受特勤局保护：美国总统及其直系家属，当选总统、当选副总统及其直系家属，前总统、其配偶以及12岁以下的孩子，主要的总统候选人，到美国进行国事访问的外国元首，以及总统授命保护的任何人员。众所周知，特勤局不保护国会或议会议员。他们由警察局保护。

只有总统和副总统必须接受特勤局的保护。以上提到的所有其他人员可以声明拒绝保护，如果他们愿意。许多人也拒绝过，表现最突出的就是外国元首，他们不想特勤局老是跟着。

尼克松是唯一拒绝特勤局保护的前总统。1985年，在他离任11年后，他觉得不再需要特勤局的保护。他雇佣了私人的安保人员，给纳税人节省了好几百万美元的开支。

千万不要把特勤局和其他政府机构搞混淆了。拜托，千万不要向别人介绍特勤局特工时，把他说成是联邦调查局或中情局的人员。在这里，我已经苦口婆心地对你讲清楚了。

附录Ⅱ

缩略词和术语表

ASAIC：助理主管特工

ATSAIC：特工主管助理

CAT：反袭击小组

CP：指挥所

DSAIC：副主管特工

FLETC：联邦执法培训中心

FLOTUS：美国第一夫人

Hawkeye：鹰眼，反袭击小组的代号

Halfback：总统护卫车

JJRTC：詹姆斯·J.罗利培训中心

NYFO：纽约地方办事处

POTUS：美国总统

PPD：总统护卫处

SAIC：特工主管

VPOTUS：美国副总统

附录Ⅲ

英美制与公制计量单位换算关系

1 英寸≈25.40 毫米

1 英尺≈30.48 厘米

1 英里≈1.61 千米

1 立方英寸≈16.39 立方厘米

1 码≈0.91 米

1 磅≈0.45 千克

1 夸脱≈0.95 升

译后记

学外语的人都知道，翻译绝不是一件轻而易举的事情。英国文艺批评家理查兹（IARichard）说，翻译“很可能是整个宇宙进化过程中迄今为止最为复杂的活动之一”。大文豪鲁迅先生也曾感叹做翻译时，“字典不离手，冷汗不离身”。所以，当广西师范大学出版社向我推荐《Within Arm’s Length》一书并委以翻译时，我心里不免忐忑：美国特勤局特工、海军陆战队、反袭击小组、总统护卫处、中情局……缺乏相关文化背景和行业知识，我能在宏观上把握译文的质量吗？作者是一个美国职业特工，文中随处可见专业术语、缩略词，加上口语化的长句、习语、俚语等，翻译时能在微观上恰到好处地遣词造句吗？接到此书时，我恰好在电视上看到一则关于美国特勤局特工的负面报道：2014 年 3 月，美国特勤局特工连续爆出两桩醉酒丑闻。特勤局首任女局长茱莉亚·皮尔森大为震怒。皮尔森对特勤局最核心的特别行动处下达紧急“禁酒令”，并进行了人事调整。特工醉酒？怎么会这样呢？怀着好奇，我开始并完成了本书的翻译。

该书的作者丹·艾美特当了 21 年的特工，直接保护过 3 位美国总统，披露了很多鲜为人知的第一手资料。在书中，作者把自己为实现儿时保护总统梦想的心路历程娓娓道来，语言亲切感人，朴实又不失风趣，有一种美国人特有的幽默感。他把自己的一生都献给了特勤局。首先，他是从心底热爱这份工作，经过身体和心理以及智力的层层考验，终于如愿以偿。特工培训是魔鬼训练，你没有坚强的信念是坚持不下去的。培训的目的就是要淘汰出大量只是把特工当职业的人，留下一批真正愿意用生命去干这份事业的人。其次，特工培训的过程是一个终其一生的过程，只要你在这个岗位上，就得不断定期培训，以保持最佳的战斗力。最后，你得真正有足够的勇气，你要有不怕死的决心，进入了特勤局就意味着你的生命不再属于你，而是属于你要保护的人，通常就是美国总统。我想美国之所以那么强大，是与他们有那么多愿意为自己的理想信念不惜付出生命的人分不开的，他们的敬业精神是毋庸置疑的。书中的一段话给我留下了深刻印象（当时作者和他的小分队护卫克林顿总统前往朝鲜与韩国之间的不归桥）：

这是为什么需要反袭击小组的典型例子，也是我们需要高强度训练的原因。……至于接下来的几秒钟，我们的命运会如何，大家早已置之度外。在此情境中，我们唯一的希望是完成自己的使命，让总统活下来。小组的所有成员都明白这一点，我们以此为天职，没有任何怨言。

译完整本书后，我加深了对美国，乃至全世界最优秀的执法部门之一——美国特勤局及其优秀特工的了解，也由此产生了深深的敬意。回头再看那些关于特勤局特工的负面报道，我不禁想到一句汉语成语：瑕不掩瑜。还有一句中文俗话：林子大了，什么鸟都有。

最后，我想感谢本书的原作者丹·艾美特先生，感谢广西师范大学出版社的编辑，感谢我的家人。没有他们的支持和鼓励，这本书不可能这么顺利地翻译完。这是我翻译的第一本书，由于自身中英文素养有限，加之翻译任务重，时间紧，我只能说尽最大努力把它翻译完了，至于译文质量只能由读者说了算。译文中的诸多不当甚至错误之处，敬请读者批评指正。

译者

2015 年 2 月于桂林